高等院校通识教育系列教材

General Education

大学生创新创业项目式实训教程

李 薇 王允圃
李 志 王 婷 著

中国传媒大学出版社
·北京·

前　言

如果您是一名在高校从事创新创业（以下简称“双创”）教育的指导教师，您是否曾为如何快速提升学生的创业底层逻辑认知而惆怅？那么您得学会 PBL（project-based learning）的教学方法，以课赛融合的模式，实现人才培养效率的提升。

如果你是一名想系统学习创新创业知识的大学生，或是一名想要在中国大学生创新创业大赛（原名为中国国际“互联网 +”大学生创新创业大赛，2023 年 12 月更名。前八届仍简称为“互联网 +”大赛）中获得金奖的学习者，你是否为如何在繁忙的学业中，快速消化创业理论知识和赛事规则而苦恼？那么你得有针对性地了解和应对当代大学生双创过程中常犯的痛点问题。毕竟，初学者出现共性问题的概率是极高的，要避免“重蹈覆辙”，这无疑将提高你的学习效率。

不知道从哪里开始？恭喜大家，你们来对地方了。对教师而言，这本书将与您探讨如何上好一门能快速提升学生创业底层逻辑认知的课程；对学生而言，这本书将指导你如何快速消化创业的理论知识和赛事规则，实现金奖梦想。

这本书是真真切切为你而写的。本书的宗旨是站在大学教师和学生的角度，告诉你如何抓好双创项目，进而助力教学和科研创新取得突破。因此，本书没有采取包罗万象的体例和框架，而是给你清晰、简洁、实用、易于阅读并理解的七大信号和要领：

你需要选准双创项目。第一章让大家掌握一套选拔金种子项目的标准，它不仅会让教师选准项目的概率提升许多，还给创新创业大赛中的参赛学生指明了夺金的最高具体标准，同时也让立志双创的学习者清晰地知道终生奋斗的具体目标是什么。

你需要组建双创团队。第二章让大家学会构建团队，既方便教师 PBL 教学流程的执行便利，也遵循了创业的科学规律。无论是教学还是创业，行动目标确立后，须组建一支人才队伍了，毕竟事得靠人来干。

你需要洞悉市场需求。第三章让大家掌握一套寻找真实市场需求的科学方法，这既为教师解决了 PBL 教学中以真问题为出发点的难题，也会让学生充分重视科学创业这一关键起点，使教学与创业事半功倍。

你需要重视知识产品。第四章让大家秒懂科研成果与产品的区别，这是创业的重要环节，但也一直是被高校师生习惯性忽视的环节。清除这一双创教与学动能提升的隐性障碍，教师能极大地提升实施PBL教学的信心，学生则能找到深度学习创业知识的内驱力。

你需要研透商业模式。第五章给大家普及一套决定创业成功与否的知识系统，并将前三章的核心要点融会贯通地进行整合。PBL教学流程中的知识输入环节在此结束，下一章便进入知识输出环节——这是最能锻炼团队合作能力的环节，学生的系统商业认知能力将在最短的时间内得到快速的提升。

你需要写好商业计划书。第六章有针对性地提升高校师生在商业计划书写作方面存在的问题，撰写商业计划书既是PBL教学流程中学生的知识输出环节，又是教师检查、验证学生学习效果的一个环节，能够让学生在不断输出中查漏补缺。

你需要准备商业路演。第七章旨在帮助高校师生破解商业路演方面常见的硬核问题，这也是PBL教学流程中的高标准知识输出环节，既能让学生自查知识转化成能力的效果，也是夯实学生综合素养的有效手段。

本教程的编写策略与传统教程不同，它打破了知识点全覆盖的常见模式，坚持以问题为导向，既与PBL教学流程相匹配，也能有针对地解决当前双创教育中容易被师生忽视的一些关键性内容。

各位教师，在使用《大学生创新创业项目式实训教程》时，请务必认真阅读章节前的“教学设计目的”和“主要教学任务”。当我们从擅长讲解的“主导师”角色转换成PBL教学“引导师”角色时，稍有不慎，可能就会陷入“主导师”的惯性思维之中。“教学设计目的”和“主要教学任务”的内容会时刻提醒教师该如何转型。

本教程中使用的项目案例全部来自前9届中国大学生创新大赛的参赛项目，本书也是南昌大学跨学科教师团队双创教学改革与实验的成果，团队成员撰写分工如下：李薇是教程的设计者兼后三章撰稿人，王允圃教授撰写第一章和第四章，李志副院长撰写第二章，王婷博士撰写第三章，感谢彭静雯副教授和李志美教授对全书的多次修改与审阅，我们每一个人都参与许多双创项目的指导，书中的案例真实地反映了当代大学生的实力，是新手学习的最佳参照样本。

本教程的编写还得到了许多人的帮助。首先，要特别感谢湘潭大学何纯教授，提出了许多宝贵的修改意见！其次，要感谢蔡慧敏、黄诗琪、江春风等同学在资料整理方面做了一些基础工作！最后，由衷感谢几位热心双创教育的校外资深专家对本书的推荐！

由于时间、资料等条件受限，书中难免存在一些不足之处，恳请同行专家及读者批评指正。我们的邮箱是29615471@qq.com。

专家推荐

当我们谈论创新创业教育时，我们是在谈什么？“创业教育之父”杰弗里·蒂蒙斯认为，创业是一种思考、品行素质、杰出才干结合运气的行为方式，它为运气带来的机会所驱动，需要在方法上全盘考虑并拥有和谐的领导能力。运气这东西确实很难琢磨，我们不妨先做好思考和知识、能力的训练与提升。

这些年访研世界高校创新创业课堂，行走全球孵化器、创新中心之余，我经常被问及：创新教育如何创新模式？如何摆脱用一套静止的指标体系去衡量充满个性的青春？

也许创新创业教育只有从学生的专业和自身发展规划出发，在一个开放的创业生态圈内，将各种创新创业元素有效植入教学过程，才能激发学习者的主体意识和内驱力，让学生从不同的起点过渡到不同的未来。正如百森商学院创始人罗格·百森所认为的，人类受益最多的时候就是当你去创新和改革的时候。

这本书里载明的是一套全新的双创学习方法论，旨在激发当代大学生的内驱力，在真实的场景中，为有价值的职业生活做好技能储备。作者李薇教授，一位新闻传播领域的专家，仅用半年时间，便成为双创国赛金奖导师，用自己的经历诠释了何谓“教学相长”，希望高校师生能从这本书中汲取养分。

曾莉

2023 年 5 月 29 日

推荐专家简介：

曾莉，中英国际创新中心主任。全国普通高校毕业生就业创业指导委员会委员，工信部产教融合产业实践教授，团中央中国青年创业导师，中国国际光电子信息博览会创办执行人，人社部、教育部、科技部等国家级创新创业大赛指导专家。深耕创新创业教育与产业培育领域 20 余年，实地访学全球 TOP100 高校 70 余所、国际科技企业孵化器 50 余家，已服务国内各省市产业园区构建30余个，已培育近千家海归人才创业企业，已培育37家获超亿元风投的初创企业，已培育25家企业分别在上交所、深交所、科创板、港交所、纽交所、纳斯达克成功上市。

借李薇老师《大学生创新创业项目式实训教程》出版之际，我分享一些个人在创新创业领域的心路历程，希望能给当下高校正在进行双创教与学的师生们一些参考。

欧美的一些大学大约在20世纪中叶就已经开始了创新创业教育。1947年哈佛大学开始创业教育课程，1949年斯坦福大学开始创业教育，1967年百森商学院开始创业教育。

英国政府在严重的就业压力下大力推动创业教育，1987年发布了高等教育创业计划（EHE，Enterprise in Higher Education）。符合资格的大学生创业者可以申请创业项目，学校和政府为创业项目配备创业导师，导师来自校友群体和社会上的志愿者。我是英国创新创业教育体系的受益者和见证者。

2007年，我在英国获得了经济管理学的全额奖学金。在攻读博士学位期间，我便开始在伦敦创业，成立了一个市场调研公司，为苏黎世保险和劳合社保险等金融机构提供商业调研服务。彼时的我，虽然已手握MBA一等学位，且还在大学商学院里做兼职讲师，教授本科生Marketing课程，但创业对我来说，仍然是困难重重。

我的创业项目有幸通过英国的EHE计划，获得了英国政府免费提供的创业导师孵化。可是，这位导师是伦敦金丝雀码头（Canary Wharf）里的一位金融大佬——迈克尔·苏格（Michael Sugar）先生，寻求他的辅导必须提前3个月通过邮件预约，预约成功后仅有1个小时的面谈时间，每年大约能有3个小时接受他的辅导。在我创业的几年中，我总共也没能见到Michael Sugar先生几次，更不敢奢望导师带给我用得着的客户和合作资源。

毕业后，我回到国内，一直从事创新创业项目孵化和投资，也有幸成为中国国际“互联网+”大学生创新创业大赛创业导师。与英国的导师服务比起来，我国教育部主导的双创教育，其创新创业导师数量和服务效率已经全面超越了英国。现在的大学生创业者是幸运的。

如果你的创业项目能够入围国赛，在整个披荆斩棘的过程中至少有机会与50多位各种类型的创业导师进行面对面的交流和项目探讨、打磨，这样的导师资源密度和服务效率是我当初创业时不敢想象的。

教育部之所以能驱动这么庞大的创新创业导师资源，正是我们国家体制优势的体现。这样的创举是因为有这个伟大的国家、这个伟大的时代在背后支撑着。我鼓励大学生创业者用好这些优质、高效导师资源，投身创新创业的大潮中，不断进取，创造辉煌，无愧于这个时代！

宁好敏

2023 年 5 月 28 日

推荐专家简介：

宁好敏，连续创业者和天使投资人。曾为德国西门子/英飞凌科技（中国）区战略总监，悉尼证交所主板上市公司 SAIS（代码 SAY）董事，英国伦敦 HSJ 投资有限公司合伙人。投资关注在物联网、人工智能、生物技术、医疗等领域。

第一次见李薇老师，是在江西省教育厅主办的 2020 年江西省“互联网 +”大学生创新创业大赛指导教师技能培训及展示活动的现场。记得当天比赛结束午餐时，南昌大学双创学院副院长李志向我介绍两位年轻的老师，这两位老师，一位是李薇老师，另一位是王允圃老师，他们听过我的线上直播课程。后来两位老师指导的项目，在当年“互联网 +”大赛国赛中获得两项金奖。

2015 年，我第一次参与“互联网 +”大赛，就对大赛“以赛促教、以赛促学、以赛促创”定位印象深刻。“互联网 +”大赛是通过一场大学生创新创业实践活动，推动全国院校创新创业教育的改革，培养国家创新驱动发展战略所需要的具有创新精神、创业意识与创新创业能力的新时代好青年。

创新创业教育能否真正起到实效，需要从教师、教法、课程与教材等多方面入手，而各项工作的核心是如何让双创教师成为双创引导师，如何让双创教学成为项目式教学（PBL），如何使双创大赛的项目成为双创教学案例，以及如何在人工智能时代，更好地通过数字化助力双创实践教学。

项目式教学（PBL）既是一种体验式教学，也是一种研究性教学，还是一种问题导向式教学。基于真实的开放的背景环境下开展项目式教学（PBL），是实现知识能力素质一体化培养的有效路径，也是实施创新创业教育的有效教育模式。

很高兴看到李薇老师能够将自己多年教学经验、双创项目辅导与项目式教学经验进行系统的思考与总结，形成这本教材。更难能可贵的是李老师在这个过程中所体现出的对双创教育的热爱、对学生的热爱！

希望全国院校有更多的老师像李薇老师一样，投身双创实践教育，成为双创实践引导师，开展好双创项目式教学，把双创教育贯穿教育活动全过程，以创造之教育培养创造之人才！

马德富

2023 年 5 月 29 日

推荐专家简介

马德富，北京新产教科技有限公司董事长、天使投资人。曾任国内知名上市公司副总裁，服务中国行业企业数字化；新三板高科技公司创始人，服务中国院校实践育人与产教融合；产业风险投资与天使投资人，服务产业创新驱动发展与创业孵化。

目 录

第一章　选拔金种子项目

教学设计目的

项目式教学来源于约翰·杜威（John Dewey）的“做中学”（Learn by Doing）实用主义教学理念与大卫·科尔布（David Kolb）的体验式学习理论（Experiential Learning Theory，ELT）等，其核心思想是通过现实世界中的真实问题捕捉学生的兴趣，并唤起其深度思考，在解决问题的情境下，使学生获得与应用新的知识。①这体现在教学流程中就是学生必须带着一个真问题出发。在本课程中，这个真问题就要求学生准备练手的创业项目必须具有真实的市场需求，而真实的市场需求恰恰是创业项目的基本条件之一。因此，如何选择创业项目就成了项目式教学的起点，这也正是创业的起点。

主要教学任务

1. 引导学生先完成线上理论学习。本课程可配套慕课中的创新创业理论课程，教师引导学生阅读相关的理论内容，发现学习积极性较高的学生，物色一些项目负责人。

2. 初步把关项目选择。项目数量最好是小组数量的2倍，项目覆盖多个行业，且至少满足一个基本条件，即存在真实的市场需求。一般而言，学生在课前大都不具备创业项目的判断力。教师如果任由学生自带项目，项目质量难免较低，许多关键性知识难点也无法触及，势必严重影响学习效果。因此，教师进行初步项目把关是十分必要的。项目式教学最理想的起点是学生自带高质量创业项目，作为一门公选课，这样的条件一般很难具备。

3. 尊重学生项目自主选择权。教师如果遇到学生自带项目学习，我们要大胆地将这个选择权交给他。教师不能为了大多数学生的教学效果而剥夺了少数人的选择权。若出现两组学生选择同一项目时，教师要给学生分析清楚项目的优劣，最终由学生自行协商，也可允许两组学生形成比拼的格局。

① 赵永生，刘毳，赵春梅．高阶思维能力与项目式教学［J］．高等工程教育研究，2019（6）：145-148，179.

第一节　高教主赛道金种子项目的选拔标准

金种子项目是指遵循现代企业生存的基本规律，并具备快速成长为规模型企业潜能，甚至能发展成上市公司的项目。在中国国际“互联网 +”大学生创新创业大赛中，获得金奖的项目大多是这类项目。

金种子项目必须满足 6 个基本条件：有刚需，且市场需求巨大；产品或服务基于原创核心技术；产品已成熟，性价比较高，量产条件齐备；商业模式定位精准；创业团队实力较强，与项目高度匹配；未来规划较科学。这 6 个基本条件得到众多创业者和投资人的认可。

一、有刚需，且市场需求巨大

（一）验证是否存在真实的市场需求

许多高校创业项目最普遍的致命问题是不从市场需求出发思考项目的价值，而是习惯于用技术创新来衡量创业项目的价值，这种判断实际上违背了创业的基本规律。高校师生之所以普遍存在这样的判断，是受科研判断标准的习惯性思维影响。科研成果研发时，师生们首先考虑的是填补原理和技术层面的空白，并非市场需求的空白，学术研究与创业所要解决的问题在本质上完全不同，即出发点完全不一样。创业的起点是发现了一个真实存在的市场需求，然后原创出一个产品或服务来满足人们的这个需求。

因此，即使科研成果已经具备产品的形态，但它若不是用来解决市场需求的产品，我们还是得回到创业的起点，先找到一个真实存在的市场需求。许多科转项目创业者就常常会问这样的问题：原创技术的产品或服务样品已经产生了，还需要调研这个产品有没有真实的市场需求吗？答案是肯定的。在未找到真实的市场需求的条件下，一味往前推进落地是会浪费大量人力物力的。创业项目能不能在市场上存活，首先得从买方视角来思考——项目的产品是否能够售出——这是由真需求决定的，不是由原创技术决定的。如果买方没有任何购买意向，再高端的技术产品也无法产生交易，创业就难以构成完整的价值交换闭环，失败就是在所难免的。

在寻找真实的市场需求时，科转项目相较于非科转项目更容易，不用大海捞针，可根据原创技术成果顺藤摸瓜式地快速找到其对标的市场需求范畴。甚至部分原创技术成果，老师在研发初期是考虑了市场需求的，学生创业团队只须与研发教师进行细致的沟通便可找到。大学生创业者也有一条独有的找到市场真需求的路径，即从自身的需求入手，找到当下大学生还有哪些未被满足的真实市场需求。从同类身份角色群体入手，是找到真实市场需求的科学路径，也是低成本获取全部真实信息的路径，它能保证了解到的市场需求信息准确度较高。

（二）评估市场需求量

市场需求量决定了项目的盈利空间，即项目的生存空间。市场需求量太小，盈利率低，企业就很难生存。市场需求量越大，项目盈利率高，企业存活的概率就会随之提升。创业项目，先要活下去，才有未来成长的可能性。通常情况下，市场需求量的测算是计算整个潜在的市场总量，评估项目饱和市场量，这是项目未来成长空间的重要评估依据。

市场需求量的评估数据可通过直接调查、间接购买权威咨询公司或产业研究院的评估报告等方式获得。本课程鼓励学习者掌握市场调研的方法，直接获取调研数据。

（三）验证真需求能否被满足

验证所预测的市场需求能否满足客户，是被大多数创业项目严重忽视的环节。为什么要验证需求能否被满足？关键的原因是人类所有的欲望并非都应该被满足。例如窥私欲，人类都拥有窥探他人隐私的欲望，这种欲望一旦非要满足，便会使人超越底线乃至触犯法律。如果一个定位于内容生产的新媒体创业项目，未能验证定位的内容产品是否无限满足了受众的窥私欲，这将会为该项目埋下一个巨大的隐患。如果该项目负责人忽视了这个环节，那么该项目生产的内容产品走向揭露隐私的趋势是不可控的，这也意味着企业随时会面临陷入舆论旋涡的风险，需求价值验证缺位最终可能导致企业与其存在的基本社会价值相冲突，遭遇社会监管层的封杀，使企业面临灭顶之灾。

中国国际“互联网 +”大学生创新创业大赛（以下简称“互联网 +”大赛）的评审十分重视项目的价值导向把关，目的在于引导创业者充分认识到需求正义性验证的重要性。任何创业项目都不能一味满足人类的欲望，尤其是恶的欲望，这也是违背创业基本规律的。创业理论的根本目标是提升创业的成功率和企业的可持续成长空间，忽视这个环节，无疑是致命的。一个创业项目即便拥有超前沿的原创技术和巨大的市场需求，但满足的是社会持续发展必须控制的人类欲望，其带来的社会效益也可能是极度负面的，这是任何一个国家都不会允许的。

二、产品或服务基于原创核心技术

创业项目的主要产品或服务含有原创核心技术，意味着这家企业拥有产品或服务的自主知识产权，这预示着企业在面对激烈的市场竞争时不仅拥有了坚实的底气，还赢得了一些迎战的时间，毕竟原创核心技术是难度系数较高的技术壁垒，竞争者需要一定的资源和时间积累才有超越它的可能。

原创技术是指具有全新产品与全新工艺所有技术特征与技术性能的原始模型，即原型的系统知识，它是经由实际验证的新的成功技术。[①] 核心技术是指在某个产业或某个领域内，同类产品在市场竞争中起最关键作用的一种或多种技术。[②] 只有这两个条件同时具备，一家企业拥有的自主知识产权基础才比较坚实。

我国的知识产权法规正在日趋完善。近年来，我国出台了《知识产权强国建设纲要（2021—2035 年）》《"十四五"国家知识产权保护和运用规划》《关于强化知识产权保护的意见》等一系列政策和法规，知识产权保护正在成为社会的共识。现代创业者必须树立知识产权意识，这是未来企业做大做强的根基，也是企业确立原创品牌和独一无二营销策略的基础。

创业是通过创新创造价值的过程，[③] 原创核心技术发明的过程就是一种创新，而创新必定是稀缺的，这无疑契合了创业必须遵循的物以稀为贵的市场价值规律。因此，一个基于原创核心技术的创业项目相较于未含原创核心技术的创业项目，其能获得的市场价值潜能必定是更大的。另外，拥有原创核心技术的产品或服务还具备不断迭代的潜能，企业能自主决定何时实现产品性能升级；具备快速对消费者不断变化的需求做出及时反应的实力，这无疑增强了创业企业可持续发展的空间，降低了被他人卡脖子的概率。可见，原创性核心技术的产品或服务是金种子项目的必备条件。

中国国际"互联网 +"大学生创新创业大赛对科转项目的参赛学生设计了一条门槛：科转项目负责人必须是知识产权的第一拥有者。这一参赛要求的设定目的是引导高校师生充分认识到知识产权对于创业的价值，希望大学生充分使用原创科研成果来夯实我国创业企业在全球市场上的核心竞争力。

高校的科转项目一般都拥有原创核心技术，这也是高校师生创业的最大优势，许多科转项目的知识产权一般归属权在学校，创业团队需充分了解校内知识产权转

① 胡翠平 . 原创技术与专利战略［D］. 武汉：华中科技大学，2005：12-13.

② 黄超，龚惠群，刘琼泽，等 . 我国重大原创技术突破的主要路径和政策措施研究［J］. 科技进步与对策，2012（20）：105-109.

③ 鲍润华 . 文化多样性视角民族院校创新创业教育研究：以 F 民族大学为例［D］. 北京：中央民族大学，2016：31.

让的相关政策，厘清知识产权归属问题。“互联网 +”大赛希望通过这一举措能够培育出一批具备原创知识产权的高新技术企业，避免企业因忽视核心知识产权方面的原创开发，最终在高速发展期遭遇瓶颈，被核心知识产权方“卡脖子”。

三、产品已成熟，性价比较高，量产条件齐备

高校师生在选择创业项目时，常常将拥有原创技术的项目等同于拥有较成熟产品的项目。导致这种误解的主要原因是许多师生都没有意识到“技术”与“产品”两个概念的本质区别。在创业项目中，技术与产品是两个完全不同的概念。产品是指被人们使用和消费，并能满足人们某种需求的任何东西，包括有形的物品、无形的服务 / 组织 / 观念或它们的组合。简单来说，就是已经可以被消费者购买的东西。而技术一般是构成产品的核心要素。许多高校师生在参加“互联网 +”大赛之前，由于对创业相关知识积累较少，很容易忽视技术与产品的区别。

产品成熟是指创始团队已经确定了项目的主打产品，样品已经被生产出来，被天使客户试用过，根据天使客户的反馈测算了产品量产后的成本，并做好了科学定价。许多高校在参加“互联网 +”大赛时，其参赛的创业项目仅仅处于技术研发阶段，即刚刚积累了一些实验数据或发表了一定水平的论文，这样的项目未达到参赛的基本要求，甚至连创意组赛道都不能参加。一般具备这一条件的科转项目已经完成了小试或中试，只有医疗行业具备一点特殊性，尤其是药品和医疗器械类，由于医疗产品研发需要的资金量巨大，一般在选拔医疗类项目时，在其进行完动物实验后，准备进入临床试验前，相关的行业评估数据就可以作为考察的依据了。而一些非科转的项目至少已经找到了天使客户。

产品性价比的评估，不能忽视对产品生产线设备成本和产能的评估，因为这直接关系到产品的性价比。如果产品生产线设备成本很高，而当前的产能又很低，产品的性价比较低的概率是很高的。所以，在选择项目时，一定要充分考虑产品量产后的性价比与市场上已有的同类产品相比，是否依然具有明显的竞争优势。

一个成功概率较高且具有发展潜能的创业项目不仅需要满足产品成熟这个基本条件，在准备参加“互联网 +”大赛融资之前，还需要具备量产的基本条件，至少已经制定了一个具体且科学的量产规划。例如，生产线所需设备从哪家公司购得，生产地址确定在何处，需要聘请多少员工，生产原材料购买哪一家的最合适，等等。只有量产条件完备的项目才可能在“互联网 +”大赛中走得更远。

四、商业模式定位精准

商业模式是一个创业项目的必备条件，也是一些项目成功的关键因素。一个金种子创业项目，必须具备商业模式与核心业务定位高度契合的特点。如果创业项目的核心业务是销售产品，其商业模式就要契合产品营销的特点；如果创业项目的核心业务是服务，其商业模式就要契合服务营销的特点。

高校创业项目因忽视商业模式的重要性，常习惯性地套用传统的商业模式，于是便会出现商业模式与核心业务定位自相矛盾的现象。商业模式设计是否合理决定着一家创业公司的生死存亡。一般情况下，一家公司创业早期的竞争力都比较弱，如果选择进入的是一个成熟产业领域，其面临的竞争对手往往会非常强大。一旦创业公司的产品面世，其会面临被竞争对手快速封杀的风险。要降低这种风险，创业公司只有在竞争对手采取制约措施之前，快速让产品拥有一批满意客户，形成口碑传播，才可能有生存下来的机会。这就需要创业公司必须事先对如何生产与销售产品设计出一套完整且具有排他性的竞争方案，即商业模式。因此，商业模式实质上就是一种精心策划的应对竞争对手挑战的一套系统战略。即便是一个具备良好原创技术和产品的创业企业，只要留给竞争对手一点机会，就很有可能被赶超，从而失去占领市场的先机。

2021 年，南昌大学光伏研究院的“星火光伏”项目就曾面临这样的考验。“星火光伏”项目核心产品是一台为太阳能电池板赋能的设备，一年能为光伏发电企业增值近千万元。比赛前，该产品已经十分成熟，团队也陆续接待了一些意向客户，并展开销售谈判。当客户提出订购意向时，团队负责人却不敢轻易接单，他想到了一个两难的问题：该产品面临的竞争对手是一家上市公司，虽然目前竞争对手没有生产同款设备，但对方的研发实力超强，一旦己方采用卖设备的传统商业模式，设备售出后，己方的关键技术很可能被竞争对手在短时间内破解并快速生产出同款产品，然后竞争对手以更成熟的生产成本控制及运营管理能力，将“星火光伏”的产品置于死地。

可见，要想让“星火光伏”项目避免这种上市即失败的风险，必须对商业模式进行重新设计。为此，该项目组在参加中国国际“互联网 +”大学生创新创业大赛时，接受了专业老师的指导，对项目商业模式进行了全新的设计，将传统销售设备的商业模式改为了提供一整套技术升级服务的商业模式，解决了团队负责人不敢销售产品的两难问题。该项目最终在第七届中国国际“互联网 +”大学生创新创业大赛中获得国家级银奖。

商业模式中的关键要素不匹配是高校创业项目常见的问题。一个金种子项目必须满足商业模式中任何要素之间高度匹配的标准。例如，销售模式与组织架构、团队成员素养必须匹配。如果销售模式是为客户提供整套解决服务方案，生产部门负责人就需具备熟悉整套解决方案全流程的基础知识。一个环保类项目，如果销售模式是为整个水厂提供如何设计、安装及后期使用的全部解决方案，项目生产主管需要具备污水处理系统设计、污水处理相关设备、污水处理质检标准等大量知识储备。如果销售模式是卖设备，项目生产主管只须具备该产品性能的相关知识。在商业计划书中，如果销售模式与团队成员分工表述得不一致，则证明其商业模式设计存在较大的漏洞。

五、创业团队实力较强，与项目高度匹配

项目团队须遵循公司运营的基本规律，不能由单一专业人才构成，其一定是一个跨专业的人才队伍。“互联网 +”大赛中大学生创新创业能力竞技，须严格按照创业团队的标准，即一个现代企业的组织架构标准来衡量其合理性。

通过解读第八届“互联网 +”大赛设置的团队标准，我们可窥见为何团队与项目高度匹配是一个金种子项目的核心指标。

第 1 条标准：“团队的组成原则与过程是否科学合理；团队是否具有支撑项目成长的知识、技术和经验；是否有明确的使命愿景。”“团队的组成原则与过程”是指企业团队的组建规则，而不是科研团队的组建规则。团队“具有支撑项目成长的知识、技术和经验”是指创业的系统知识，而非某一个学科的理论知识储备；是指企业核心创业团队是否具备岗位所需的专业系统知识。“明确的使命愿景”是指创业的动机是什么。一些企业之所以成功，是因为创始团队有一个利于社会发展的愿景。

第 2 条标准：“团队的组织构架、人员配置、分工协作、能力结构、专业结构、合作机制、激励制度等的合理性情况。”“团队的组织架构、人员配置、分工协作、能力结构、专业结构、合作机制、激励制度等”是指要符合企业组织的基本规范。一个金种子创业项目创始团队至少拥有一名懂企业管理且综合素养较高的人才和一名懂产品核心技术的专业人才。我国高校许多科技成果转化的创业项目之所以难以成功，主要原因是创始团队常常由一名科学家单打独斗。很多科学家最擅长的是产品核心技术，他们往往缺乏企业管理的相关专业知识和经验，并不具备创业团队管理能力，无法实现人尽其才，导致团队对外传播存在较大障碍，内耗严重，致使项目最终错失商机。因此，一个金种子创业团队一定是由跨专业人才构成的，其通过科学合理的股权分配和薪酬激励措施，形成最佳合作模式。这是创业团队早期特别容易忽视的问题，也是导致创业团队容易在企业快速发展期分崩离析的重要因素。

第 3 条标准：“团队与项目关系的真实性、紧密性情况；对项目的各项投入情况；

创立创业企业的可能性情况。”这一标准考查的是参赛者创业动机的真实性，以防止学生仅仅为了获奖而借用教师项目参赛的行为发生。以赛促创是教育部牵头举办“互联网 +”大赛的目标之一，主要是鼓励学生将教师的科研成果进行转化；“互联网 +”大赛解决了我国高校科技成果落地转化长期以来的一个痛点，即科研人员与企业家沟通成本太高。“互联网 +”大赛史无前例地提供了一个普通师生跨界与企业家、投资人保持常态化交流的渠道，高校师生理应珍惜这样的机会。现在，许多高校出台了相关配套政策，便于学生合法使用教师知识产权，大学生创业者可通过合法手段取得教师的原创核心技术知识产权。

许多项目为取得比赛好成绩，刻意拔高原创技术的科研价值，甚至将教师的成果视为学生的成果，超越了在校大学生的能力范畴，导致团队成员能力与项目成效完全不匹配。在路演 PPT 中，这样的问题大量存在。路演时，项目负责人所使用的路演语言也会体现出团队与项目脱节的状况。诚信是创业者的生存之道，更是一个优秀大学生的必备素养，如果违背了这个基本原则，项目的引领教育维度就会出现低级错误，离金种子项目的标准就相去甚远了。

第 4 条标准：“支撑项目发展的合作伙伴等外部资源的使用以及与项目关系的情况。”创业的最大考验在于如何吸引、获取和整合内外部资源，快速地填补某一真实的市场需求。创业者除了自身努力之外，必须积极寻找合作伙伴，例如同行业专家、供应链上原料提供者、渠道提供者等，只有与他们合作，才能实现内外部资源的最佳整合。

在创业之初，团队会遇到技术、营销、管理等方面的问题，如果能及时得到行业内专家的指导，就会很快找到解决方案，为企业活下来赢得时间。因此，在“互联网 +”大赛项目路演 PPT 里面出现的顾问通常指的就是行业内从事过相关企业经营管理的专家，而不是这个领域的科学家，大部分科学家只能发挥技术把关的作用。

由此可见，创业团队与科研团队存在本质差异。金种子创业项目团队应包括两类人员：一是主创团队，二是外部可咨询的顾问团队。

六、未来规划较科学

一个金种子项目为何要制定未来 3—5 年的科学规划？对于初创项目来说，当核心产品比较成熟后，一旦进入销售发展期，创业团队的注意力很容易集中在当前正在解决的问题上，从而忽视外部环境的变化。如果在企业的重要发展阶段，突然发现市场上出现了强大的竞争者，便须快速采取防范措施。此前就制定好了 3—5 年发展规划的创业团队在应对这种挑战时，比从未思考过发展规划的创业团队，找到最佳解决方案的速度会快很多；有规划的创业团队可能早就想到过正在遭遇的风险，已经采取了一些短时期内让竞争对手难以超越的措施，提前为自己构筑了坚实的壁垒。

创业团队设计的未来3—5年的发展规划必须是科学的，必须实现与项目的市场需求、技术、产品、商业模式、团队等要素的高度一致。创业团队应将未来3—5年的规划细化成每一年须执行的具体目标，这些规划不是毫无根据的揣测，一切都要建立在大量真实的调研数据基础之上。

第二节　红旅赛道金种子项目的选拔标准

对红旅赛道的误解，是当前参赛师生的常见问题。我们必须了解一下红旅赛道的源起，才能更加客观准确地理解红旅赛道。

红旅赛道全名为“青年红色筑梦之旅”赛道，起源于2017年第三届中国“互联网+”大学生创新创业大赛，最初它只是当年大赛承办高校西安电子科技大学组织的一个实践活动，是赛事的一个创新举措。

2017年，主办方安排两批参赛团队分赴延安，围绕“青春之歌”“红色记忆”“筑梦踏实”三个主题，通过寻访梁家河、走访“八一”敬老院、参观革命旧址、聆听专题辅导、开展青年乡村创客沙龙、举办乡村创客高峰论坛等活动，学习和感受当地的精神财富，实地了解老红军、下乡知青伟大而艰辛的青春“创业”史，试图为在校创业青年提供一次继承延安精神、涵养创业精神、坚定文化自信的精神飨宴。

7月，在活动进行过程中，西安电子科技大学创业团队“小满良仓”负责人张旺发起并联合其他创业团队一起给习近平总书记汇报“青年红色筑梦之旅”实践活动感受，他们表示要像青年时代的习近平那样，立下为祖国、为人民奉献自己的信念和志向，把自己的创新创业梦融入伟大中国梦，用青春和理想谱写信仰和奋斗之歌。

8月15日，中共中央总书记习近平给青年创业者们回信，全文如下。

第三届中国“互联网+”大学生创新创业大赛“青年红色筑梦之旅”的同学们：

来信收悉。得知全国150万大学生参加本届大赛，其中上百支大学生创新创业团队参加了走进延安、服务革命老区的“青年红色筑梦之旅”活动，帮助老区人民脱贫致富奔小康，既取得了积极成效，又受到了思想洗礼，我感到十分高兴。

延安是革命圣地，你们奔赴延安，追寻革命前辈伟大而艰辛的历史足迹，学习延安精神，坚定理想信念，锤炼意志品质，把激昂的青春梦融入伟大的中国梦，体现了当代中国青年奋发有为的精神风貌。

实现全面建成小康社会奋斗目标，实现社会主义现代化，实现中华民族伟大复兴，需要一批又一批德才兼备的有为人才为之奋斗。艰难困苦，玉汝于成。今天，我们比历史上任何时期都更接近实现中华民族伟大复兴的光辉目标。祖国的青年一代有理想、有追求、有担当，实现中华民族伟大复兴就有源源不断的青春力量。希望你们扎根中国大地了解国情民情，在创新创业中增长智慧才干，在艰苦奋斗中锤炼意志品质，在亿万人民为实现中国梦而进行的伟大奋斗中实现人生价值，用青春书写无愧于时代、无愧于历史的华彩篇章。①

捧读习近平总书记的回信，大学生们激动不已。西安电子科技大学“小满良仓”负责人张旺难掩兴奋：“总书记真的给我们回信了！参观了梁家河，让我们深受教育、备受鼓舞，更坚定了我们青年‘创客’创新创业的梦想！我们要将延安精神融入自己的创业实践，用知识、技能服务老区人民，让‘互联网 + 电商’助力老区发展，以实际行动和实际成果为实现中国梦作出自己的贡献！”②

一年后，张旺联合当年参加实践活动的各团队，由中共延安市委宣传部牵头，延安市民政部门批准，组建了以“互联网 +”赛事成果转化、青年创新创业、红色文化传承、乡村振兴产业扶贫为主题的非营利性社会团体——延安青年红色筑梦联盟。

由此可知，红旅赛道先天具有非营利性，且不以盈利为主要目的，这是红旅赛道与主赛道项目的本质区别。但非营利性的含义并不等同于“无盈利”，红旅赛道的项目也必须遵循规范的市场竞争规则，按照商业项目的生存法则运营，具备在市场竞争中活下去的实力，只有具备这些前提条件，才能持续地解决一些社会公共问题。因此，第八届“互联网 +”大赛红旅赛道公益组的“发展维度”评审规则这样表述：“项目通过吸纳捐赠、获取政府资助、自营收等方式确保持续生存能力情况。团队基于一定的产品、服务、模式，通过高效管理、资源整合、活动策划等运营手段，确保项目影响力与实效性。”③ 这实际上是对项目提出了商业化运营的要求。

根据一些社会公共问题解决方案的难度及所需资金的多少，红旅赛道又分为公益组、创意组和创业组。这三个组别的主要区别在于项目盈利资金去向以及项目成熟度。公益组对项目盈利能力要求比较低，项目能够基本维持收支平衡，若有盈利，盈利资金不能用来分红，只能用于项目运营；创意组和创业组的项目要比公益组的项目盈利能力强，且允许少量资金进行分红。这是基于创意组和创业组项目的成员

---

① 习近平总书记给第三届中国“互联网 +”大学生创新创业大赛“青年红色筑梦之旅”的大学生的回信［EB/OL］.（2017-08-16）［2023-08-03］. https：//www.gov.cn/guowuyuan/2017-08/16/content_5217973.htm?cid=303.

② 把激昂青春梦融入伟大中国梦［EB/OL］.（2017-08-17）［2023-08-03］. http：//politics.people.com.cn/big5/n1/2017/0817/c1001-29476050.html.

③ 第八届中国国际“互联网 +”大学生创新创业大赛评审规则出炉［EB/OL］.（2022-04-30）［2023-08-03］. https：//www.163.com/dy/article/H67BMDIS0536FNZE.html.

素养要求较高，允许这种策略实施是为了吸引更多优秀的人才参与到社会公共事业服务中去。创意组的项目成长要求较低，参赛时项目可未成立非营利性组织或公司，也可是刚刚成立的组织；创业组对项目的成熟度的要求更高，要求具有一定的经营年限，且已取得了较好的业绩，因此，赛事“发展维度”这一栏分值中创业组设置的是 30 分，而创意组只有 20 分。

总之，我们要避免对红旅赛道项目商业化运营产生误解。许多高校师生认为公益项目的主要特征就是不收费，这实际上是对现代公益事业的误解。公益事业运营难度远超商业项目，如果没有商业项目的成本核算理念，这样的公益事业是难以可持续发展的。红旅赛道的规则设计者遵循了现代公益事业管理的基本原则，任何公益项目首先得具备可持续生存能力，而商业化运营便是保持项目可持续生存能力的基本策略。因此，红旅赛道与主赛道的评价标准在本质上一样，项目都必须遵循基本的创业规律——具备自身造血的功能。可见，红旅赛道的规则设计依然坚守了“互联网 +”大赛提升学习者科学创业素养的基本宗旨。

一、红旅赛道公益组项目规则解读

2022 年，第八届中国国际“互联网 +”大学生创新创业大赛将红旅赛道规则设置为五大维度：教育维度、公益维度、团队维度、发展维度和创新维度。就规则的具体内容来看，我们发现其依然围绕着现代公益事业的基本运营规则，即在强调项目自身具有造血功能的前提下将项目的社会价值最大化。

首次增加的“教育维度”，同样也是对高教主赛道所有项目的要求。具体内容为：“项目应弘扬正确的价值观，体现家国情怀，恪守伦理规范，有助于培育创新创业精神。项目体现团队扎根中国大地了解国情民情，遵循发现问题、分析问题、解决问题的基本规律，将所学专业知识、技能和方法应用于解决各类社会问题，展现创新创业教育对创业者基本素养和认知的塑造力和提升创业者综合能力的效力。项目充分体现团队解决复杂问题的综合能力和高级思维；体现项目成长对团队成员创新创业精神、意识、能力的锻炼和提升作用。项目能充分体现院校在新工科、新医科、新农科、新文科建设方面取得的成果；项目充分体现专业教育、思政教育、创新创业教育的有机融合，体现院校在项目的培育、孵化等方面的支持情况。”

这些增加的条款并未改变原来的基本宗旨。将“教育维度”置于首要衡量标准，且将红旅赛道公益组和创意组设置为最高 30 分，这是教育部希望参加比赛的高校管理者能高度重视比赛的育人功能，不要过于追求短期的获奖目标而忽视大赛的根本目的——以赛促教、以赛促学、以赛促创。希望各高校管理层能认识到创新创业人才培养是一个系统性工程，人才培养模式革新不是一个普通项目指导教师能够促成的，学校管理层应积极利用大赛的影响力，来撬动学校内部的创新创业教育革新。

下面，详细解读公益组项目的规则，便于师生们快速理解红旅赛道。

（一）教育维度（30分）

★项目应弘扬正确的价值观，体现家国情怀，恪守伦理规范，有助于培育创新创业精神。

解析：红旅赛道公益项目的根本出发点是为了解决社会公共问题，因此，项目在发展过程中绝不能为了生存而不择手段，违背了初心。尤其是立志解决国家一些重大社会难题的项目，值得获得国家的大力支持。比如，第八届“互联网+”大赛就将主题聚焦为乡村振兴与社区治理等，这些正是当前我们国家发展面临的难题。

★项目体现团队扎根中国大地了解国情民情，遵循发现问题、分析问题、解决问题的基本规律，将所学专业知识、技能和方法应用于解决各类社会问题，展现创新创业教育对创业者基本素养和认知的塑造力和提升创业者综合能力的效力。

解析：红旅项目团队要体现出大学生专业知识的优势，要将专业所学应用于项目落地推行的全过程中，让学生在实践中提升发现问题、分析问题、解决问题的能力，这些能力既有助于学生从事科研工作，也有助于创业的成功。

★项目充分体现团队解决复杂问题的综合能力和高级思维；体现项目成长对团队成员创新创业精神、意识、能力的锻炼和提升作用。

解析：红旅项目解决的社会问题难度相较于主赛道的社会问题难度要高，一般涉及企业、政府、民众三方的利益关系。当代大学生对于社会的复杂度认知是比较少的，学校内的项目也无法让学生接触到相关的信息，只有与社会需求接轨的公益项目，对学生解决现实世界复杂问题的综合能力和提升思维才能有所帮助。团队成员碰到一些具体的难题，在解决的过程中会产生连锁问题，如果问题解决得好，则意味着团队中的成员都在不断成长，意味着团队成员学会了突破自身信息的茧房，其创新创业精神、意识及能力一定会得到提升。

★项目能充分体现院校在新工科、新医科、新农科、新文科建设方面取得的成果；项目充分体现专业教育、思政教育、创新创业教育的有机融合；体现院校在项目的培育、孵化等方面的支持情况。

解析：红旅项目与高校主赛道项目一样，也要充分发挥高校多学科融合的优势，助力社会问题的解决。当前高校推行的“四新”教育，就是要推动跨学科人才的融合，而创业项目团队本来也是由跨学科人才构成的，这是一脉相承的。同时，在推进项目落地的过程中，教师若能带领学生见识社会上一批正在积极投身于公益事业的人物，这种耳闻目染的过程，就是一种非常有效的思政教育。若是团队成员在这样的过程中受到感染，决心投身公益事业，这种转变当然是创新创业教育与专业教育、思政教育最好的融合成果。

（二）公益维度（10分）

★项目以社会价值为导向，以谋求公共利益为目的，以解决社会问题为使命，不以营利为目标，有一定公益成果。

解析：不要将公益组项目的“不以营利为目标”理解为项目无须具备可持续造血能力。如果项目产品比较差，即便不收费，这样的产品也是不利于解决社会问题的。当前许多社会问题比较复杂，对服务性产品的专业性要求比较高，因此，只有保证产品的品质，才能使项目具有解决社会问题的可能性。

★在公益服务领域具有较好的创意、产品或服务模式的创业计划和实践，追求社会效益的最大化。

解析：公益服务领域之所以需要较好的创意、产品或服务模式，是因为当前许多公益服务都因为免费的制约而忽视了当今人们日益增长的生活品质需求。若是项目产品不能使接受者感到满意，在某种程度上将严重影响公益项目的拓展，既浪费了资源又不能解决社会问题。

（三）团队维度（20分）

★团队的组成原则与过程是否科学合理；是否具有从事公益创业所需的知识、技术和经验；是否有明确的使命愿景。

解析：公益事业一般都由民营非营利组织（简称民非组织）实施完成，红旅项目团队也应遵循我国公益事业管理的基本规则，因此，其团队结构应具备民非组织的基本特征。由于其完成的项目都是为解决公共事务，成员所具备的知识、技术和经验都应与公益事业对口，最基础的公益事业管理政策是要掌握的。同时，公益组织都拥有使命愿景，这常常是一个公益组织诞生的起点，红旅项目的创始人应该是这个使命愿景的发起者。

★团队内部的组织构架、人员配置、分工协作、能力结构、专业结构、激励制度的合理性情况；团队外部服务支撑体系完备（如志愿者团队等）、具有一定规模、实施有效管理使其发挥重要作用的情况。

解析：“团队外部服务支撑体系完备”是指支持主创团队的其他社会组织合理。不是任一社会组织都适合来支撑项目发展的，团队外部服务支撑体系必须是在理解项目主要目标的前提下寻求匹配的资源。若这些组织资源本身发展很好，在社会上具有一定的影响力，便能侧面印证红旅项目的可行性。

★团队与项目关系的真实性、紧密性情况；团队对项目的各项投入情况；团队的延续性或接替性情况。

解析：按照参赛标准，项目负责人和成员大都是刚加入团队的新成员。许多红旅项目团队都具有传帮带的特点，都是积累多年才形成的，然而有些项目的负责人在比赛中因不了解项目的发展历史，常常留给评委团队与项目关联性不够紧密的印象。因此，红旅项目的负责人与成员要特别注意团队成员的延续性，深入思考项目落地后团队的匹配程度。

★支撑项目发展的合作伙伴等外部资源的使用以及与项目关系的情况。

解析：任何一个项目的发展都离不开外部资源的支持，因此，支撑项目发展的合作伙伴应该与项目的核心业务息息相关。

（四）发展维度（20分）

★项目通过吸纳捐赠、获取政府资助、自营收等方式确保持续生存能力情况。

解析：红旅项目要特别重视产品的竞争力，这是吸纳捐赠、获取政府资助等社会资金的主要依据，也是我国公益事业质量提升的结果。要警惕公益项目产品质量无关紧要观念的滋生与蔓延。

★团队基于一定的产品、服务、模式，通过高效管理、资源整合、活动策划等运营手段，确保项目影响力与实效性。

解析：红旅项目强调高效管理的目的就是增强公益事业人员的成本意识。受传统观念的制约，不少高校公益项目经常因重视社会效益而不惜一切代价，以至于忽略了成本问题，导致公共资源的大量浪费。

★项目在促进就业、教育、医疗、养老、环境保护与生态建设等方面发挥的效果。

解析：红旅项目解决的是社会公共问题，就业、教育、医疗、养老、环境保护与生态建设是与人民生活息息相关的，是首先要解决的。这些问题如果采用市场竞争的方式解决，极有可能加深社会的不公，因此，全面考虑社会各个阶层的需求，采用公益事业的模式来解决这些问题是相对比较科学的。

★项目的模式可复制、可推广、具有示范效应。

解析：只有可复制、可推广、具有示范效应的项目，才有拓展效益，才便于更多人借鉴和学习，才是真正有利于解决我们大国问题的模式。如果项目模式不可复制、不可推广、不具有示范效应，其影响力是非常有限的，其社会价值自然大打折扣。

★项目对带动大学生到农村、城乡社区从事社会服务就业创业的情况。

解析：红旅项目在落地推进的过程中，会使众多大学生有机会深度了解我国农村、城乡社区的真实现状。如果项目能切实解决农民和社区百姓的问题，政府会非常欢迎，还会有大量政策给予帮扶，最终带动更多的大学生参与这项事业。因此，项目带动的就业创业情况便成为项目是否真实落地的衡量标准。

（五）创新维度（20分）

★团队能够基于科学严谨的创新过程，遵循创新规律，运用各类创新的理念和范式，解决社会实际需求。

解析：红旅项目想创新，一定要了解社会上已有的类似项目，不能为了创新而创新，这便是遵循创新规律的基本原则。如果能找到全新的市场需求空白，项目产品一定是具有创新性的，除此之外，按照商业项目的落地规律，其他要素也有创新的空间。技术或内容原创都可能被包含在红旅项目中，因此，红旅项目的创新空间是很大的，也是比较复杂的。

★项目能够从产品创新、服务创新等方面着手开展公益创业实践，并产生一定数量和质量的创新成果。

解析：产品、服务是创业项目的核心要素，离开了产品、服务谈项目竞争力是没有意义的。项目要想具有持续的竞争力，就只能是在产品、服务创新上下功夫，只有这样，公益创业实践才能产生真正的影响力，帮助解决农村、城乡社区的真实需求问题。因此，产品、服务的创新数量和质量无疑是一个好项目的重要评价指标。

★鼓励将高校科研成果运用到公益创业中，以解决相应的社会问题。

解析：这是鼓励科研成果与社会需求接轨，让更多的科研成果为社会做出切实的贡献。这也对高校科研工作者提出了更高的要求：要做出更多能运用到社会生活中的科研成果，而不是与社会需求脱轨的科研成果。如果能将这些科研成果与公益创业结合起来，便是将成果的价值实现了最大化，这也是能让科研工作者找到价值感的重要渠道。

（六）必要条件

★参加由学校、省市或全国组织的“青年红色筑梦之旅”活动。

解析：这是红旅赛道的一个启动仪式。这种仪式，可以激发和鼓舞更多的人关注公益事业，投入乡村振兴和社区治理的公共事业中，为国家服务。

资料链接：2022 年，第八届中国国际“互联网 +”大学生创新创业大赛“青年红色筑梦之旅”赛道项目公益组评审要点如表 1-1[①] 所示。

---

① 第八届中国国际“互联网 +”大学生创新创业大赛评审规则出炉［EB/OL］.（2022-04-30）［2023-08-03］. https：//www.163.com/dy/article/H67BMDIS0536FNZE.html.

表 1-1 “青年红色筑梦之旅”赛道项目评审要点：公益组

评审要点	评审内容	分值
教育维度	1. 项目应弘扬正确的价值观，体现家国情怀，恪守伦理规范，有助于培育创新创业精神。 2. 项目体现团队扎根中国大地了解国情民情，遵循发现问题、分析问题、解决问题的基本规律，将所学专业知识、技能和方法应用于解决各类社会问题，展现创新创业教育对创业者基本素养和认知的塑造力和提升创业者综合能力的效力。 3. 项目充分体现团队解决复杂问题的综合能力和高级思维；体现项目成长对团队成员创新创业精神、意识、能力的锻炼和提升作用。 4. 项目能充分体现院校在新工科、新医科、新农科、新文科建设方面取得的成果；项目充分体现专业教育、思政教育、创新创业教育的有机融合；体现院校在项目的培育、孵化等方面的支持情况。	30
公益维度	1. 项目以社会价值为导向，以谋求公共利益为目的，以解决社会问题为使命，不以营利为目标，有一定公益成果。 2. 在公益服务领域具有较好的创意、产品或服务模式的创业计划和实践，追求社会效益的最大化。	10
团队维度	1. 团队的组成原则与过程是否科学合理；是否具有从事公益创业所需的知识、技术和经验；是否有明确的使命愿景。 2. 团队内部的组织构架、人员配置、分工协作、能力结构、专业结构、激励制度的合理性情况；团队外部服务支撑体系完备（如志愿者团队等）、具有一定规模、实施有效管理使其发挥重要作用的情况。 3. 团队与项目关系的真实性、紧密性情况；团队对项目的各项投入情况；团队的延续性或接替性情况。 4. 支撑项目发展的合作伙伴等外部资源的使用以及与项目关系的情况。	20
发展维度	1. 项目通过吸纳捐赠、获取政府资助、自营收等方式确保持续生存能力情况。 2. 团队基于一定的产品、服务、模式，通过高效管理、资源整合、活动策划等运营手段，确保项目影响力与实效性。 3. 项目对促进就业、教育、医疗、养老、环境保护与生态建设等方面的效果。 4. 项目的模式可复制、可推广、具有示范效应。 5. 项目对带动大学生到农村、城乡社区从事社会服务就业创业的情况。	20
创新维度	1. 团队能够基于科学严谨的创新过程，遵循创新规律，运用各类创新的理念和范式，解决社会实际需求。 2. 项目能够从产品创新、服务创新等方面着手开展公益创业实践，并产生一定数量和质量的创新成果。 3. 鼓励将高校科研成果运用到公益创业中，以解决相应的社会问题。	20
必要条件	参加由学校、省市或全国组织的“青年红色筑梦之旅”活动。	

二、红旅赛道创意组项目规则解读

红旅赛道创意组与公益组最大的区别是，公益组项目只须实现自负盈亏，获得的收益能维持基本日常管理运营即可；而创意组项目须具备一定的盈利能力，不仅能自负盈亏，还有一定的利润收入，能够储备项目发展过程中所需的技术迭代研发费用，这一要求与创业组一致。因此，在评审规则中，创意组与公益组的主要区别是创意组增加了“社会价值维度”，取消了“公益维度”。

由于创意组与公益组的其他维度评审规则一致，在此不再做具体解读，仅就“社会价值维度”与“公益维度”的区别进行详细解读。创意组用“社会价值维度”取代了“公益维度”，从表述差异中我们不难看出，大赛评审委员会对项目所要发挥的社会功能定位十分清晰，“社会价值”相较于“公益”所包含的具体要求更高，项目不仅能满足公共需求，还要为解决社会的就业需求作出一定的贡献。

“社会价值维度”中的第一条细则“项目直接提供就业岗位的数量和质量”，这与高教主赛道中的三大赛道要求一致。就业岗位数量指项目诞生后，能够提供多少岗位，让人全职在此工作。就业岗位质量是指能够为每一位在此全职工作的人提供的薪酬额度与能力成长机会。薪酬额度越高，提供能力成长的机会越多，意味着就业岗位质量更高。

“社会价值维度”中的第二条细则“项目间接带动就业的能力和规模”，这与高教主赛道中的三大赛道要求一致。项目间接带动就业的能力是指项目诞生后，能带动相关产业链上下游公司产生许多新岗位。项目为相关企业创造的新岗位越多，其间接带动就业的能力就越强。如果导致产业链上多家公司增设新岗位，进行全新的生产流程梳理，则意味着该项目间接带动就业规模很大。

“社会价值维度”中的第三条细则“项目对社会文明、生态文明、民生福祉等方面的积极推动作用”，这与高教主赛道中的三大赛道要求一致。这一细则是所有“互联网 +”大赛项目的基本要求，即任何创新创业项目都必须考虑社会价值。这一细则也是为了避免未积累创新创业项目经验的学习者可能存在的认知误区：“做大做强的创新创业项目常常只需考虑经济效益。”这一细则的提炼，也表明大赛组委会十分熟悉当前我国创新创业教育亟须解决的创业误区问题：许多人视创业项目的社会效益与经济效益为一对矛盾。笔者在过去几年的项目指导中发现，几乎所有的创新创业初学者，从未思考过创新创业项目可能对社会文明、生态文明、民生福祉带来的危害。因此，该细则重点考察项目是否有考虑避免给社会带来危害，是否重视社会效益，是否真正理解了企业对社会发展的基本功能。

资料链接：2022 年，第八届中国国际“互联网 +”大学生创新创业大赛“青年红色筑梦之旅”赛道项目创意组评审要点如表 1-2[①] 所示。

---

① 第八届中国国际“互联网 +”大学生创新创业大赛评审规则出炉［EB/OL］.（2022-04-30）［2023-08-03］. https：//www.163.com/dy/article/H67BMDIS0536FNZE.html.

表 1-2 “青年红色筑梦之旅”赛道项目评审要点：创意组

评审要点	评审内容	分值
教育维度	1. 项目应弘扬正确的价值观，体现家国情怀，恪守伦理规范，有助于培育创新创业精神。 2. 项目体现团队扎根中国大地了解国情民情，遵循发现问题、分析问题、解决问题的基本规律，将所学专业知识、技能和方法应用于乡村振兴和农业农村现代化、城乡社区发展，展现创新创业教育对创业者基本素养和认知的塑造力和提升创业者综合能力的效力。 3. 项目充分体现团队解决复杂问题的综合能力和高级思维，体现项目成长对团队成员创新创业精神、意识、能力的锻炼和提升作用。 4. 项目能充分体现院校在新工科、新医科、新农科、新文科建设方面取得的成果；项目充分体现专业教育、思政教育、创新创业教育的有机融合；体现院校在项目的培育、孵化等方面的支持情况。	30
团队维度	1. 团队组成原则与过程是否科学合理；团队是否具有支撑项目成长的知识、技术和经验；是否有明确的使命愿景。 2. 团队的组织构架、人员配置、分工协作、能力结构、专业结构、合作机制、激励制度等的合理性情况。 3. 团队与项目关系的真实性、紧密性情况；对项目的各项投入情况；创立创业企业的可能性情况。 4. 支撑项目发展的合作伙伴等外部资源的使用以及与项目关系的情况。	20
发展维度	1. 充分了解乡村振兴、农业农村现代化、城乡社区发展的内容和要求，了解其中的痛点、难点，进而形成对所要解决问题完备的认知。 2. 在服务乡村振兴、农业农村现代化、城乡社区发展上有较好的创意、产品或服务模式，追求经济效益和社会效益的平衡。 3. 项目对推动乡村振兴、农业农村现代化、城乡社区发展等方面的贡献度。 4. 项目的持续生存能力，模式可复制、可推广、具有示范效应等。	20
创新维度	1. 团队能够基于科学严谨的创新过程，遵循创新规律，运用各类创新的理念和范式，解决乡村振兴、农业农村现代化、城乡社区发展中遇到的各类问题。 2. 项目能够从产品创新、服务创新等方面着手开展创新创业实践，并产生一定数量和质量的创新成果。 3. 鼓励院校科研成果和文创成果在乡村或社区进行产业转化落地与实践应用。 4. 鼓励组织模式或商业模式创新，鼓励资源整合优化创新。	20
社会价值维度	1. 项目直接提供就业岗位的数量和质量。 2. 项目间接带动就业的能力和规模。 3. 项目对社会文明、生态文明、民生福祉等方面的积极推动作用。	10
必要条件	参加由学校、省市或全国组织的“青年红色筑梦之旅”活动。	

三、红旅赛道创业组项目规则解读

红旅赛道创业组至今是“互联网 +”大赛所有组别中参赛人员占比最低的一个赛道，被称为最难的赛道。相较于公益组，创业组的评审规则变化如下：第一，“教育维度”由 30 分变成了 20 分，具体细则不变。第二，“发展维度”由 20 分变成了 30

分，细则标准与公益组完全不同。第三，“创新维度”的细则表述有所调整。

为避免信息重复，这里只重点解读与公益组不同的细则。为了让大家更好地理解，我们将结合南昌大学的“慧救亿生”项目进行阐释。“慧救亿生”是李薇、王允圃、李志3位老师共同参与指导的双创项目，致力于用最新的信息技术为转瞬即逝的4分钟心梗急救难题构建一个可落地的社区解决方案。2021年，虽然该项目当年只获得了“互联网+”大赛江西省赛银奖，但团队所有成员遵循项目式学习方法，全身心投入4个月，按照课赛融合的方式系统地走完了所有的创业流程。因此，该项目积累了真实且丰富的大学生双创实训第一手信息。在此，我们结合在指导项目过程中发现的一些执行难点，对规则细节进行解读，既便于大家精准地理解评审规则，也便于大家精准地衡量一个项目发展到何种程度才适合参赛。

（一）红旅创业组“发展维度”具体评审规则解读

★充分了解乡村振兴、农业农村现代化、城乡社区发展的内容和要求，了解其中的痛点、难点，进而形成对所要解决问题完备的认知。

解析：红旅赛道主要针对的是一些公共社会难题，而农业农村现代化、城乡社区面临的许多公共难题是目前亟待解决的发展难题。因此，第八届“互联网+”大赛积极响应国家发展战略，将乡村振兴、农业农村现代化、城乡社区发展作为重点选题范畴。其实，“互联网+”大赛自2015年举办以来，红旅赛道关注的重心一直在农业农村和城乡社区。“慧救亿生”就是一个提升城市社区居民生活质量的项目，虽然其主要目标是解决4分钟心梗急救问题，但该项目整体规划了一个社区居民健康知识普及和服务提升的解决方案。这个项目最终被江西省红十字会采纳，解决了提升急救人员培训质量的问题。因此，参赛者选择参加创业赛道就必须深入了解当前我国农业农村和城乡社区发展现状，了解真正的痛点和难点至关重要。

★在服务乡村振兴、农业农村现代化、城乡社区发展等方面有较好产品或服务模式，追求经济效益和社会效益的平衡。

解析：这一规则明确了创业项目必须拥有较好的产品或服务模式。许多红旅项目更多关注免费服务而忽视了产品或服务的质量。实际上，现阶段我国的公益事业已经发展到了产业升级阶段，对参与者提供的产品和服务质量有了更系统的要求。“慧救亿生”项目采用最先进的信息技术，高效地解决了应急呼救难题，整个解决方案中包含了众多高科技产品（如图1–1所示）。

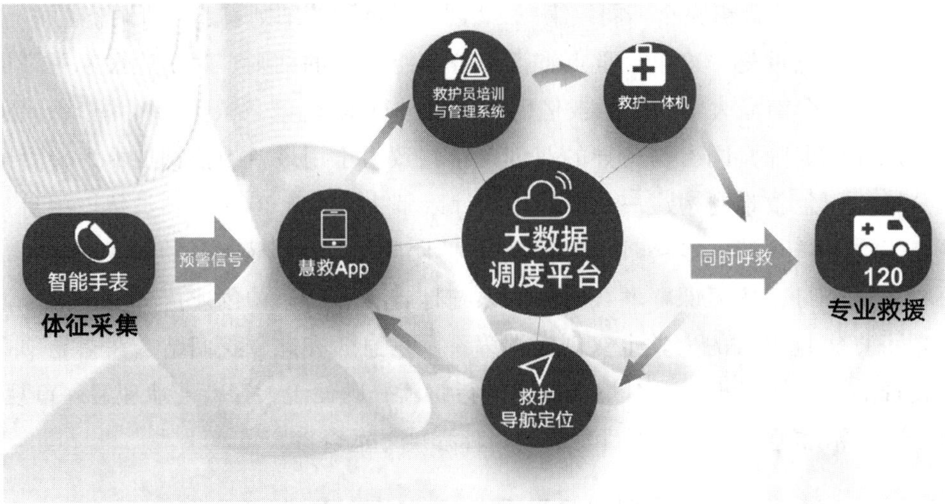

图 1-1 “慧救亿生”一套完整的院前智能应急救护解决方案

★项目通过商业方式推动乡村振兴、农业农村现代化、城乡社区发展等方面的贡献度。

解析：“商业方式”是指适应市场竞争规则的公司运营方式，也是创新创业教育要传授给学习者的一套成体系的商业管理知识。规则制定者认为，具有一定社会影响力的公共事业组织，必定是遵循现代企业经营管理基本规律的结果，因此，“互联网+”大赛希望推广这种经营管理理念，改变一些传统的公共事业运营理念，从而极大地促进我国公共事业的发展。

“慧救亿生”诞生在南昌大学 VR 实验室。经过 3 年的发展，该项目团队被新华社、《中国红十字报》、江西省人民政府官网、江西卫视等多家省市级以上权威媒体报道 30 余次。这样的影响力，也是项目发起人刘捷教授一直鼓励学生团队采用现代企业理念经营项目、直接面向市场检验的结果。先进的商业方式就是迫使公共事业领域的创业者走出传统的靠政府支持、靠独有资源优势的舒适圈，创业者敢于面对市场竞争，不断自我革新，主动增强可持续生存的竞争力。

★项目的持续生存能力，模式可复制、可推广、具有示范效应等。

解析：只有可复制、可推广、具有示范效应特点的项目，才具有可持续生存的能力。一个项目提供的产品或服务若不能被复制或推广，则意味着该项目的产品或服务还没有形成较规范的标准，难以保证质量的稳定性，这样的产品或服务就很难获得较多消费者的认可。若没有较高的市场认可度，项目是很难保持持续生存能力的。

因此，让产品或服务标准化，是项目可复制、可推广、具有示范效应的关键问题。红旅创业项目需要具备这样的特点，不然是很难证明项目是如何发展壮大的。

然而，我们从许多参赛红旅项目中看到，它们很少提及产品或服务标准化的数据，更多呈现的只是结果，这是没有说服力的。许多红旅赛道项目提供的是服务，服务也是可以标准化的，服务可通过流程步骤具体量化来实现标准化。

“慧救亿生”围绕一个社区设计了一整套服务的完整流程，这一套流程是可以随时照搬到另一个社区的，这就使得这套解决方案随时可复制、可推广。参赛项目必须与具体的应用场景结合起来，因此，乡村振兴和城乡社区服务等问题的解决需要创业者深入社会基层，真正了解老百姓的生活现状。

（二）红旅赛道创业组“创新维度”增加的条款解读

红旅赛道创业组“创新维度”增加了“鼓励组织模式或商业模式创新，鼓励资源整合优化创新”的条款，这是鼓励红旅项目遵循市场竞争基本规则的重要举措，这一条款是希望红旅创业项目团队能够深刻理解遵循市场竞争规则对促进公益事业发展的重要价值。“慧救亿生”作为一个民非组织推进的项目，之所以能快速发展，是因为其遵循市场竞争规则。“慧救亿生”能够成为江西省红十字会急救培训的合作伙伴，主要是实现了商业模式创新，使得借助 VR 技术的虚拟培训课程能够走进社区服务中心，使每一个城市居民都能拥有自主学习急救知识的机会。如果没有商业模式创新，依托先进信息技术所生成的庞大急救系统是很难走进社区的，项目也很难获得江西省红十字会的认可和支持。因此，红旅创业项目一定要尝试在组织模式和商业模式上推陈出新，整合资源，实现优化创新，只有这样，红旅项目所承载的公益事业才能得到持久的发展，才能真正发挥社会效益。

第三节　职教赛道金种子项目的选拔标准

“互联网 +”大赛职教赛道金种子项目选拔标准依然遵循基本的创业底层逻辑。组委会在设置赛道时，将普通高等学校与职业高等学校做了区分。这样区分的目的，一是避免不同人才培养目标导致的不对等竞争，二是充分尊重不同层级学生的创业所长。在“互联网 +”大赛中，职教赛道对应的是职业高等学校，参赛项目大多对标产品科技含量相对较低的产业升级类项目和一些商业模式创新的非高新技术服务业项目。

从商业维度来看，主赛道学校擅长的项目与职教赛道学校擅长的项目都必须遵循基本的创业底层逻辑，但两个赛道参加学校所依存的创新条件有较大差异，所以很难用同一标准进行比较。将两者区分开，既降低了评委评审的难度，又有利于提升项目科学评估的准确率，使大赛的公平性更加可控。

职教赛道的核心目标是培养学生能工巧匠式的创业精神。职教赛道分为创意组和创业组，二者都由教育维度、创新维度、团队维度、商业维度、社会价值维度五大核心标准构成。创业组和创意组的主要区别是教育维度与商业维度分值不同，创业组更强调商业维度的重要性，商业维度的分值由20分调为了30分；相应地，创业组降低了教育维度的分值，教育维度的分值由30分调为了20分。

下面，重点解读职教赛道创意组规则，创业组的差异会在相关细则中予以阐释。

一、教育维度（30分）

★项目应弘扬正确的价值观，体现家国情怀，恪守伦理规范，有助于培育创新创业精神。

解析：正确的价值观，体现家国情怀，恪守伦理规范，是一家企业可持续发展的基本前提，世界上没有任何一家价值观扭曲且缺失国家立场的企业能够做大做强。中国国际“互联网+”创新创业大赛是教育部与政府、各高校共同主办的一项技能大赛，旨在深化高等教育综合改革，必然要遵循为国家选拔优秀项目和培养优秀人才的最高标准。因此，树立正确的价值观，体现家国情怀，恪守伦理规范必定是贯穿在项目的方方面面的，创业团队成员素养、产品品质、商业模式等都与之息息相关。

★项目符合将专业知识与商业知识有效结合并转化为商业价值或社会价值的创新创业基本过程和基本逻辑，展现创新创业教育对创业者基本素养和认知的塑造力。

解析：这一标准旨在树立一个导向。国家鼓励企业转型升级，更倾向于支持专业水平较高的企业发展。企业瞄准的是知识密集型的产品或服务，需要团队将专业知识与商业知识有效结合，鼓励大学生创新创业发挥专业知识的优势，找到专业知识在商业项目中的用武之地，增加对专业知识的认可度。因此，团队成员的专业素养与岗位匹配度便是一个非常重要的衡量因素。专业的人干专业的事，是对团队成员的基本要求。高职的许多专业操作性较强，对提升服务业的整体水平都有很大的价值，应充分将创业团队专业技能与项目核心业务的相关性凸显出来。

★体现团队对创新创业所需知识（专业知识、商业知识、行业知识等）与技能（计划、组织、领导、控制、创新等）的娴熟掌握与应用，展现创新创业教育提升创业者综合能力的效力。

解析：这是对创业知识的系统性考查。虽然高职院校师生的创业项目产品或服务的科技含量不一定高，但创立一个完整公司所需要的知识体系几乎是一致的。性价比较高的产品或服务就是专业知识、商业知识、行业知识融合的结果，考查的是产品研发过程的科学性。产品的营销推广过程也极为考验创业者的组织、领导与控制能力，在这些环节上，如果遵循了创业的整体规律，即能展现创新创业教育对创业者综合能力的效力。

★项目充分体现团队解决复杂问题的综合能力和高级思维；体现项目成长对团队成员创新创业精神、意识、能力的锻炼和提升作用。

解析：创业是一个极其复杂的过程，只有经历了市场调研、产品研发、组织架构设计、产品营销、商业模式测试这些关键环节，一个项目才有可能存活下来。创业者面对这些环节的挑战，必须具有较强的综合能力和高级思维。参赛项目如果能够呈现团队是如何团结一致渡过一个个创业难关，最终让产品被消费者接受，具有一定盈利能力的，就是项目成长对每一个团队成员意识、能力提升的最好证据。

★项目能充分体现院校在职业教育建设方面取得的成果；体现院校在项目的培育、孵化等方面的支持情况；体现多学科交叉、专创融合、产学研协同创新、产教融合等模式在项目的产生与执行中的重要作用。

解析：创业是一个资源整合的过程。大学生创业团队要使一个项目从校园走出去，面对市场竞争活下来，需要学校各级管理层的大力支持。无论是创业知识方面的帮助，还是项目培育、孵化的经费，甚至组建一个合格的创业团队，都需要跨学院、多学科交叉合作，这些资源只有学校教师全方位支持，在校大学生才有勇气和信心并满怀激情地接受创新创业的挑战。因此，那些能够走出校门、面对市场竞争的项目，都是在充分发挥了学校的优势资源后，才走向成功的。参赛项目要将学校提供的支持和相关帮助在合适的环节展现出来。

二、创新维度（20分）

★具有原始创意、创造。

解析：项目必须具备原创知识产权，这是现代企业核心竞争力的基本要素，高职院校的项目必须满足现代企业的基本要求。

★具有面向培养“大国工匠”与能工巧匠的创意与创新。

解析：这是指项目中原创产品或服务的核心要素不依赖高端科学技术，其创新性体现在流程、工艺或性能改善等方面，这是符合我国国情的。我国许多行业产品或服务质量亟待提升，而这些提升并不需要高科技参与，只须在生产工艺流程的细节上改进即可，高职院校学生相对而言更能发挥自身的优势。

★项目体现产教融合模式创新、校企合作模式创新、工学一体模式创新。

解析：这是指学校要源源不断地孵化出具有市场竞争力的创业团队和项目，创业团队和项目必须是实施产教融合、校企合作、工学一体创新后的结果。大学生创业需要大量自主学习时间和校外实践经验，如果人才培养模式与教学方法割裂，学校不能配套系统的教学改革支持，那么能够参与进来的学生人数是极少的，指导教师的积极性也难以调动。

★鼓励面向职业和岗位的创意及创新，侧重于加工工艺创新、实用技术创新、产品（技术）改良、应用性优化、民生类创意等。

解析：这明确了项目产品或服务创新的着力点，是根据我国高职院校师生所具备的能力设计的。如果我们能发现一些新的民生类需求点，就有可能创造出许多新的职业和岗位，例如，生涯教育规划师、家庭教育师等都是随着人们的新需求产生的。

三、团队维度（20分）

★团队的组成原则与过程是否科学合理；团队是否具有支撑项目成长的知识、技术和经验；是否有明确的使命愿景。

解析："团队的组成原则与过程是否科学合理"是指团队是否按照企业的组织架构配置团队成员。团队若按照企业组织架构，则一定是跨学科的团队。"团队是否具有支撑项目成长的知识、技术和经验"是指成员的知识储备与岗位分工是否匹配，即要遵循专业人干专业事的基本规则。"是否有明确的使命愿景"是指创业者有没有明确的创业价值目标引领，即要有积极健康的价值观。

★团队的组织构架、人员配置、分工协作、能力结构、专业结构、合作机制、激励制度等的合理性情况。

解析：这条规则与上一条规则有相似之处，除强调团队成员专业能力与岗位相匹配外，还提醒创业者注意不同行业的项目对应的组织构架、人员配置、合作机制等可能都是不一样的，我们不能随意照搬某一个项目的组织架构、人员配置、合作机制等。组织架构、人员配置、合作机制等要素最终都要成为一个合理系统，能够促进产品或服务降本增效。激励制度十分考验创业者的管理能力，这一要素的合理运用需要创业者学习大量相关专业知识。

★团队与项目关系的真实性、紧密性情况；对项目的各项投入情况；创立创业企业的可能性情况。

解析："团队与项目关系的真实性、紧密性情况"是提醒参赛院校遵守基本的诚信规则。创新创业大赛比的是学生的能力，而不是教师的能力。大赛虽然允许毕业5年内的学生参加，但主角依然是学生，参赛队伍不能为了成绩而夸大项目的业绩。投资人很容易判断出学生创业项目与其团队实力是否相匹配。大赛主办方希望参赛的项目都是真实项目，希望学校真正实施了将创新创业大赛作为教改手段的举措。

★支撑项目发展的合作伙伴等外部资源的使用以及与项目关系的情况。

解析：创业项目是非常需要合作伙伴等外部资源支持的，这一资源在项目中表现如何也是判断项目是否具有发展前景的重要依据。

四、商业维度（20分）

★充分了解所在产业（行业）的产业规模、增长速度、竞争格局、产业趋势、产业政策等情况，形成完备、深刻的产业认知。

解析：我们只有了解产业规模，才能判断项目的产品是否具有一定的市场需求；只有了解行业的增长速度、竞争格局，才能知道项目处于什么位置，是否具备竞争优势；产业趋势和产业政策是帮助项目判断如何应对未来及利用当前的外部机遇。这些深刻认知可以通过项目的市场需求、产品定位、商业模式等方面的数据反映出来。

★项目具有明确的目标市场定位，对目标市场的特征、需求等情况有清晰的了解，并据此制订合理的营销、运营、财务等计划，设计出完整、创新、可行的商业模式，展现团队的商业思维。

解析：具有明确的目标市场定位几乎是任何一家成功企业的标配，如果对目标市场和需求没有清晰的了解，就无法对项目的目标市场进行定位。定位是项目制订营销计划、确定商业模式的前提，只有这些要素之间的逻辑关系是合理的、清晰的，才能证明团队具备了一定的商业思维。无论是创意组还是创业组都应该体现出完整的商业逻辑思维能力。

★其他：项目落地执行情况；项目对促进区域经济发展、产业转型升级的情况；已有盈利能力或盈利潜力情况。

解析：创意组和创业组实现这一条款的情况是有区别的，创意组可以实现的是项目小范围的测试运营情况，而创业组应该是面向市场能非常成熟的运营现状，甚至已经开拓了一定的市场，具备了盈利能力。因此，关于"促进区域经济发展、产业转型升级的情况"，我们是可以进行初步预估的，它不是必备条件，要由项目成熟度来决定。

五、社会价值（10分）

★项目直接提供就业岗位的数量和质量。

解析：创业项目给社会带来的直接价值是提供了就业岗位，因此，全职项目团队成员都是由项目提供的岗位直接就业的。就业岗位的质量是指成员的收入在同行业中处于什么样的水平。

★项目间接带动就业的能力和规模。

解析：项目带来的间接就业岗位是指因为这个项目诞生后，它所带动的产业链上下游相关配套企业增加的就业岗位。如果这个项目带动的产业链上的环节比较多，产生的变革比较大，那么该项目是具备一定能力和规模的。如果项目对产业链上下游客户的影响很小，其能力和规模也是比较有限的。

★项目对社会文明、生态文明、民生福祉等方面的积极推动作用。

解析：职教赛道的项目由于更偏向于产品技术或服务升级类，尤其是非遗等文化产业亟须这样的变化，因此，既然是文化产业范畴内的项目，就不能忘了文化产业的基本使命是文明传承。项目对社会文明、生态文明、民生福祉等方面一定要起到积极的推动作用，不能为了经济效益而忘记了文化产业的初心。

资料链接：2022 年，第八届中国国际“互联网 +”大学生创新创业大赛职教赛道项目创意组评审要点如表 1-3 所示。①

表 1-3　职教赛道项目评审要点：创意组

评审要点	评审内容	分值
教育维度	1. 项目应弘扬正确的价值观，体现家国情怀，恪守伦理规范，有助于培育创新创业精神。 2. 项目符合将专业知识与商业知识有效结合并转化为商业价值或社会价值的创新创业基本过程和基本逻辑，展现创新创业教育对创业者基本素养和认知的塑造力。 3. 体现团队对创新创业所需知识（专业知识、商业知识、行业知识等）与技能（计划、组织、领导、控制、创新等）的娴熟掌握与应用，展现创新创业教育提升创业者综合能力的效力。 4. 项目充分体现团队解决复杂问题的综合能力和高级思维；体现项目成长对团队成员创新创业精神、意识、能力的锻炼和提升作用。 5. 项目能充分体现院校在职业教育建设方面取得的成果；体现院校在项目的培育、孵化等方面的支持情况；体现多学科交叉、专创融合、产学研协同创新、产教融合等模式在项目的产生与执行中的重要作用。	30
创新维度	1. 具有原始创意、创造。 2. 具有面向培养“大国工匠”与能工巧匠的创意与创新。 3. 项目体现产教融合模式创新、校企合作模式创新、工学一体模式创新。 4. 鼓励面向职业和岗位的创意及创新，侧重于加工工艺创新、实用技术创新、产品（技术）改良、应用性优化、民生类创意等。	20
团队维度	1. 团队的组成原则与过程是否科学合理；团队是否具有支撑项目成长的知识、技术和经验；是否有明确的使命愿景。 2. 团队的组织构架、人员配置、分工协作、能力结构、专业结构、合作机制、激励制度等的合理性情况。 3. 团队与项目关系的真实性、紧密性情况；对项目的各项投入情况；创立创业企业的可能性情况。 4. 支撑项目发展的合作伙伴等外部资源的使用以及与项目关系的情况。	20

① 第八届中国国际“互联网 +”大学生创新创业大赛评审规则出炉［EB/OL］.（2022-04-30）［2023-08-03］. https：//www.163.com/dy/article/H67BMDIS0536FNZE.html.

续表

评审要点	评审内容	分值
商业维度	1. 充分了解所在产业（行业）的产业规模、增长速度、竞争格局、产业趋势、产业政策等情况，形成完备、深刻的产业认知。 2. 项目具有明确的目标市场定位，对目标市场的特征、需求等情况有清晰的了解，并据此制订合理的营销、运营、财务等计划，设计出完整、创新、可行的商业模式，展现团队的商业思维。 3. 其他：项目落地执行情况；项目对促进区域经济发展、产业转型升级的情况；已有盈利能力或盈利潜力情况。	20
社会价值维度	1. 项目直接提供就业岗位的数量和质量。 2. 项目间接带动就业的能力和规模。 3. 项目对社会文明、生态文明、民生福祉等方面的积极推动作用。	10

第四节　金种子项目的主要来源

创新创业项目式教学要顺利开展，要么教师须先为学生找到一些有价值的金种子项目备选，要么参与该课程的学生能积极主动地寻找自己感兴趣的金种子项目。因此，如何挖掘出具有金种子潜能的项目，常常是让师生们感到棘手的问题。本教程的编写成员都是第七届中国国际“互联网 +”大学生创新创业大赛承办校南昌大学项目培育组的核心成员，在此，我们总结了一些实操经验供大家参考。

请在充分消化本章第一节金种子项目选拔标准相关知识的前提下，尝试以下几种路径，应可节省找到金种子项目的时间。

一、在校师生正在创业的项目

近些年，随着教育部和地方政府颁布的鼓励大学生创新创业的相关政策陆续出台，许多高校涌现出了一批正在创业的高校师生。然而，这样的群体依然占比极低，一般不太容易被人关注。

我国高校创业教师群体有两类。一类是正在推进科转工作的教师群体，这一群体大多在研究院或国家级实验室等机构。例如，2008 年，南昌大学成立光伏研究院，开始践行产教融合道路，大力推行科转工作。2021 年，南昌大学光伏研究院与江西共青城共建光氢储研究院，部分教师全面参与科转工作。2022 年，我们发现了光伏研究院周浪教授和黄海宾教授共同主持的江西汉可项目。后来，该项目参加了第七届“互联网+”大赛并获得银奖，比赛结束不久，该项目就完成了数千万元的天使轮融资。

另一类群体是校外自主创业的师生。他们虽然已经拥有比较成熟的商业公司，但许多项目负责人并未系统学习过创业知识。高校师生可以从有利于公司发展的角度与负责人积极沟通，如果能获得公司负责人的支持，拿到项目的第一手资料参与到双创实训课程中，将会是一次双赢的合作。因为，许多未系统学习过创业知识的公司负责人，有可能正在为公司发展中遇到的各种问题发愁，他们所遇到的问题正是亟须解决的创业真问题，这样的项目是创新创业项目式教学的最佳载体，不仅能将学生们的内驱力充分调动起来，而且能使学生们在解决问题时学习到最实用和最前沿的双创知识。

二、理工医教师主持的横向课题

由理工医科研工作者主持的横向课题是潜在金种子项目的第二大来源。理工医这些学科的横向课题多是为市场上的企业提供技术服务，它们已经迈出了科转的步伐，因此，这类教师在与企业合作的过程中已经习得了一些商业运营的理念，更能够理解双创教育的价值。

如果参加双创实训学习的师生能够说服这些主持横向课题的教师，让他们主导的原创技术项目成为师生实训学习的载体，就有可能促成一次双赢的合作。首先，这些横向课题中服务企业的技术一定是满足真实市场需求的技术，相较于毫无市场需求的实验室原创技术，它更具科转的潜能，同时也满足了创新创业项目的基本条件。其次，对于横向课题的主持教师而言，如果这些原创技术项目作为双创实训学习载体，不断被学习者完善其商业计划方案，有助于推动横向课题向创业项目的转型，加速高校科转事业的发展。这也是教育部举办中国国际“互联网+”大学生创新创业大赛的目的之一。

理工医横向课题科转的概率较高，而人文学科横向课题科转的概率相对较低。集中于社会调研类的人文学科横向课题一般不具备科转的条件，只有提供行业技术标准的横向课题才具备科转的条件。例如，新闻传播学与法律学专业一些从事实务研究的教师，可能已经掌握了一些对应行业的社会服务技术标准。

部分原创性较强的基础纵向课题也可科转成功，这些原创研究成果一旦被应用开发，将会颠覆现有行业的某一底层逻辑，因此蕴藏着巨大的科转潜能。例如南昌大学江风益院士原创的“颠覆性 LED 光源基础原理”就是这样的项目，在该原创基础原理上衍生出的光源技术可应用于多个领域。2021 年，在第七届中国国际“互联网+”大学生创新创业大赛高校主赛道中，依托该光源技术的“便携式投影仪”“无掩模光刻机”“MicroLED 显示器”“中科光芯——硅基无荧光粉发光芯片产业化应用”“星火光伏”5 个创业项目斩获国赛金奖。

当然，这样的项目一般需要很长的科研时间，只有转化成应用技术后，才适合成为本课程的教学实践项目。

三、毕业 5 年内校友们正创业的项目

“互联网 +”大赛设置的参赛者资格包括毕业 5 年内的学生，因此，毕业 5 年内正在创业的校友都有参赛资格。他们正在推进的创业项目也是较好的双创实训课程中师生可选的金种子项目。

毕业后选择创业的学生，大概率于在校期间积累了一些创业经验，他们正在推进的创业项目一般是经过市场初筛的，相较于在校生的创业项目可能更成熟，成为金种子项目的概率更大。另外，这些正在推进创业项目的校友也需要不断提升创业理论知识，甚至需要更多的毕业生加入他们的团队。因此，如果找到这些校友，说服他们将项目拿到双创实训课程中不断打磨、提升，不仅能有效促进在校学生的学习积极性，也可能为这些正在推进的项目找到一些新的备选方案，为项目的发展提供更多可资借鉴的信息。

四、创二代师生正创业的项目

父母作为孩子成长的导师和榜样，其行为无形中影响着子女。父辈创业者通过教育或社会化的方式，比如在餐桌上谈论生意、与孩子分享创业故事和企业商业模式等，就能将企业家精神以及知识、技能传递给下一代。因此，这类背景出身的师生，如果正在帮助家族推进创业项目，这些项目也属于值得重点关注的金种子项目范畴。

家族企业已经在产业赛道里积累了一定的发展周期，能更加敏锐地洞察到市场面临的最新问题，在这样的基础上继续推进的创业项目往往是一些与产业前沿接轨的项目，并且有可能捕捉到许多新的市场需求空白点。如果这样的项目能够成为双创实训课堂的教学载体，不仅能加强非创业背景出身师生对创业者群体的深度理解，而且会激发双创初学者极大的学习热情。如果这些师生能借助课堂，尽力完成课程实训的所有流程，将项目商业计划书做得较为规范，可能会给学习者创造许多真正参与项目推进与管理的机会。这无疑是双创实训课程想要实现的最理想的学习效果。

综上，创新创业项目式实训教学最大的难点是解决当下社会真问题，这也是确

保创新创业项目式实训教学成效的关键环节。因此，一个金种子项目对于双创实训教学课程的意义是非凡的，但让毫无创业经验的高校教师凭一己之力在大量项目中鉴别出那些具备市场真需求的创业项目是不可能实现的，只有缩小寻找金种子项目的范畴，从双方共赢的角度来方便教师们执行，才能提高双创实训课程的质量。

当然，保障创新创业项目式实训课高质量的最佳措施是组建校内外双创教师团队或跨学院师资团队，这是保证项目式实训教学取得成效的关键。项目式教学方法进入我国多年却没有取得较好的反响，与忽略了项目必须为解决社会真问题有较大关系。一些未与真实社会需求接轨的实验室项目或模拟实训项目难以激发学生的学习内驱力，原因有二：一是项目解决的不是真实存在的问题，学生对所学知识的价值存疑，难以全身心投入；二是不解决社会真问题的项目难度一般较低，且不能与市场需求接轨，因此，即便学生全身心投入，从中所得的知识含金量有限，也无法获得高阶能力。

第五节　案例分析

金种子项目的 6 大指标融入项目中的具体表现是什么？以下通过案例解析几个获奖项目，希望能帮助大家理解得更加准确。

案例一：点塑科技——塑料再生循环领航者

“点塑科技”是南昌大学食品学院王允圃教授和新闻与传播学院李薇副教授 2020 年首次合作、获得第七届“互联网 +”大赛全国总决赛金奖的项目。从校赛到国赛近 8 个月的时间，该项目按照金种子项目 6 大指标一步步推进落地，是获得金奖的关键原因。

该项目 6 大金种子特征解析如下：

第一，该项目解决了一个市场真需求，在我国具有巨大的市场潜力。“点塑科技”解决的是我国原油多年依赖进口的问题，将为我国每年提供 2.455 亿吨石油用量。该项目的核心产品——全球独创的微波热解设备能够将废塑料还原成石脑油，石脑油既是一种能源，也是塑料原料，因此，该项目还解决了废塑料污染难题。

第二，项目具有全球性原创技术，构筑了较高的技术壁垒。“点塑科技”的微波热载体分离技术、新型微波场分布技术、微波热解气电联产技术等均属原创，这些技术的研究成果都从高质量论文转化成了专利，该项目包含的与产品核心技术相关的论文达16篇，核心专利达20项，设备的所有关键技术都申请了专利，并且其核心技术还处于不断迭代中，至少保持了领先同行两年的竞争力。

第三，核心产品定位清晰，符合创业项目的早期生存原则。“点塑科技”先是制作了一台设备，但并没有将设备定位为产品，而是销售由这台设备生产出的石脑油，产品定位十分清晰。按照这个标准，项目找到了富宇化工、鑫岳化工、恒源石化、齐成石化生产的石脑油这些竞品，在对比中不断提升产品的性价比。

第四，项目团队管理者具有硬科技公司负责人的潜质，团队核心成员和顾问都是多年的合作伙伴，这是一个创业公司最难得的团队资源。负责人戴磊磊博士生在微波热解领域影响力全球排名第5（Web of Science），2018年入选中国青少年科技创新奖候选人，他是美国Resynergi公司总经理助理，美国生物与农业工程学会会员、中国化学学会会员；戴磊磊从事固体废弃物增值化利用设备开发6年，参加行业会议10余次；拥有已授权发明专利15项，其中第一发明专利3项；以第一作者发表SCI论文16篇（中科院1区/Top期刊10篇），被引958次，H指数20，其中2篇学科前1%ESI高被引论文。团队成员专业对口，囊括了工程热物理技术领域博士生、机械制造设计硕士生以及会计硕士生等，这些成员都是负责人非常熟悉的同学或朋友，团队非常团结。该项目在国外也有推进，顾问包括了国内技术、售后、运营三大领域的专家，他们是项目发展早期最有可能咨询的专家，与项目发展所需非常契合且能够提供及时的帮助。

第五，商业模式与核心产品高度匹配。“点塑科技”以销售石脑油为盈利模式，从采购四大类废塑料半成品到与塑料回收公司合伙，逐渐夯实原料供应，搭建线上线下一体化的原料采购与产品销售平台，减少中间环节，以价格和品质优势突破现有市场。

第六，未来规划构建了较高的市场壁垒。“点塑科技”的设备不仅能将废塑料转化成石脑油，还能将废油脂、枣核等固废材料转化成石脑油。目前，其他材料研究也取得了一定突破，为项目市场拓展奠定了基础。

案例二：尿宝——失能老人接尿的智能伴侣

金种子创业项目的6大指标也适用于评估职教赛道项目，不过职教赛道的创业项目原创技术标准低于主赛道项目，主要表现在工艺创新，强调大国工匠、能工巧匠。

“尿宝”是扬州工业职业技术学院2019年获得“互联网+”大赛职教赛道国赛金奖的项目。因指导老师高庆和项目负责人金卫星的家庭都在照顾失能老人，该项目针对国内接尿器不能即尿即排，以及积液、外漏和滋生细菌等一系列问题，同时针对国外的接尿器价格贵、抽吸力过大导致尿斗抽瘪等问题，项目负责人组建了一支创业团队，经过近两年时间，研究出了一种相对完美的穿戴式排尿智能护理装置——尿宝，并获得了市场的认可。①

第一，尿宝找到了一个市场真需求，且市场巨大。项目团队在查阅资料时发现，第四次中国城乡老年人生活状态抽样调查数据显示，我国许多瘫痪老人、重度中风老人、脊柱受损老人、行动受限老人都面临随时需要小便护理的问题，但市场上现有的产品都或多或少存在着一些缺陷，无论是普通尿布、成人纸尿片、国产接尿器还是进口接尿器，都不能完全解决小便护理的一些痛点：护工工作强度大、花费成本高、老人易感染。市场上亟须一款性价比较高、能完全解决普通工薪阶层小便护理困难的产品。这款产品的需求群体——失能老人和完全失能老人已分别高达 4 063 万人与 1 567 万人。

第二，尿宝具有原创核心技术。项目团队对标进口的接尿器功能，经过多年的实验改造，实现了三大技术突破。首先，实现了智能化抽吸，解决了积液外溢这个技术难题。其次，对传统接尿器进行了 2 951 次实验、96 次结构迭代，终于实现了自动平衡压差，解决了抽瘪和体感问题。最后，通过加用三通，增加了免拆洗清洁功能，使得护理更加方便。这些技术都是团队自主研发的，都申请了专利，具有自主知识产权。

第三，尿宝已开发出了三款成熟的产品，分别适用于普通老年人与功能萎缩的老年人。其具备较完整的产品生产线，产品已经比较成熟，比进口产品的成本节省了 6 成；项目组通过对产品全流程成本测算，最终将产品定价为 1 899 元，这也是许多消费者能承受的价格。

第四，尿宝团队成员构成符合创业团队的基本标准。项目负责人也是技术发明者，具有丰富的职场管理经验，获得省职场精英赛 16 强。其他团队合作伙伴，都有在医疗器械机构实习的经验，这是该项目成员能较好地沟通且将一款医疗器械产品推向市场的基础。重要的岗位，如生产总监，由临床医学博士生把关，有助于产品的质量稳定性。其他几位核心成员的岗位与专业也较对口，能够提升整个公司管理的专业性。

第五，尿宝具有科学合理的商业模式。为了防止原创技术被抄袭，尿宝将核心零部件生产掌控在自己团队中，其他零部件进行委托加工。尿宝的销售定位为 to B 模式，主要方式由医疗代理向康复医院、养老机构、综合医院进行推广。在主要渠道构建完善后，再逐渐拓展到零售端，满足一些家庭用户的需求，这无疑有助于新

① 全国高职唯一 | 扬工院蝉联中国“互联网 +”大学生创新创业大赛金奖［EB/OL］.（2019-10-15）［2023-07-09］.https://www.sohu.com/a/347251474_500257.

产品迅速打开市场。

第六，尿宝还规划好了未来5年的具体发展路径。公司成立初期，先推出尿失禁型接尿器，这也是面对激烈竞争市场的最佳策略，尿失禁老人是最可能考虑试用这款新产品的，毕竟他们有迫切的需求。等这款产品拥有一定的市场占有量后，团队再开发第二款产品。这样做，既能使投入的资金快速回本，又能使首款产品的销售满足一定的周期，为市场反馈留出充足的时间，有利于第二款产品在生产前按照市场需求反馈提升质量。

课后实训练习

1. 依据金种子项目标准，从教师提供的创业项目中挑选具有金种子潜能的项目。
2. 按照金种子项目标准，对选中的项目进行具体分析，做好在课堂上分享的准备。
3. 请为自己的项目选择匹配的赛道，并撰写理由。
4. 请想成为CEO的同学提交一份简历。

第二章　构建项目团队

教学设计目的

师生协作式学习是PBL的第二个基本特征。当学生带着问题开启学习之旅时，教师须引导学生合作，自主寻找解决方案，教师只需要在关键时候启发学生即可，问题的最终解决主体依然是学生。因此，将构建项目团队置于第二章，首先，是便于PBL实训教学的顺利推进。其次，兼顾了创业实践的科学规律，打破了其他创新创业教程编排遵循的一般认知逻辑。在创业实践中，一般也是先有创业团队，才会诞生项目，团队诞生于技术与产品之前。毕竟先要有做事的人，事才能成。

主要教学任务

1. 按照1∶3或1∶7的比例进行学生分组，选出组长，即团队CEO。筛选小组长，教师只需提一个“对创业感兴趣，想尝试学习CEO基本素养的学生”的要求即可，可采取自愿报名或学生推荐的方式。如果报名学生超出限额，教师可通过简历和面试进行筛选。教师要尝试接纳自告奋勇的学生，自告奋勇者可能不具备管理和合作素养，因此，教师还需要有一些配套的措施。

2. 让小组长自行组队，让每一位学生自愿选择CEO。教师充分尊重学生的决策权，不要越俎代庖。这样做一是便于学生按照自己的标准来选择；二是方便教师调解团队成员之间的意见冲突。

3. 线上理论学习结束后，可让学生再做一次团队选择。学习完创业团队构建的基本理论后，学生会提高组队的准确性。

第一节　创业团队与科研团队的区别

近三年，我们发现高校创业项目普遍存在一个让投资人和企业家难以理解的现象：团队成员竟然是由同一个专业的学生组成的。导致这种现象大量存在的一个隐形障碍可能是高校师生普遍存在的一个惯性认知：只要看到“项目”二字就会习惯性地将其与科研课题画等号。当这种惯性认知辐射到创业团队这一要素时，大家会习以为常地将创业项目团队标准与科研项目团队标准等同。

当许多高校师生面对校外导师的质疑时，他们依然无法理解为何团队成员必须跨专业。甚至有些项目走到了国赛现场，依然按照科研团队的标准组织成员。创业者和投资人认为，差异化人才整合是创业成功的必备条件，这个问题不解决，就是浪费创业资源。

创业团队与科研团队的主要区别归纳如下。

一、创业团队必须跨学科，科研团队普遍单一学科

当许多高校师生对创业项目中的“项目”产生误读时，他们就会将许多专家建议的创业团队须跨学科与当下高校推进的跨学科教学改革关联起来，却很少将跨学科团队与一个常规企业基本的组织架构关联起来。

许多高校师生可能只是未想到从企业角度思考这个问题。如果将创建一个团队等同于创建一家新企业，那么一家企业的成员应该由跨学科专业人才构成的常识就会瞬间打消高校师生的所有顾虑。

创业就是组建一家新公司，任何一家公司的管理团队都不可能由同一个专业的人才构成，最基本的创始团队至少由两个人组成，两个人的最佳组合是一位懂管理，一位懂产品。如果按照专业对口的人才衡量规则，懂管理的一般是管理学科，而懂产品的一般是理工科，这个原创团队就是跨学科的。

当前，我国高校科研项目团队多由一个专业的人才构成，尤其是在科研项目申报过程中，评审标准更多考量团队成员在所属专业领域的权威性。甚至在一些高校的文科专业领域，大多是单打独斗完成项目，很多人没有意识到跨学科团队合作的必要性。因此，将我国科研团队的特征总结为由单一学科成员主导，指的是普通高校大部分科研团队的特点，而非优秀科研团队的特点。在一些优秀的科研团队里，跨学科成员是必备的条件，毕竟一个科学问题的解决与商业需求问题的解决一样，

具有复杂性，需要多角色协同才能有令人满意的结果。

在创业团队中，懂管理比懂产品的人更重要，这是高校师生很容易忽视的一个问题。

二、创业团队结构较规范，科研团队结构较松散

许多高校师生很难理解创业团队组织结构在创业中的重要性，这一般是他们基于科研团队特征推理创业团队特征而造成的。当前，我国高校大多数科研团队还未形成一个利益关联紧密的组织，许多科研团队是在申报项目时临时组建起来的，并未形成一个长期持续稳定的合作组织。因此，在组建科研团队时一般较少考量成员专业能力与项目角色的匹配度，其团队成员数量是按照课题申报文件规定来定的，并未形成一个常态化共识。科研团队成员之间的合作常常是比较松散的，财务分配并未在团队成员之间形成契约关系。

创业团队可称得上是企业生死存亡的决定性因素，其要求远远高于科研团队。创业团队不仅需要进行严格的成本控制，而且成员之间的能力必须高度互补，价值观一致，能够长期密切合作。因此，创业团队必须是一个结构极其严谨的组织。如果创业团队不能满足这些条件，团队成员只考虑各自的专业能力素养，是很容易导致创业失败的。

三、创业团队管理重效率，科研团队管理重原创

许多高校师生难以理解创业团队的复杂性，这是受科研团队管理习惯影响的结果。目前，我国高校的科研团队普遍未形成规范的管理制度，大多停留在临时组织阶段。科研团队大多以某一位导师为核心，由导师培养的同门弟子形成类似传统科层制的组织结构，而非现代企业管理所需的扁平式组织结构。同院系同事形成的科研团队，一般是靠熟人情感维系，很少依靠制度规范。因此，大部分科研团队习惯慢节奏的日常管理。

创业团队却是一个目标与利益高度共享的群体，只有理性、规范的制度才能长久地维系不同个体之间的紧密关系，因此，创业团队成员应具有较强的契约精神，认同日常管理的快节奏规范，毕竟这是有利于创业团队高效决策的基本前提。一个不具备高效决策能力的创业团队是很难应对激烈的市场竞争的。

第二节 团队负责人的选择标准

根据创业团队组建的基本原则，创业团队负责人的选择标准不能套用科研团队负责人的选择标准。因此，对于高校教师而言，让擅长学术研究的学生去做创业项目团队负责人，要十分慎重。擅长学术研究的学生可能恰恰不擅长人员管理和资源整合，而这却是一个创业者的基本素养。我国高校科转项目成功率较低，与这一因素息息相关，许多科转项目的负责人都是科学家出身，如果其不具备系统的创业知识，不改变创业管理理念，而是按照管理科研团队的经验来管理创业团队，难免问题重重，发展困难。

企业管理界通常将创业项目负责人称为创业者或管理者（CEO）。"创业者"一词由法国经济学家理查德·坎蒂隆（Richard Cantillon）于1755年首次引入经济学。1800年，法国经济学家让·巴蒂斯特·萨伊（Jean-Baptiste Say）首次给出了创业者的定义，他将创业者描述为将经济资源从生产率较低的区域转移到生产率较高区域的人，并认为创业者是经济活动过程中的代理人。著名经济学家约瑟夫·熊彼特（Joseph Schumpeter）则认为创业者应为创新者。这样，创业者概念中又加了一条，即具有发现和引入新的、更好的能赚钱的产品、服务和过程的能力。总之，创业者的内涵随着经济的发展而不断丰富。在欧美学术界和企业界，创业者被定义为组织、管理一个生意或企业并承担风险的人。

1955年，彼得·德鲁克（Peter Drucker）首次提出管理者概念，他将管理者角色归纳为三大类：人际角色、信息角色和决策角色。美国管理学家斯蒂芬·P. 罗宾斯对管理者做了如下定义：管理者就是通过协调和监管他人的活动以达到组织目标的一种岗位角色。CEO（Chief Executive Officer）是20世纪60年代美国现代企业改革创新时的产物。CEO可以简单地理解为企业领导人与职业经理人两种身份的合一。

管理的本质是协调。建设一项巨大工程或制造一件高科技产品，都要经历十分复杂的过程。例如，红旗轿车、复兴号高铁、C919飞机……每种产品都有上万个零部件，每个零部件都要经过几十道工序才能制成，并且必须经过研发、试制、试运行、小批量试生产，最后才能量产。在研制、生产的全过程中，不仅企业内部各有关人员的行为在时空上要互相配合衔接、环环相扣，而且要与国内外几百个协作单位衔接配合。此外，还必须取得用户、社区、政府有关部门的支持。所有这些工作都是通过一个个完全不同的人的个体行为来进行的。由此可见，有关的协调工作是艰巨和繁重的。通常，这些协调工作就被称为管理。在互联网时代，由于大数据、云计算、智能机器人、物联网和各种传感器的应用，甚至在智慧工厂中，协调仍是不可或缺的，只是协调工作可能比原来更方便、快捷，但也更复杂。管理者必须掌握更高的专业技能，才能胜任协调的任务。可见，协调将永远是管理的本质。①

一、创业者的基本素养

创业者的基本素养包含先天要素和后天要素，大部分素养是可以后天养成的。创业教育创始人之一彼得·德鲁克指出："创业不是魔法，也不神秘。它与基因没有任何关系。创业是一种训练，就像任何一种训练一样，人们可以通过学习掌握它。"另一位创业教育专家布罗克豪斯在《企业家精神与家族企业的比较研究》一文中也指出："称一个人为创业者，就如同教一个人成为艺术家一样。我们不能使他成为另一个凡·高，但是我们却可以教给他色彩、构图等成为艺术家必备的技能。同样，我们不能使他成为另一个布朗森，但是成为一个成功的创业者所必需的技能、创造力等却能通过创业教育而得到提升。"② 可见，一个人通过适当学习和积累实践经验，在具备了一些独特的创业技能和素质后完全可能成功创业。

（一）分享的欲望

在创业者的基本素养中，分享的欲望可能是一种先天要素。即有些人生来就喜欢分享，其最大的人生价值感是在分享中获得的。我们可以从许多优秀企业家的成长故事中发现这一奥秘。例如，《心：稻盛和夫的一生嘱托》这本书就记录了稻盛和夫是如何在分享中将企业做大做强的。许多优秀的创业者善于理性分享，懂得分享在创业中的重要性，视分享为创业者的基本要素。他们清楚地知道创业的艰难与复杂，必须依靠多成员协同才能完成，而多成员协同的最佳前提是劳动价值对等交换，即创业者能充分尊重并认可其他成员拥有不可替代的劳动价值，并愿意将公司的成长价值与之分享。

小案例：为什么只有"纸袋行商"获得了成功③

从少年时代起，经历青年时代，一直到踏入社会，我做什么事情都不顺利，我的人生是挫折和失望的连续：小学考初中两次没考上、患肺结核卧病在床、高中考

① 周三多，陈传明，刘子馨，等．管理学：原理与方法［M］.7版．上海：复旦大学出版社，2018：8.
② 任晓剑，姚树欣．大学生就业创业指导［M］.北京：国家行政学院出版社，2019：139-140.
③ 稻盛和夫．心：稻盛和夫的一生嘱托［M］.曹寓刚，曹岫云，译．北京：人民邮电出版社，2020：27-29.

大学失利，此后的就职也很不如意。

但是，有一件事情却极其顺利，令人吃惊，宛如穿过乌云的一束阳光。那就是我高中时代所从事的“纸袋行商”。我们家从第二次世界大战（以下简称“二战”）前开始就以印刷业为生。在战争即将结束时，家宅和工厂都在空袭中被烧毁。以前一直辛勤工作的父亲，因失去房屋而失魂落魄。母亲卖掉自己的和服等物品，辛苦筹措，支撑贫困的家庭，养活家人。即使在那种境况下，上高中的我依然无忧无虑，放学后只顾着和同学们去空地玩棒球。看到我这个样子，母亲发火了，有一天她这样对我说：“你跟那些和你玩的同学不一样，我们家境不宽裕。上了高中，你还只顾着玩耍……”

看到母亲悲伤的表情，我大受刺激，决心“帮扶家计，守护家人”，并向父亲提出制造和销售纸袋的建议。以前，我们家经营印刷作坊，同时，也做纸袋。父亲用菜刀一样的大型刀具把一大叠纸一下子裁断。周围受雇的阿姨们将裁好的纸张折叠，涂上糨糊。

我想起年幼时看到的这种光景，就请求父亲再次制作纸袋，由我外出销售。平日里是放学后，周日则是从早到晚一整天，我将父亲制作的大小十几种纸袋装进大竹筐里，放在自行车的后架上，沿街叫卖。最初，客户是街边的甜品店，我随意兜圈子，走到哪儿算哪儿。后来自己开动脑筋，将鹿儿岛市内分成七个区域，以一周为单位，按顺序走动。另外，我还将纸袋放在批发店里，委托他们代销，他们卖掉多少，我就收多少钱。如此这般，我想了许多点子。不久，别的点心批发店也纷纷下单。父亲和我忙不过来，甚至还雇人帮忙。而且，据说由于我们的纸袋在市场上畅销，当时从福冈来的纸袋商竟然撤退了。

作为一个完全外行的高中生所从事的买卖，这称得上是很大的成功了。这可以说是我作为经营者的原点，是珍贵的体验。那个时期，其他所有的事情都不顺利，唯有纸袋生意获得了成功，这是为什么呢？多年后我回顾当时的情况，思考成功的理由时，忽然悟到了一个道理。其他的事情，几乎全都是为了自己：满足自己的欲望、自我保护，或者是希望获得别人的好评。与此相反，只有纸袋行商出于帮扶家计、守护家人的目的，是从“关爱他人”出发的行为。就是说，其中蕴含着“善意的动机”。

（二）系统认知能力

系统认知能力是指创业者具有把企业看成一个整体的能力，能将企业包含的市场、技术、产品、团队、商业模式和未来规划这六大基本要素视为一个系统，并能准确地判断出自己创造的企业在哪些要素上具有较大的优势，熟悉这些要素在企业不同发展阶段所发挥的不同作用。创业者还必须拥有判断这些系统要素间动态关系的能力，即一个要素的改变如何影响企业其他内在的因素，并进而影响企业与外部产供销合作伙伴之间的关系，甚至与国家的政治、社会和经济力量等外部环境之间的关系。创业者不仅要将企业自身视为一个系统性整体，而且要将企业与其所处的时空环境视为一个系统的整体。

（三）信息传输的能力

信息传输能力包括企业组织内部的信息传输能力与企业对外的信息传输能力。创业者的角色决定了其天然是企业的信息传递中枢，既是企业信息传输的起始点，又是企业信息传输的末端。

创业者首先扮演的是对外传播者这一角色，企业的诞生都是源自某一个创业者信息积淀到一定程度后形成的全新认知，只有当这位创业者将他的全新认知准确传输给第二个人时，创业组织才开始具备雏形。当这位创业者将这个全新认知准确地传输给第三个人时，创业组织才算具备基本的形成条件。创业组织正式成立后，创业者就会兼具对内和对外两种传播者角色。对内传播是创业组织成员之间保持持续良好合作的基础，是创业组织发挥最大效能的前提；对外传播是保持企业与消费者、合作伙伴以及政府良好合作关系的重要基础。

信息传输能力包括口语和书面语表达能力。口语表达能力决定了创业者在人际传播过程中的传播效果。口语表达能力在一定程度上也是我们通常所说的人际沟通能力，是达成与他人和谐对话的能力，是处理人与人之间关系的能力。具备良好的口语表达能力，有利于构建统一的团队精神，这往往成为创业组织的行动纲领，因此，管理者的领导力必须借助口语表达能力实现。口语表达能力是可以经过练习提升的，它与性格内向或外向并没有必然的联系，反而性格内向或外向可能是一个人在不同环境中获得口语训练机会不同所导致的结果，外向性格的人有可能是口语表达练习多、机会多的结果。

书面语表达能力也是信息传输能力的一种。对于创业者而言，书面表达更多运用在创业过程中的阶段性活动总结这个环节。概念技能是创业者必须掌握的一种书面语表达能力。概念技能是指创业者对复杂事物进行抽象和概念化的能力，是创业者把观念设想出来并加以处理以及将关系抽象化的文字表达能力。具有概念技能的创业者能够深刻认识到组织中任何行动的后果，能够正确行使创业者的各种职能，能够准确把握企业内外各种人员之间的相互关系，并能够借助这种关系获取企业发展所需的最真实的信息，同时较早地掌握企业发展过程中预示风险的各种信息，具备较强的企业发展预警能力。

（四）复杂人性的认知能力

创业者需要具备复杂人性的认知能力，根本原因在于创业者的核心工作就是不断地寻找合适的胜任者，承担企业正常运行的各项任务。在创业早期，创业者须与形形色色的人打交道，一个任务能不能顺利地推进，与创业者找到的执行者是否是最佳人选息息相关。若想快速找到合格的执行者，创业者就必须具备复杂人性的科学理性认知能力。不轻易简单地评判一个人，乐意发现人性中善的一面，擅长激发人性中积极的一面，是创业者良好素养的体现。

（五）终身学习的能力

创业者必须见多识广，这几乎是人们的共识。但从个人的成长过程来看，见多识广的前提是其先具备终身学习的能力，观察力就是学习能力中的一种。如果一个人不会观察，眼中无物，即便他见过很多非同一般的人和事，对他来说也只是过眼云烟，不会触动他的思考，也不会有助于增长他的见识。

创业者的学习能力与学历没有必然的联系，在创业过程中学习力强的人学历不一定高。许多浙江企业家学历不高但学习能力超强，这也是他们能创业成功的重要原因之一。创业项目负责人必须随时根据外界环境的变化做出战略、用人等方面的变化，而变化的准确性是建立在对社会各种环境因素洞悉基础上的。学习能力的缺乏会使创业项目负责人失去洞察环境的机会与敏感度，从而失去战略调整以及策略变化的最佳机会。好奇心是有效激发学习者学习内驱力的导火索。耶鲁大学心理学家斯坦伯格发现，个性中的兴趣和动机是促使人们从事创造思维的内驱力，兴趣与动机可以使个体集中注意于所从事的创造性活动。[①] 因此，对于商业价值的好奇心也许是创业者具备终身学习能力的关键。

自省也是当前创业者非常需要的一种学习能力。“吾日三省吾身”，一个创业者遭遇挫折、碰上低潮都是常有的事，在这种时候，反省和自我反省能力能够很好地帮助创业者渡过难关。阅读是提升自省能力的一种手段，比尔·盖茨在创业过程中，无论工作再忙，都会在每年某一段时间将自己关闭在一个独立空间进行阅读，深度思考如何解决创业中遇到的困难，通过反省过去的错误来降低未来可能遭遇的风险。

对创业者来说，自省的过程就是学习的过程、进步的过程。成功的创业者有一个共通之处，就是非常善于学习，非常勇于自我反省。对创业者来说，问题不是一日三省吾身，而是应该时时刻刻警醒、反省自己，唯有如此，才能时刻保持清醒。

---

① 程胜利，张桓．大学生职业发展与创新创业指导［M］．银川：宁夏人民教育出版社，2020：218.

（六）强健的身体素质

强健的身体素质指身体健康、体力充沛、精力旺盛、思路敏捷。商场如战场，无论是深入基层，强化生产经营管理，还是运筹帷幄，对变化莫测的市场形势做出战略决策，若没有好的身体，都将留下力不从心的遗憾。因此，CEO 必须有健康的身体，才能肩负起繁重的生产、行政、指挥任务；拥有健康的体魄，才能为企业员工树立更好的形象，使企业的发展更有保障。现代企业的经营是艰苦而复杂的，创业者工作时间长、压力大，如果身体不好，必然力不从心，难以承受创业重任。

小案例

零点集团的董事长袁岳认为，创业并不是有智慧就可以了，创业在本质上是拼身体、拼心理、拼耐力与拼人脉。袁岳认为，大学生创业的首要条件就是创业的大学生身体要超级好，能做到天天出操，再去创业。

创业和早上出操有什么关系？袁岳是这么回答的："如果你因为老师没有要求你做到天天出操就不这样做，那么创业也不是老师要求的。连天天坚持出操都做不到的人，要干每天都出摊的创业更是纸上谈兵。"

国内知名的企业家中有不少重视体育锻炼的，例如柳传志坚持长跑，史玉柱在浙江大学读书时就经常环绕西湖跑步，巴菲特 80 多岁时还坚持跑步锻炼。

二、创业者的基本职责

（一）决策与计划

决策是创业者首要的职责，创业者无时无刻不面临着决策，创业这项行为的产生就是创业者决策的结果，也是创业者的第一职责。一个初创公司的重大决策一般都由创业者率先完成。在组织结构逐渐完善的过程中，创业者也要逐渐完善决策方式与机制，在获得全面决策信息的基础上，不断提升群体决策的科学性。

计划是指制定目标并确定为达成这些目标所必需的行动。创业者所做的创业计划是否具备可执行性至关重要，按照商业运营规则制订创业发展计划成为众多创业者采用的科学计划方法。中国国际"互联网 +"大学生创新创业大赛正在培养大量懂得商业发展科学方法的创业者。

创业者从发现一个市场需求起步，在调研过程中进行决策，并不断完善计划，因此，创业者的决策与计划职责实际上是密不可分的——在计划过程中必须进行决策，通过决策不断地修正计划，最终，计划又会成为决策实施的保证。

一个合格的创业者必须对公司的一切重大经营事项进行决策，主要包括：对财务计划、经营方向、业务范围的调整等；参与董事会的决策，执行董事会的决议；主持公司的日常业务活动；对外签订合同或处理业务；任免公司的高层管理人员；定期向董事会报告业务情况，提交年度报告。创业者的其他职责还包括树立、巩固或变更企业文化，建设团队，等等。

（二）沟通与信任

创业者从决定创业的那一刻起，就要意识到沟通与信任是创业者这个角色应该具备的第二大基本职责。缺失了沟通与信任，一个完整的创业组织便无法构建。随着创业组织的不断壮大，沟通与信任将成为创业者面临的巨大挑战。《草根创业》一书的作者曹垣亮针对 200 多位创业者的“创业管理调查”显示，团队散伙排在前三位的原因是团队矛盾（26%）、有效沟通（12%）和利益分配（15%）。团队矛盾的背后或多或少与有效沟通相关，这两项合起来就达到了 38%，而被竞争对手打败的只有 1%。①

创业者在创业初期就是一个小型组织的沟通协调者。将沟通作为创业者的第二大基本职责，是根据当前创业者缺乏沟通能力这一痛点提出的。媒介融合技术的崛起正在使许多创业者走入沟通的误区，他们严重忽视线下高效沟通的优势，将大量时间浪费在线上交流，无形中增加了沟通成本，同时线上交流也无益于创业者与团队组织成员之间信任度的建立。当创业者意识到沟通是基本职责时，有利于处理创业初期经常遭遇的团队成员间冲突、客户的抱怨、供应商不合作等问题。

（三）分工与组织

分工是指创业者根据创业初期要完成的工作任务，结合团队成员的特点来设计岗位，通过授权将合适的人员安排在相对固定且合适的岗位上。公司管理逐步规范后，要用制度标准化规范团队成员的主要职责范畴，使整个团队能够高效地运转，高质量地完成每个阶段的具体任务，从而使企业快速进入正常的发展轨道。因此，分工是创业者的第三大职责，也是大学生创业者最欠缺的意识。许多大学生创业者都期望团队成员能够积极主动，但事与愿违，不少人在带团队过程中，碰到的最大难题便是如何调动团队成员的积极性。只有当创业者意识到分工是自己的基本职责，并试图努力学习合理分工的基本知识后，在实践中不断与团队成员磨合，才能真正掌握如何合理分工。

---

① 李伟，张世辉．创新创业教程［M］.2 版．北京：清华大学出版社，2019：183.

组织是指创业者按照已制订的计划，将企业各种资源从分工协作、部门环节、时间空间等方面系统地结合起来，使之组成协调一致的有机整体，达到企业资源的最佳配置和有效利用。[①] 在执行计划的过程中，应根据工作的要求与人员的特点，设计岗位，通过授权和分工，将适当的人员安排在适当的岗位上，用制度规定各个成员的职责和上下左右的相互关系，形成一个有机的组织结构，使整个组织运转协调。这就是管理的组织职能。在组织过程中，创业者既要有预防下属和事态失控的充分措施，防患于未然，又要随时跟踪计划在执行过程中的状况，将执行成效与计划进行比较，发现实践活动中存在的问题并分析原因，及时采取有效的纠正措施。

创业者早期的组织行为主要针对核心成员，对每个人的执行进程都要充分跟踪和了解，若发现异常，及时止损。没有组织就没有管理。随着企业的发展，创业者逐渐转换成企业内外利益关联组织之间的联络者角色。当创业者代表企业与外部利益相关者建立关系时，特别考验他对重要的组织问题敏锐的洞察力。

（四）考核

创业者的第四大职责是考核。许多大学生创业者以为有了良好的计划、沟通、分工与组织，目标就会自然实现。实际上无论什么人，不管他最初如何承诺自己对创业的热爱，只要他不是创业发起人，而是合伙人或合作伙伴成员之一，如果创业者只是给他下达计划、布置任务、给他职权、给他奖励而不对他的工作实绩进行考核，不进行严格的检查、监督，发现问题也不采取有效的纠正措施，而是听之任之，那么这个人迟早会成为创业组织的累赘。

三、优秀创业者的应有素质

大学生可对标以上所说的“创业者的基本职责”，来衡量一下自己是否适合往这个职业角色方向发展，是否乐意接受这个挑战。香港创业学院是创业领袖的摇篮，该学院院长张世平将创业者定义为一种主导劳动方式的领导人，一种需要具有使命、责任、能力的人，一种具有思考、推理、判断的人。近三年笔者在深度分析参加“互联网 +”大赛的大学生后，发现他们中仅有极少数人在参赛初期具备这些素养，大部分学生一直到参赛结束都未曾意识到这些素养对于一个创业者的重要性。因此，通过比较当代大学生基本素养与优秀创业者的基本素养，笔者总结了以下几大痛点。

① 刘珂 . 现代企业管理［M］. 2 版 . 北京：经济科学出版社，2021：153.

（一）视利他为自我实现价值

美国哈佛大学教授戴维·麦克利兰在创业文献中建立了成就需要结构，指出高成就个体需要奋力去寻求创业者角色而不是其他管理角色，只有这样，才能满足个体需求，即一个对自身要求很高的人，是比较适合成为创业者的。

据研究，创业企业家成就动机比一般人高，并且成功的创业企业家大多具有高度的成就动机。因此，创业者一般都以实现自我价值为人生的最高奋斗目标。

实现自我价值的路径有很多种，稻盛和夫在创业中发现，“如果企业经营的引擎仅仅置于追求经营者的私利私欲、功名心或名誉心之上，那么，即使能获得一时的成功，企业也终究无法长期发展壮大”①。从企业发展需求的角度来看，优秀创业者只有在利他的地基之上，才能建立成功的“创业大厦”。

高校师生创业者群体要想获得创业的成功，就应理性接受这一条件，这并非对创业者的苛刻要求，而是遵循商业发展基本规律的结果。我们应努力尝试在“互联网 +”大赛中去验证这一条件是否合理。许多大学生创业团队负责人在调动成员积极性方面常常束手无策，根本原因是在校学生因惯性思维，常常将“互联网 +”大赛视为提升自身实力的手段，并未具备真实的创业动机，也很少从利他的视角来思考如何提升组织管理能力。因此，要想成为一名优秀的创新创业项目负责人，带领全体成员在大赛中获得佳绩，必须具备创业者的利他价值观。只有这样，才能有效地协调他人的行为，使他人充分发挥积极性和创新精神，大家为实现共同的目标而一同努力。

（二）视团队整体目标为最高目标的责任心放在第一位，而非害怕出错

视团队整体目标为最高目标的责任心是当前我国高校师生创业者比较缺乏的素养。受多年应试教育所形成的思维定式的影响，许多大学生创业者在“互联网 +”大赛过程中表现出害怕出错的心理，因此，在思考解决商业问题的应对措施时，他们总是从回避个人责任的立场表现出保守的策略倾向，最终导致难以推进商业问题的解决。在“互联网 +”大赛初期，许多大学生都表现出保守的解决问题倾向，将大部分精力聚焦于 PPT 的修改，而忽视了从商业角度来推进项目的落地，忽视了市场调研的重要性。

高校师生要充分认识到，优秀的创业者本质上是社会责任的受托者。一个负责任的创业者不仅要为企业内部的股东与员工利益服务，而且要为外部的相关利益群

① 稻盛和夫 . 心：稻盛和夫的一生嘱托［M］. 曹寓刚，曹岫云，译 . 北京：人民邮电出版社，2020：31-32.

体，诸如供应商、客户、债权人、所在社区乃至全社会的其他成员谋求福利。[①]因此，教师在挑选项目负责人时如果按照传统的考评标准来评价，一定会走入一个误区，常常将学习成绩好、会做科研作为第一条件，而忽视了创业者的责任心。教师要考察一个人的责任心并非易事，只有看其在平时团队活动中的表现，才能形成较为客观的评判。

（三）敏锐的风险意识带来的敢于自我革新的勇气

创业离不开创新，创新是创业的源泉。美国管理学大师德鲁克认为："创业就是要标新立异，打破已有的秩序，按照新的要求重新组织。"[②]因此，创新实际上就意味着寻找变革、适应变革，并将变革当作开创事业的机会。但惰性作为人性的基本要素常常成为阻碍变革的重要原因，创业者是如何克服惰性的呢？也许是创业者积累了敏锐的风险认知能力，为了提前应对不确定性带来的风险，在两相权衡之下，自我革新的勇气最终被激发出来了。

赫尔·博斯利发现潜在的创业企业家比那些不想创业的人具有更高的发现倾向。陈·格林尼克里克在调研创业企业家自我效能时，发现风险倾向与创业企业家有正相关的关系。帕利希·佰吉提出创业企业家之所以具有更高的风险倾向，是因为创业企业家对市场形势的判断更为积极，把它们看作"机会"，而不是"风险"，而非创业企业家则看不出"风险"中孕育的潜在"机会"。[③]

由此可见，敏锐的风险意识其实与创业者对企业发展的形势判断息息相关，即一个时刻对市场发展信息保持高度关注的人，一个一直在企业所处行业里积累真正信息的人，其感知危机的意识更强，对企业发展的判断也更准，总能在危机中看到机遇，内生出自我革新的勇气。毕竟，对于创业者而言，这种革新并非让自身失去影响力，恰恰是他预估到市场的外在因素是无法被创业者所左右的，希望企业提早做好应对风险的能力。

创业是充满风险的，这也是将创业投资的资金称为"风险资金"的原因。有研究指出，企业经营者为追求成功就必须承担合理、估算过的风险，所追求的利润越高，风险则越大，更有甚者必须冒着失败的风险以追求预期利润。亨谢尔（Henshel）认为，经营者成功的要素之一是有创意地承担风险，即愿意承担合理的、估算过的风险。

因此，创业者是一个企业的灵魂人物，他要时刻保持对前沿信息的捕捉能力，走在企业发展的最前沿，不断把企业带向更高的发展平台。敢于质疑现状和冒险，

① 周三多，陈传明，刘子馨，等．管理学：原理与方法［M］. 7版．上海：复旦大学出版社，2018：25.

② 何伏林．大学生创业基础［M］. 北京：科学技术文献出版社，2013：8.

③ 李伟，张世辉．创新创业教程［M］. 2版．北京：清华大学出版社，2019：168-169.

同时还要自信，这样他才能给予员工无限的动力，给企业发展带来新的契机。理论、价值以及所有人类的思维和双手创造出来的东西都会老化乃至僵死，我们需要的是一个创新创业的社会，在这个社会中，人类抵抗风险的能力才是正常的、稳定的和持续的。

四、在校创业团队负责人的遴选标准

此门课程的设计是以中国国际“互联网 +”大学生创新创业大赛为抓手的，是为了让学生更快地掌握创新创业理论，同时又能在比赛中取得好成绩。因此，这里提到的团队负责人遴选标准是以“互联网 +”大赛的参赛标准为基础总结的。

（一）必要条件

1. 真正对创新创业有兴趣的学生

这个必备条件基于“互联网 +”大赛须付出的时间和面临的挑战远远高于高校其他赛事。如果团队负责人没有创新创业的兴趣，仅仅只为了比赛拿奖而来，在带队过程中将会遇到许多困难，陷入无法推进的境地，最终必定不利于取得较好的成绩。

大学生创业团队负责人无须以专业成绩作为第一衡量标准，而应该重点考核负责人是否对创新创业有真兴趣。指导教师要充分意识到当今许多大学生对创新创业知识都缺乏系统了解，因此，许多学生并不具备科学的判断能力，教师仅通过面试是很难判断学生是否具备真兴趣的，要在实训课程中认真观察学生们的行为。在课堂上表现较被动且不会调动团队积极性的学生，一般不适合作为团队负责人的人选。

2. 科转项目负责人必须拥有排名第一的原创知识产权作品

“互联网 +”大赛要求参赛的科转项目负责人必须拥有排名第一的原创知识产权作品，这是符合商业规则的。科转项目的成长目标是一家高新技术企业，作为一家高新技术企业的负责人，他如果具备产品的底层逻辑依据——技术知识，将更有利于企业长期稳定的发展。另外，如果负责人是知识产权拥有者，则解决了一些高新企业负责人因不重视知识产权而导致的巨大企业纠纷风险问题。

3. 大学生创业团队负责人年龄不超过 35 岁

“互联网 +”大赛给予了在校生充足的学习空间；毕业 5 年内的大学生也都有参赛资格，这充分考虑了那些毕业后才开始创业的群体。对年龄的限制，是为了确保比赛的相对公平，毕竟知识的积累与时间有着密切的关系，让刚进大学的学生与已经步入社会多年的学生站在同一竞技舞台上，会极大地影响在校生的参赛积极性，也会影响“互联网 +”大赛作为一种新学习路径的作用。

（二）充分条件

1. 保有对创新创业知识的好奇心，学习积极主动

心理学认为，好奇心是个体遇到新奇事物或处在新的外界条件下所产生的注意、操作、提问的心理倾向。好奇心是个体学习的内在动机之一，个体寻求知识的动力是创造性人才的重要特征。好奇心也是教师调动学生学习内驱力的抓手。创新创业实训课程教师要充分利用科学的教育方法、利用全新的创新创业知识来激发学生的好奇心，仔细观察学生在学习过程中的表现，将好奇心强的学生列为团队负责人的考察范畴。

另外，积极主动性也是衡量学生是否适合成为创业团队负责人的重要指标。个人主动性这个概念最早是由国际应用心理学会主席弗里斯在 20 世纪 90 年代提出的，个人主动性是指个体采取积极和自发的方式，通过克服各种障碍与挫折来完成工作目标和任务的行为方式。有研究表明，个人主动性水平高者能充分利用挑战和机会，甚至能在这些基础上进行创造。个人主动性可以作为协调人类资源管理系统和组织绩效的一个因素。库普等人还发现个人主动性与创业成败有一定的关系。

教师通过线下实训课堂，让学生模拟路演答辩流程时，可以仔细观察哪些学生具备较强的积极主动学习行为。好奇心和积极主动两个要素兼有者是创业团队负责人的最佳人选。

2. 擅长人际交往，团队合作意识较强

心理学将人际关系定义为人与人在交往中建立的直接的心理上的联系，包括亲属关系、朋友关系、学友（同学）关系、师生关系、雇佣关系、战友关系、同事及领导与被领导关系等。人际关系对每个人的情绪、生活、工作有很大的影响，甚至对组织气氛、组织沟通、组织运作、组织效率及个人与组织之关系均有极大的影响。

擅长人际交往的一个重要表现为善于与陌生人打交道，善于发现别人的长处。这一点是当代大学生普遍缺乏的素养，这与他们缺少相关训练是有密切关系的。因此，教师应该在创新创业实训课程中多注意课堂上表现活跃的学生，这些学生常常积累了较丰富的人际交往经验。

较强的团队合作意识指一个人能理性认识到创业项目的完成必定是全体成员共同努力的结果，而非凭借一己之力；懂得积极倾听团队成员的声音，包括创造倾听

的渠道、提高倾听的能力等来了解员工的各种需求。创业者不能高高在上，不能陷入管理就是指挥成员的错误认知中。

3. 心理抗压能力较强

抗压能力是指在执行高强度、高压力的工作任务时，或在遭遇失败、困难、挫折等逆境时的抗挫折能力和忍耐力。[①]正如比尔·盖茨所说，巨大的成功靠的不是力量而是韧性，社会竞争常常是持久力的竞争，创业的成功是大浪淘沙的结果。[②]心理抗压能力较强是忍耐力的重要支撑。在企业重大决策过程中，由于信息的不明确、时间的短暂性、事态发展的急迫性以及对未来的不可知性，任何一个决策都有可能对企业的发展产生重要的影响，甚至可能是致命性的，只有具备较强的抗压力，创业者才能冷静地应对这些问题。

第三节 团队组织架构与管理规则

卡姆、舒曼、西格和纽里克将创业团队定义为两个或两个以上有共同的经济利益而最初建立公司的人。我们认为创业团队成员一定是彼此通过分享认知和合作行动以实现共同目标的组织。创业团队一般可以分为两类：第一类是某一个创业者率先创建企业，团队成员作为从属管理的角色；第二类由几个能力互补且具有共同创业目标的个体组成，这些个体有利于实现企业所需资源的最大整合。

组建团队不仅是项目式教学法实施的开端，而且也是创新创业教育中一个非常重要的核心知识点，因此，指导教师一定要高度重视这个环节。虽然教师在实训过程中采用的是学生小组或团队的形式来执行任务，但我们不要忘了课程教学的主要目标是使每一个学生都能获得基本的创业系统知识，而不是按小组分工合作的方式只掌握其中的部分知识。

① 郭欣．中国当代大学生就业能力培养研究［D］．长春：吉林大学，2017：23.
② 郭西平．大学生职业生涯规划与创新创业指导［M］．西安：西北大学出版社，2020：205.

一、组建创业团队的基本原则

（一）遵循现代企业组织架构的基本要求

组织架构科学是现代企业部门设置、职责权限、职能规划、生产流程等最基本的保障。如果企业组织架构不合理，就会导致执行效率低下，决策成本高，或是协调整合能力减弱。①

“相似性导致喜欢”原则，不仅是社会上许多创业者遵循的团队构建规则，也是高校创业团队构建常用的方法。这种团队组建实际上遵循的是关系驱动模式，因为经验、友谊和共同兴趣结成的合作伙伴，优点是稳定性较高，比较适合我国的文化。缺点是缺乏对现代企业基本分工的认识，这种人际交集常常也是导致创业团队解散的根本原因，企业分工合作的差异性不能简单地从关系上分清界限，以致影响了团队合作的进程。因此，团队构建首先要遵循的是现代企业的基本组织结构，在创业初期，最佳的团队至少有 2 名成员。产品和管理是现代企业结构的基本要素，而同时具备两个要素所需能力的人才是极少的——产品依靠的是核心技术知识判断力，管理依靠的是娴熟的人际交往能力，将这两种能力集于一身的人才是十分有限的。

在通常情形下，创业团队由两个人构成时，能力互补的非同质化人才是最佳团队成员组合。只有这样，创业团队成员之间的能力才能形成互补，各自的优势才能得以充分发挥，真正实现“1+1>2”的合作效能。

创业团队遵循现代企业的基本结构规律，其人才组成都应是跨学科的，单一学科人才构建的创业团队难以形成能力互补，实现创业成功的概率是极低的。

中国国际“互联网 +”大学生创新创业大赛团队规则设计遵循的是现代企业组织的基本要求。表 2-1 汇总了第六、七、八届“互联网 +”大赛高校主赛道关于“团队情况”的评审要点。

① 范宝营 . 煤炭科技企业战略风险管理研究［D］. 徐州：中国矿业大学，2017：45.

表 2–1　中国国际“互联网 +”大学生创新创业大赛“团队情况”评审要点

时间	“团队情况”评审要点	组别	分值
2020 年第六届	1. 团队成员的教育、实践、工作背景、创新能力、价值观念、分工协作和能力互补情况。 2. 团队的组织构架、股权结构、人员配置以及激励制度合理性情况。 3. 创业顾问、投资人以及战略合作伙伴等外部资源的使用以及与项目关系的情况。	创意组	25
	1. 团队成员的教育和工作背景、创新能力、价值观念、分工协作和能力互补情况，重点考察成员的投入程度。 2. 团队的组织构架、股权结构、人员配置以及激励制度合理性情况。 3. 创业顾问、投资人以及战略合作伙伴等外部资源的使用以及与项目关系的情况。	初创组、成长组	25
	1. 团队成员的教育和工作背景、创新能力、价值观念、分工协作和能力互补情况，重点考察师生分工协作、利益分配情况及合作关系稳定程度。 2. 项目的组织构架、股权结构、人员配置以及激励制度合理性情况。 3. 创业顾问、投资人以及战略合作伙伴等外部资源的使用以及与项目关系的情况。	师生共创组	25
2021 年第七届	1. 团队成员的教育、实践、工作背景、创新能力、价值观念等情况。 2. 团队的组织构架、分工协作、能力互补、人员配置、股权结构以及激励制度合理性情况。 3. 团队与项目关系的真实性、紧密性，团队对项目的各类投入情况，团队未来投身创新创业的可能性情况。 4. 支撑项目发展的合作伙伴等外部资源的使用以及与项目关系的情况。	本科生创意组、研究生创意组	25
	1. 团队成员的教育和工作背景、创新能力、价值观念、分工协作和能力互补情况，重点考察成员的投入程度及团队成员的稳定性。 2. 团队的组织构架、股权结构、人员配置以及激励制度合理性情况。 3. 支撑项目发展的合作伙伴等外部资源的使用以及与项目关系的情况。	初创组、成长组	25
	1. 团队成员的教育和工作背景、创新能力、价值观念、分工协作和能力互补情况，重点考察师生分工协作、利益分配情况及合作关系稳定程度。 2. 项目的组织构架、股权结构、人员配置以及激励制度合理性情况。 3. 支撑项目发展的合作伙伴等外部资源的使用以及与项目关系的情况。	师生共创组	25
2022 年第八届	1. 团队的组成原则与过程是否科学合理；团队是否具有支撑项目成长的知识、技术和经验；是否有明确的使命愿景。 2. 团队的组织构架、人员配置、分工协作、能力结构、专业结构、合作机制、激励制度等的合理性情况。 3. 团队与项目关系的真实性、紧密性情况；对项目的各项投入情况；创立创业企业的可能性情况。 4. 支撑项目发展的合作伙伴等外部资源的使用以及与项目关系的情况。	创意组	20
	1. 团队的组成原则与过程是否科学合理；团队是否具有独特的支撑项目成长的知识、技能、经验以及成熟的外部资源网络；是否有明确的使命愿景。 2. 公司是否具有合理的组织构架、清晰的指挥链、科学的决策机制；是否有合理的岗位设置、分工协作、专业能力结构；是否有良好的内部沟通机制；是否有合理的股权结构、激励制度等。 3. 团队对项目的各项投入情况及团队成员的稳定性情况。 4. 支撑公司发展的合作伙伴等外部资源的使用以及与公司关系的情况。	初创组、成长组	20

（二）合伙人原则

一般企业都是招员工，而员工都是在做“工作”。但创业团队需要招的是“合伙人”，因为合伙人做的是事业，一个人只有把工作当作事业才有成功的可能，一个企业只有把员工当作“合伙人”才有机会迅速成长，这是充分认识到价值分配意义的结果。所以，创业团队要先解决价值分配障碍，然后去找自己的“合伙人”。

（三）激情原则

激情是衡量一个人是否能够成功的基础标准。创业团队一定要选择对项目有高度热情的人加入，并且使所有人在企业初创时就要有每天长时间工作的准备。任何人，不管其有无专业水平，如果对事业的信心不足，将无法适应创业的需求，并且这种消极因素，对创业团队所有成员产生的负面影响可能是致命的。创业初期，整个团队可能需要每天不停地工作 16 个小时，并在高负荷的压力下仍能保持创业的激情。

（四）团队原则

团队是企业凝聚力的基础，企业成败取决于整体而非个人，成员能够同甘共苦，经营成果能够公开且合理地分享，团队就会形成坚强的凝聚力与一体化感。

团队中没有个人英雄主义，每一个成员的价值表现为其对团队整体价值的贡献。每一个成员都应将团队利益置于个人利益之上，个人利益是建立在团队利益基础上的，因此成员必须愿意牺牲短期利益来换取长期的成功果实，不计较短期的薪资、福利、津贴等，即愿将利益分享放在成功后。这样的团队是不可能不成功的。

（五）互补原则

建立优势互补的团队是创业成功的关键。“主内”与“主外”的不同人才、耐心的“总管”和具有战略眼光的“领袖”、技术与市场两方面的人才等，都不可偏废。创业者寻找团队成员，首先要弥补当前资源能力上的不足，针对创业目标与当前能力的差距，寻找所需要的配套成员。好的创业团队，成员间的能力通常都能形成良好的互补，这种能力互补会有助于强化团队成员间彼此的合作。

此外，创业团队还要注意个人的性格与看问题的角度，团队里必须有总能提出建设性意见和不断发现团队问题的成员，一个都喜欢说好听话的组织绝对不可能成为一个优秀的团队。

二、创业团队组织架构的基本要素

创业者之所以寻求团队合作，是要弥补创业目标与自身能力之间的差距。一般认为，创业团队成员由四大核心技能人才构成：市场需求与团队管理人才、技术与产品研发人才、生产规模化与质控管理人才以及营销推广管理人才。市场需求与团队管理人才或技术与产品研发人才一般是创业发起者。高校的创业团队，一般是以技术研发人才为创业发起者的，这种团队在组建过程中，最需要警惕的是技术与管理两类人的不合。一个典型的例子就是联想的柳传志和倪光南。

柳传志和倪光南都是联想集团创建时的核心人物，但他们因为理念冲突导致了分道扬镳。柳传志是一个有科技背景的企业管理者，倪光南是一个著名的科学家，他们的分歧在于经营理念，柳传志以市场为导向，而倪光南以技术为导向，这一根本分歧导致了曾被誉为“中关村最佳拍档”的联想创业组合的分裂。

关键的新技术是创业团队为消费者提供新商品和服务的基础，是创业团队中不可或缺的要素。创业团队的构建必须遵循市场竞争规则，遵循商业的价值交换原则，因此，创业团队中不能缺少懂市场需求和产品竞争规则的管理人员，他们是项目在落地过程中发现机会并对之进行汇总评估、做出正确创业决策的关键人才。创业环境时刻在变化，市场瞬息万变，创业机会稍纵即逝，所以有关市场的技能是必备的。创业的实现离不开生产和管理，这方面的专业人才也是团队不可或缺的。创业提供的商品和服务要得到消费者的认可，必要的营销和销售技能也是必不可少的。若项目初始团队为 5 人，则团队中应包含运营部门负责人、技术部门负责人、生产部门负责人、营销部门负责人和财务部门负责人。只有这样，才能实现一家企业的基本运转：技术、产品量化与品控、市场开拓等。

由此可知，在中国国际“互联网 +”大学生创新创业大赛的“团队情况”标准中，要求必须跨学科组队，专业学历、实践背景和核心产品息息相关，这都遵循了创业公司组织基本特征设计的规则。创新创业项目式实训课程必须作为全校公选课，才具备这样的团队建设条件，因此，这个课程在某一个学院开设是毫无意义的。虽然双创教育的目的并不是培养创业团队，但作为创新创业课程，必须保障学生理解专业知识的准确性。

三、创业团队的主要类型

根据企业组织架构的基本规律，创业团队常见的类型可分为三种：星状创业团队（star team）、网状创业团队（nesh team）和从网状创业团队中演化出来的虚拟星状创业团队（virtual star team）。

（一）星状创业团队

一般在团队中有一个核心主导人物（core leader），他充当了领军者的角色。这种团队在形成之前，一般是核心主导人物有了创业的想法，然后根据自己的设想进行创业团队的组织。因此，在团队形成之前，核心主导人物已经就团队组成进行了仔细思考，根据自己的想法选择相应人员加入团队，这些加入创业团队的成员也许是他以前熟悉的人，也有可能是不熟悉的人，但其他的团队成员在企业中更多时候是支持者角色（supporter）。

这类创业团队有几个明显的特点：第一，组织结构紧密，向心力强，核心主导人物在组织中的行为对其他个体影响巨大。第二，决策程序相对简单，组织效率较高。第三，容易形成权力过分集中的局面，从而使决策失误的风险加大。第四，当其他团队成员和核心主导人物发生冲突时，因为核心主导人物的特殊权威，其他团队成员往往处于被动地位。在冲突较严重时，其他团队成员一般会选择离开团队，因而对组织的影响较大。

这类组织的典型例子如太阳微系统公司（Sun Microsystems）。该公司创业当初是由维诺德·科尔斯勒（Vinod Khosla）确立了多用途开放工作站的概念，接着他找了威廉·纳尔逊·乔伊（William Nelson Joy）和安迪·贝托尔斯海姆（Andy Bechtolsheim）两位在软件和硬件方面的专家，以及具有实际制造经验和人际技巧的斯科特·马克尼里（Scott McNealy），组成太阳微系统公司的创业团队。

（二）网状创业团队

这类创业团队的成员一般在创业之前就有密切的关系，比如同学、亲友、同事、朋友等，他们在交往过程中，共同认可某一创业想法，并就创业达成了共识，然后进行共同创业。在创业团队组成时，没有明确的核心人物，大家根据各自的特点进行自发的组织角色定位。因此，在企业初创时期，各位成员基本上扮演的是协作者或者伙伴角色（partner）。

这类创业团队有几个明显的特点：第一，团队没有明显的核心，整体结构较为松散。第二，组织决策时，一般采取集体决策的方式，通过大量沟通和讨论达成一致意见，因此组织的决策效率相对较低。第三，由于团队成员在团队中的地位相似，容易在组织中形成多头领导的局面。第四，当团队成员之间发生冲突时，一般都采取平等协商、积极解决的态度消除冲突；团队成员不会轻易离开，但一旦团队成员之间的冲突升级，某团队成员撤出团队，就容易导致整个团队的涣散。

这类创业团队的典型例子如微软的比尔·盖茨（Bill Gates）和童年玩伴保

罗·艾伦（Paul Allen）。再如，惠普的创始人戴维·帕卡德（David Packard）和他的斯坦福大学同学比尔·休利特（Bill Hewlett）能创建多家知名企业，是基于亲密的同学关系，他们经常互动，激发出了许多创业点子，然后合伙创业。这种类型的团队是比较多的。

（三）虚拟星状创业团队

这类创业团队是由网状创业团队演化而来的，基本上是星状和网状创业团队的中间形态。在这类团队中，有一个核心成员，但该核心成员地位的确立是团队成员协商的结果，因此核心人物某种意义上说是整个团队的代言人，而不是主导型人物，其在团队中的行为必须充分考虑其他团队成员的意见，不像星状创业团队中的核心主导人物那样有权威。

四、创业团队必要的协作者

创业团队的必要协作者，也是利益关联者，主要包括两类：一是团队创业过程中的帮扶者，比如咨询顾问。二是团队创业过程中的合作伙伴，没有他们，项目就无法构成完整的商业模式，例如，项目产品或服务所需的原材料供应商、目的销售渠道商、投资商等。中国国际“互联网+”大学生创新创业大赛为了让高校从事双创教育的师生充分理解利益关联者的重要性，特意设置了“教育维度”，强化学校、学院要成为师生创业团队的利益关联者。在比赛过程中，参与项目指导的教师相当于企业咨询顾问，但一个项目仅有创业指导顾问还不够，还需要专业技术顾问、企业经营管理顾问等。因此，许多项目团队一般会聘请高校科研工作者作为技术顾问，将同领域企业的管理者聘为管理顾问。政府、高校、校友则更多成为项目团队的合作伙伴。

第四节　团队成员的选择标准与流程

团队是人力资源管理的核心，而人力资源是企业的根本。一个企业如果不能拥有自己优势的核心人力资源，其成功的可能性几乎为零。为此，组建一个合适的、具有战斗力的创业团队是团队负责人的当务之急。

一、创业团队的成员选择标准

（一）具备较强的团队合作意识，沟通能力较强

真正的团队合作，是团队成员在目标计划和行动上能够真正达成一致。具体来说：能及时了解团队中其他人的需求和观点，同时清晰传达自己的要求和认识；数据资料共享及时，以便团队成员能够对各类数据进行快速整合、实时分析；工作流程清晰，成员间能对各项工作的优先级及时同步、每个环节及时衔接；可以熟练运用集中化的方式组织企业或团队的数据和知识体系。

沟通能力强是指能主动地通过沟通建立良好的对外合作关系，能准确理解对方的观点，良好把握对方的表达意图；同时对于自身观点的表达能做到逻辑明晰、用词准确，让对方易于理解。

（二）会抓主要矛盾，具有高效的执行能力

抓重点（主要矛盾）是一种能力，它是指拥有快速穿透事物的复杂表面现象看到事物的底层逻辑，能完整把握构成事物的核心要素，能抓住事物亟待解决的重要问题，从而确定工作重心的能力。团队成员在创业初期分工并非十分明确，而要解决的问题比较复杂，很多问题的判断都需要有整体认知能力，并能及时执行。所以，抓重点是执行者必须具备的能力。

判断一个人抓重点的能力，首先看他能否对较为繁杂的事物进行归纳和分类；其次判断他的分类标准和原则是否正确，与解决问题的方向是否相符。如果你想成为一名优秀的管理者，需要训练自己结构化的思考能力。简单地说，就是归纳总结的能力。

（三）岗位与专业匹配

蒙牛乳业创始人牛根生曾经说过，从人本管理的角度看，人人都是人才，就看放的是不是地方。实现人岗匹配离不开管理者对人员的分析和对岗位的分析，即从人的角度、工作的角度两个方面着手人岗匹配工作，通过进行工作分析明确岗位具体要求，通过对人员特性的了解构建素质模型，从而让合适的人才在合适的岗位上做合适的事情，实现人员的有效配置和合理使用，并最终达到人力资本收益的最大化。

二、团队负责人选择成员的基本流程

（一）制定创业战略目标与重点

创业团队负责人有明确的创业方向与工作重点，至关重要。这决定着创业合作者的选择及后期整个团队章程的制定。

（二）评估自我创业能力与资源

创业者能清楚地对自己的各项能力、素质以及现有的资源进行自我测评，明确自己的优势与劣势，为后期寻找“相似性”或者“互补性”的团队成员（创业合作者）、寻找补充性的资源，提供重要参考依据。

（三）选择创业合作者

选择创业合作者需要注意两个核心问题。一是注重能力互补的团队成员。在挑选团队成员时，要努力保证所找的对象有助于形成互补性的能力组合。通常的创业团队技能组合包括组织管理能力、人际沟通能力、产品依托的核心技术研发技能、产品营销的技能。值得注意的是，团队负责人不仅要寻找那些目前团队所需要技能的人员，也要寻找那些具备技能开发潜质的人员。

二是创业团队一定要根据项目的实际需求，恰当地选择初创成员的规模。最少成员的初创团队，可以是 2 名，这是将创业成本最小化的结果。一般的团队不超过 5 人，这有利于股权的科学分配并确保创业目标不会随意被更改；便于组织内部统一集中管理，高效率沟通并最终快速达成一致的目标。当然，团队的构建也应该根据项目发展不同时期的目标与实际条件来确定。

判定某一大学生是否适合成为创业团队成员的标准大致有四条：

第一，视创业为长期目标。成员将创业项目设置为人生的长期奋斗目标而非近期、短期目标，较关注项目长期发展规划而非短期收效，这是衡量该成员能否长期合作的最重要因素。

第二，有韧劲。夸夸其谈、眼高手低的人基本不用考虑，这类人一般实践能力较差，容易在实践中受挫，通过挑战自我获得成功的概率较低。只有能够承受实际困难，愿意坚持的人才有助于解决创业中不断出现的新问题。

第三，善复盘。经常自我复盘，实际上是总结能力的一种表现，人只有在总结中才能发现系统性漏洞，有助于问题的解决。善复盘还包括在总结后提出整改方案，这样有助于高效解决创业中的问题。

第四，有责任心。创业团队里 80% 以上的问题不是因为成员能力不足，而是因为成员不负责任导致的，80% 不负责任的人是因为对“责任”理解不到位。喜欢讲理由找借口、不认真去理解上级意图、事事请示或关键问题不汇报等，都是不负责任的表现。负责任首先意味着拿出结果，并且是按照当初计划的意图拿出结果，如果发现拿不出结果一定要第一时间如实上报。

小案例：华中科技大学创新创业 Dian 团队的选拔流程与标准

团队学生选拔标准：有良好的道德情操，尊师守纪；热爱学习、热爱集体，有创新精神；有良好的工作态度，较强的团队合作意识和交流沟通能力；愿意为教育改革事业奉献自己的力量。

具体选拔流程如表 2–2：[①]

表 2–2　团队选拔流程

考核流程	时间	考核要素及标准
面试	5 月	认可 Dian 团队教学宗旨和模式，拥有良好的人生价值观及大学学习规划，有较好的学习能力、动手实践能力、交流沟通能力等。
小组合作体验	6 月	三人一组合作完成小系统式项目课题的调研或制作，要求最后输出项目课题报告或实物作品（课题由 Dian 团队指导老师指定，无技术培训），重点考察团队合作能力、快速自学能力等。
真实项目体验	7 月	进入 Dian 团队项目组进行真实项目实践（15 天），重点考察工作作风和学习态度，对项目的适应能力、团队合作意识等。
特色课程体验	8 月	学习 Dian 团队开设的特色课程（15 天），重点考察学习态度、快速学习能力，交流沟通能力等。

三、创业团队的管理流程与规则

创业团队管理指能根据创业团队成员的工作性质、能力组成各种小组，参与组织各项决定和解决问题等事务，以提高组织生产力和达成组织目标。[②] 创业团队制定管理规则是为了维护团队的共同利益，助力标准化管理，充分发挥和协调员工的积极性。创业团队管理规则一般包含团队日常管理守则、团队财务与报销制度、业务合同管理制度、员工招聘制度等。

创业初期，团队管理的基本规则应尽量简化，将有限的时间充分用到产品生产

① 周耀海 . 种子班基于项目信息专业教育实验班（2+2）2021 年鉴［G］. 武汉：华中科技大学出版社，2021：73.
② 徐正富 . 加强团队创新管理　提升科技创新能力［C］// 湖北企业文化网编辑部. 企业文化创新与落地——“十二五”湖北企业文化系列成果集，2015：258–263.

和销售关键流程上，助力项目快速落地。

（一）日常管理流程

PDCA 循环是创业团队执行任务的科学流程，按照这样的顺序进行质量管理，并且循环地进行下去，可有效地加快创业项目的落地。

P（plan），计划。包括方针和目标的确定，以及活动规划的制定。

D（do），执行。根据已知的信息，设计具体的方法、方案和计划布局；再根据设计和布局进行具体运作，实现计划中的内容。

C（check），检查。总结执行计划的结果，分清哪些对了，哪些错了，明确效果，找出问题。

A（act）处理。对总结检查的结果进行处理，对成功的经验加以肯定，并予以标准化；对失败的教训也要总结，引起大家的重视。对于没有解决的问题，应提交给下一个 PDCA 循环中去解决。

以上四个过程不是运行一次就结束了，而是周而复始地进行。一个循环完了，解决一些问题，未解决的问题进入下一个循环，如此阶梯式上升。

（二）创业团队日常管理规则

创业团队需要协调核心成员所有权分配机制，在确定所有权分配时，需要重视契约精神，遵守贡献决定权利原则分配所有权比例，控制权与决策权相统一。同时需要管理好团队内部的冲突，创始人应注重利用科学的股权激励手段来解决正面冲突，让团队成员逐渐树立能力与价值对等的认知，最终使团队日常管理更加规范。

创业团队的发展大致会经历五个阶段：成立期、磨合期、稳定期、高效期和衰退期。团队创立初期，团队成员彼此不是很熟悉，可以定期组织全体成员的线下交流会，加速彼此相互了解。磨合期，团队成员间较易出现认知性和少量的情感性冲突，团队负责人以身作则快速树立起自己的威信以排解冲突，团队成员在遇到冲突时须及时沟通和反馈，尽量让成员认知达到同一水平。稳定期，团队负责人和成员之间已达成共识，彼此沟通较顺畅。高效期，团队成员能快速且准确地执行负责人的决策，推进项目高效落地。衰退期，团队成员成长为核心管理人员，与创始人责权重叠，从而导致利益冲突升级，这是创业团队发展过程中须特别警惕的阶段。

创业团队的发展与日常管理规则的完善息息相关，这些管理规则包括：团队财务与报销制度、业务合同管理制度等生产标准化管理制度。

1. 团队财务与报销制度

正常的办公费用开支，必须有正式发票，印章齐全，由经手人、部门负责人签字，经总经理批准后方可报销付款。

出差人员应做到事前先请示，事中有联系，事后有汇报。本着为团队节约的原则，禁止高额消费，差旅费经财务部核实后予以报销。

团队的固定资产，包括家具、工具等各项设备，其财务管理和计提折旧，由财务部负责。

每年年终必须开展一次固定资产盘点，做到实物和账表记录相符，核算准确。对固定资产的遗失和损坏，要查明原因，明确责任，做出适当处理。

购置固定资产，必须有购置方案；购置时，经领导批准，可使用限额支票在方案范围内使用。

现金收入要及时存入银行，财务人员不得私自保管，否则，按有关法规予以处分。

因公出差，可经总经理批准借支公款，借支款项应在事由结束后七天内结清，不得拖欠拖延。

2. 业务合同管理制度

合同条款的制定：（1）所有合同条款的制定必须符合国家的相关法律法规；（2）所有合同条款的制定必须考虑履行能力；（3）合同条款的制定必须坚持相关双方双赢的原则。

合同的签署：合同由公司法定代表人签署后生效，或由公司法定代表人授权人签署后生效。

合同的管理：合同除双方需要的文本外，公司需正本一式三份，其中主办业务员一份，公司财务一份，公司办公室存档一份。

（三）技巧与策略

1. 建立信任

信任是高素质团队的起点，其能制约和推动团队的发展。团队能不能飞跃，首先看团队成员间能不能建立起相互的信任。

信任是长久合作的基础。对于一个团队而言，只有团队成员相互信赖，合作行为才会持之以恒，而非以利益分配为基础。信任使成员之间能共同承担责任，相互鼓励，从而生成高效行为。许多创业团队合作失败的根源都被归为成员之间缺乏信任，尤其是团队成员对管理者的不信任是团队合作失败的主要原因。

信任也需要相互监督。信任无疑能提高组织成员的积极性、满意度，有效地提升组织创新、生存能力，然而，信任也有成本，一旦信任被利用了，就有可能表现出极强的破坏力，因为没有约束的信任将伴随着风险。

小案例

威尔逊和乔治在《团队领导生存手册》中指出，要建立团队内的信任，团队领导者应注意做好以下9个方面：

（1）必须知道自己所做的事是否对建立团队内部的信任有意义；

（2）能识别同伴间的不信任以及不信任对团队的不良影响；

（3）要知道如何避免信任陷阱，如随便猜疑别人、掩饰自己、不守承诺、打击报信人、混淆信息、使用糖衣炮弹等；

（4）在陷入信任陷阱时，有自己信任和尊重的人来提醒自己；

（5）坦率表达自己的看法；

（6）善于倾听别人的谈话；

（7）适当的时候，承认自己不全知道所有的解决办法；

（8）让别人提供反馈意见，同时要对他们的意见做出合理的、恰当的反馈；

（9）要告诉别人，你是非常信任他们的。①

2. 合理授权

管理专家彼特·史坦普说过，成功的企业管理者不仅是控权高手，更是授权高手。随着团队的建设和发展，创业者要通过合理授权，让团队成员分担责任，使团队成员更多地参与项目的决策过程，允许个人或小组以更灵活的方式开展工作。合理授权的目标和意义如下：

第一，通过灵活授权，显示领导者对团队成员的信任，也给团队成员学习与成长的空间。这种方式可以奠定团队信任的基础，也是团队精神存在于领导者与团队之间的体现。

第二，合理授权有利于充分发挥团队成员的积极性和创造性。每个人都有实现自我价值的愿望。每一项工作的成功，不仅是领导者管理的成功，更是所有实现自我价值的团队成员的成功。

第三，合理授权有利于及时决策。一方面，团队成员在自己授权范围内可根据内外部环境的变化及时决策；另一方面，通过灵活授权，领导者逐渐将工作重点转向关键点控制、目标控制和过程控制。

3. 积极沟通，善于倾听

沟通是信息交流的重要手段，它就像一座桥梁，连接着不同的人、不同的文化

① 王东方，任美英，祁少华. 创新创业基础［M］. 厦门：厦门大学出版社，2021：127.

和不同的理念。良好、有效的沟通能让交流的双方充分理解，达成共识。美国著名未来学家奈斯比特曾指出：“未来竞争是管理的竞争，竞争的焦点在每一个社会组织内部成员之间及其外部组织的有效沟通上。”①

团队成员之间的有效沟通是团队管理艺术的精髓。倾听是这个世界上最美的行为。团队成员之间需要沟通、交流、协作，善不善于倾听，不仅体现着一个人的道德修养，而且关系到能否与他人建立一种正常、和谐的人际关系。请记住，倾听是一首歌，是团结之歌、友爱之歌、和谐之歌。

4. 考核管理，赏罚分明

绩效考核是现代组织不可或缺的管理工具之一，它是一种周期性检查与评估团队成员工作表现的管理系统。有效的绩效考核，不仅能确定每位团队成员对组织的贡献或不足，还可以在整体上为组织的人力资源管理提供客观的评估资料，为公平合理地付酬劳给团队成员提供客观依据，从而提升团队成员的工作绩效。

坚持赏罚分明的原则意味着在涉及团队成员的个人利益时要坚持公平、公正和公开的分配原则，该奖赏的要奖赏，该惩罚的要惩罚。在涉及惩罚团队成员的问题时经常会碰到这样一种情况——

有些创业团队的成员大多是同学、朋友等熟人，经过一段时间的运作之后，团队会出现不同状况，有的人不能认同企业的经营理念，有的人想“自立门户”，有的人工作时心不在焉，有的人做事情根本就不称职等。因此，经过一段时间的磨合之后，创业团队都要经历一个痛苦的“洗牌”过程，而对团队成员最严厉的惩罚恐怕就是将他“踢出”这个团队了。这种情况并不是团队的创立者希望看到的，很多情况下，是否将某些团队成员“踢出”团队令创立者左右为难。事实上，即使对于经验丰富的职业经理人，他们最怕的事情就是解雇员工。请记住，对于创业企业，在创业初期碰到这种问题时，要有果断换人和“洗牌”的勇气。

5. 共同学习

随着科技的进步和知识更新速度的加快，无论是哪一种类型的团队，要想成为一支能够打硬仗、素质过人的高效能团队，归根结底是“打铁还需自身硬”，团队成员需要不断地给自己“充电”，弥补自身知识与技能的不足。

知识共享是团队成员实现个人学习向团队学习飞跃的关键一环。每个团队成员都要意识到知识不会因为传播而减少，交流和分享能增长整个团队的智慧。如果每一个成员都能将自己所获得的新知识快速地与其他成员分享，团队的竞争实力就会

① 李伟，张世辉. 创新创业教程［M］. 北京：清华大学出版社，2015：166.

迅速增长。个人学习的成果，若不经过团队的分享，就只是个人知识的增长，无法形成团队整体的学习力和竞争优势。

第五节　案例分析

案例一：团队负责人的成长故事

故事主角：南昌大学 2021 级博士生曾庆国，中国国际“互联网 +”大学生创新创业大赛国赛银奖项目负责人。

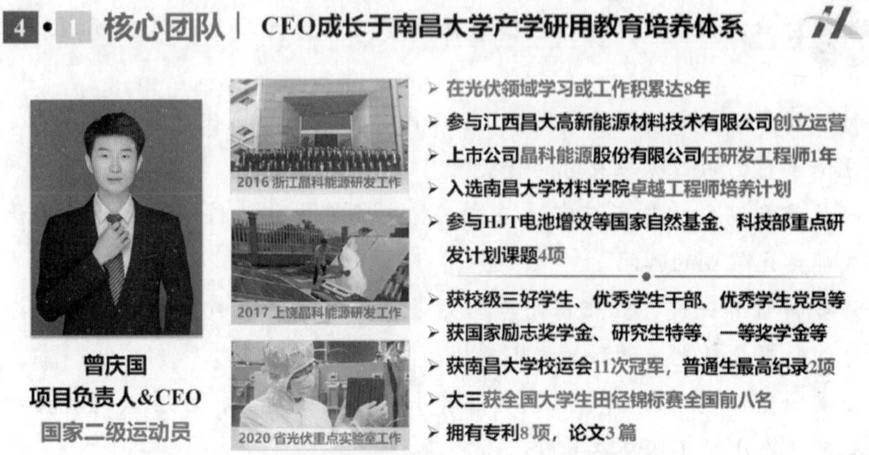

图 2-1　星火光伏路演 PPT 中关于曾庆国的介绍

一位既能做科研，又能创业的博士生是如何炼成的？

钟佳颖、胡逄曦、莫如意、柳晓岚、吉鸿昌

（南昌大学新闻与传播学院 2019 级广播电视专业学生）

2021 年 10 月，第七届中国国际“互联网 +”大学生创新创业大赛总决赛在南昌大学举行。

曾庆国（图 2-2）带领的“星火光伏”项目却没能站在总决赛的舞台上。

他可以参加下一届大赛，以极大的优势进入国赛夺得金奖。

但他毅然选择放弃。

因为在过程中该得到的，他已经得到。

经历这场蜕变后，作为科研者的他，离成为一名稀缺的科创人才越来越近。

图 2–2　曾庆国（中）在比赛现场

非同寻常的科研者

当光伏产业正值冰点时，他却坚定选择了光伏。而后，在这一领域，他勤勤恳恳钻研了 8 年。

本科、硕士研究生、博士研究生，8 年间，他见证了光伏产业冲破寒冬，迎来暖意，更见证了自己的心境与身份的转变。

科研总是充满失败与不确定性，但在曾庆国眼中“做科研最大的魅力就在不确定性，在那灵光乍现的瞬间”。

与许多科研者一样，他相信简单的力量。每天进行无数次枯燥的实验，去穷尽每一种可能，来推动光伏学科的微小改变。

即使实验室照明灯损坏，他也要借着手机微弱的灯光，在漆黑的实验室里忘我地继续钻研几个小时（图 2–3）。

图 2–3　曾庆国（左一）在手机灯光照明下做实验

但他又与许多科研者不同。

他还踏入了与科研世界截然不同的纷繁复杂的商业世界，在曾庆国科研者的肩上，压了一副更加厚重的担子：创业。

曾庆国的创业种子在本科大四时播下。那时，他选择了光伏研究院的3+1卓越工程师培养计划，并去业界顶尖的能源公司实习了一年。在一年的时间里，他初次深度接触到了科研世界之外的商业世界（图2–4）。而后，他便创立并运营了江西汉可光热技术有限公司。

不断积累的企业运营经验，让他拥有与众不同的人文特质，在众多科研者中独树一帜。

图2–4 曾庆国（右二）在进行项目洽谈

创业，这条与科研截然不同的路径，正在把他打磨成另一种样子。

但打磨的过程必然充满苦痛。

最刻骨铭心的应该是第七届中国国际“互联网+”大学生创新创业大赛。

在这次比赛中，他作为星火光伏项目的CEO，始终负重前行。

在无数困境中寻求突破

比赛中，他面临的阻碍太多太多了。

生产设备需要投入大量资金，团队成员不完善，项目推展不开，又要奔走于各个部门之间办理各种相关手续。

学科思维的转换亦存在巨大困难：晦涩难懂的行业知识如何转换成通俗易懂的语言，又如何富有感染力地表达呢？

作为第一专利拥有者，他不仅必须全方位掌握技术，同时还需要人员管理、财务、法律等方面的知识，如此多的空白如何填补呢？

项目还有最为致命的缺点：在初创组的赛道上，一家几乎没有盈利的公司如何获胜呢?

好在，经过前几年的沉淀，他形成了属于自己的为人处世方法。

在这个时刻，他必须冷静，收起情绪。最有效的解决方式只能是：理清思路，分清问题主次，逐个击破。

面对各方面能力的欠缺，他必须通过不断学习来填补：二十几次的答辩，每次答辩后的问题他都会记录下来，然后一一解决。

答辩前，他有一个特殊的习惯。因为饥饿感能让他保持兴奋，缓解紧张，所以为了完美展示，曾庆国不会吃东西，比赛期间的数次答辩让他的胃不堪重负。比赛结束，他就得了慢性胃炎，不得不去医院。

面对技术性的难题，他不抱怨，而用行动直面。为了紧盯机器数据，他甚至直接在公司打地铺，有时凌晨 2 点睡觉，又在 5 点钟起床继续工作。

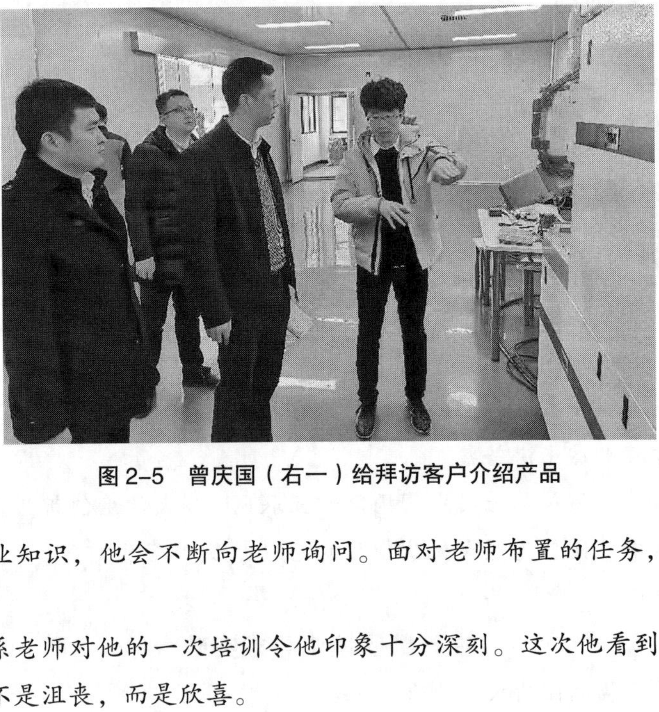

图 2-5　曾庆国（右一）给拜访客户介绍产品

不懂的行业知识，他会不断向老师询问。面对老师布置的任务，他总会超出预期完成。

播音主持系老师对他的一次培训令他印象十分深刻。这次他看到了巨大的差距，但面对差距他不是沮丧，而是欣喜。

视频 1

视频 2

他付出了他的全部，但是，最后的结果却令他失望：他没有晋级总决赛。

竭尽全力却没有收获成功。

所有的努力没有意义了吗？在指导老师李薇和他自己看来，从来不是。

“无论是否走到最后，既然已经通过大赛系统习得了创业知识，对他来说就是成功的。”

他的驱动力，不来自战胜对手的好胜心，不来自外界的赞誉，而来自他内心坚定的对学习的渴望。

他对“挑战自我”这一过程的享受，远远多于对“成功”这一结果的渴求。

行而不辍，未来可期

如今，博士生身份的他顶着巨大的科研压力，同时又需要处理公司大量繁杂事务。

每天与时间博弈，每天为企业融资与未来焦虑，每天处于无限的忙碌状态中，是他的常态。

许多人信赖他，向他寻求帮助，因此他时常被困于各种人际关系的处理中，会遗憾“自己身上背负了太多责任，属于自己的棱角已经被渐渐磨平”。

但他时常能从纷繁琐碎的生活中安静地提炼出属于自己的满足时刻，从而保持简单、质朴。

没有人可以为曾庆国总结，对于一个同时是创业者和科研者的人来说，这些风雨兼程的经历以及变幻莫测的未来对他意味着什么。

脚踏实地的他会得出自己的答案。

一切的开始：曾庆国的运动员生涯

2021年10月，南昌大学第29届运动会落幕。在运动会上，博士一年级的曾庆国，以远超所有选手的成绩，收获了他的第13枚跳远项目金牌。

视频3

只要还有热爱就别放弃，是他对自己坚持了13年的跳远生涯的诠释。

在初一时的校运动会上，曾庆国阴差阳错地替同学上场比赛，这成了他与跳远这项运动结缘的开始。从此之后，“跳远”便成了他人生中永远也抹不掉的关键词。

当时，初出茅庐的他了解到，每年只有全校的第一名才能够作为代表参加省级比赛。于是，他疯狂地努力，想成为那个唯一。

初一第七，初二第三，到了初三，他真的成了那个唯一。而这样进阶的背后，是他点点滴滴持续不断的主动努力。

持续两年蝉联冠军后，高二时，他被教练选进校队，在校队备战省级赛事的两个多月，他才真正体会到了专业级训练的严酷。

单单热身，曾庆国就需要围绕400米的操场跑20圈，而一个跳远动作则需要他重复练习五六百遍。

训练强度过大，使得他第二天起床只能依靠母亲扶起来，十分心疼的母亲流着泪劝儿子放弃。

他要放弃吗？“放弃”这个词确确实实在曾庆国的脑海中出现过。

大学时期，曾庆国对跳远的痴迷越发深入，平时走路与跑步都会带上几斤重的铅条。

但令他没有想到的是，这样的做法竟使他的膝盖受到了极大的损伤，门诊医生的初步诊断为：半月板撕裂。

对于一名运动员来说，一旦确诊，就意味着他的运动生涯即将结束。

在回学校的路上，他含着泪对身旁的队友说：“我做了这么多的梦，居然就要碎了。”

不过，幸运的是，最后的诊断结果仅仅为炎症，不存在结构性损伤。

虚惊一场过后，幸运却意外降临。

曾庆国没想到自己将迎来圆梦的机会，一个更大的竞技舞台：全国赛的赛场。

站在梦想的赛场上

在有惊无险的伤病过后，梦寐以求的全国赛机会来到了他的面前。

七个月，经过七个月的训练他就有机会进入全国赛的资格赛。

他无比激动的同时，也需要面临残酷的现实：即便经过七个月的严格训练，如果资格赛不达标，他仍旧没有办法进入全国赛的赛场。

“我最大的梦想就是站在全国赛的舞台，无论结果如何，只要能站在上面就好。”

所以，他不会放弃任何一丝希望。

于是，他在没有任何承诺的情况下，选择了坚持，完完整整扛下七个月的艰苦训练。

为了尽快缓解伤病，他与母亲四处求医问药，中药、西药、电疗都一一尝试过；为了提升助跑速度，他决心与专业短跑运动员一起训练；为了训练爆发力，他不畏惧甚至主动与国家级水平跳远运动员同台竞技。

时间在一点又一点流逝，巨大的能量正在他的身体里一点又一点积聚。

七个月后，他的力量与速度达到了自己都无法想象的前所未有的水平。他形容那时的自己“就像脱胎换骨一样”。

一切都将水到渠成。

7 月 16 日，在福建泉州，国赛资格赛拉开帷幕，全国顶尖高校选手齐聚一堂，比赛现场让他热血沸腾。

曾庆国的第一跳：6.72 米！直接打破南昌大学记录！

他顺利地跳进了梦寐以求的全国赛场，与最顶尖的跳远运动员并肩比拼！

图 2-6　曾庆国（左一）在全国赛的赛场

竞技所缔结的深情

在他本科生涯的第一次运动会中，曾庆国是材料学院全队夺冠的希望。他的身影不仅出现在跳远的沙坑前，也出现在短跑的赛道上。

令他记忆犹新的不是自己多次站在领奖台上的风光，而是在赛场上洒下的泪水。

他在大学里的第一次流泪就是在这次赛场上。看着接力赛中队友严重擦伤，并流着鲜血的手臂；想到接力赛的失利，从而无法让即将毕业的学长继续比赛的遗憾，他流下了眼泪。

除了泪水，还有成功后的欢笑。

但成功喜悦的不仅仅来自他自身，更来自他所处的团队。因为“我拿到冠军，团队会比我还要高兴”。

图 2-7　曾庆国与他的田径队队员

曾庆国把团队的荣誉与支持看得极其重要，他甚至将自己的夺冠称为每年必须履行的“义务”。

他把自己的成功归功于团队，而非仅仅自身的努力。

在这个团队里不得不提起一个对他来说极为特殊的人：教练。

曾庆国把教练当作伯乐，而他自己就是伯乐的那匹千里马。伯乐给予这匹千里马无微不至的关怀、坚实的支持。

在训练时，教练默默站在曾庆国身旁观察，为他做记录，拍视频。在比赛前，给曾庆国做疗效十足的按摩。在比赛后，了解到他会紧张而吃不下早餐，就及时送去充饥的食物……生活与训练中的无数琐碎，搭建起了他与教练的深度链接。

图 2–8　曾庆国（右一）与他的教练

竞技体育之所以激动人心，并不只在于那些励志的澎湃的竞争时刻，更在于竞技之间个体与另一个体缔结的深情，而这份深情源自竞技，但早已超越竞技。

永不熄灭的热情

曾庆国总会把自己当下的状态与大三巅峰时期相比。“互联网 +”大赛结束后，他对自己的指导老师感慨道：“这个大赛是启蒙，也是新的助推剂，我想当你的眼中没见过某种高度的时候，会觉得一切都是平常，看到了更高的高度才会畅想高处的风景，所以未来要努力创新和创造。无论未来是自己创业还是成为核心团队成员，抑或是最终没有好的机会创业，这种思维方式和能力也会焕发生机，我想在面对生活更复杂的难题时，起码我有更全面的大局观和处理问题的思维能力。”

即使已经处于博士学习阶段了，但他依然珍视为数不多的比赛机会。所以，2021 年的运动会，他依然期待能与去年的冠军一较高下。在人生的赛场上，他是科研者，是创业者，但属于运动员的坚韧始终在帮他创造属于自己的记录。

案例二：国赛金奖项目“Plastifuel——塑料再生循环领航者”创业团队简介

“Plastifuel——塑料再生循环领航者”创业团队由南昌大学多学科本硕博学生组建，指导教师为南昌大学食品科学学院王允圃教授。

创业发起者：戴磊磊，参赛时为美国明尼苏达大学 / 中国南昌大学双学籍博士生。其发现生物质转化为燃油的市场巨大，而长期研究的连续式微波热解设备正在趋于完善，从而决定创业。当时，他已发表与核心技术相关的 SCI 论文 50 篇。其中，以第一作者身份在 *Renewable & Sustainable Energy Reviews, Energy Conversim and Management, Bioresour Technology* 等领域内顶级期刊发表 SCI 论文 15 篇，被引 800 余次，H 指数 18，获得中国发明专利授权 12 项。

戴磊磊具备扎实的技术功底，硕士在校期间获研究生国家奖学金、研究生高水平科研成果奖、南昌大学“绿野轩”奖学金、2018 年第十一届“中国青少年科技创新奖”候选人、第十届“挑战杯”大学生创业计划竞赛铜奖等荣誉。

首席技术官：邹容格，南昌大学食品学院硕士，华盛顿州立大学博士生，研究方向为生物质高值化利用。

邹容格曾担任南昌大学食品学院学生会副主席，南昌大学食品学院兼职辅导员，南昌大学 2014 级食品学院本科生党支部支部书记等职务。曾获南昌大学优秀毕业生、奖学金、优秀党员等荣誉。她还是多个热解工程项目的技术骨干，工程管理履历丰富。她以第一作者身份在 *Bioresource Technology* 等期刊发表 SCI 论文 2 篇。美国农业部 / 国家粮食和农业研究所项目主要参与者。“秸秆快速裂解关键技术与设备研究”国际科技合作重点专项核心科研成员。

首席营销官：阳莎，南昌大学 2016 级食品科学与工程专业（卓越工程师）/ 国际经济与贸易双学士。

阳莎曾任南昌大学学生会社团部主任、演讲与口才协会主任；乔布简历产品经理培训生，江西银河杜仲有限公司总经理助理实习生。作为江西战区团队成员赴北京参加第二届启明星全国大学生创业峰会暨演讲特训营，并借助平台创业导师指导开展“约学吧！家教”创业项目。参与江西共青团“菁英计划”并顺利结业，获优秀学员称号。获第十六届“挑战杯”全国大学生课外学术科技作品竞赛省一等奖（队长）；获校一等奖学金两次。参与发表两篇 SCI 论文。

首席运营官：杨琦，南昌大学 2017 级食品科学与工程专业（卓越工程师）/ 工商管理双学士。

杨琦曾担任学生会生活部副部长和安学联信息部副部长，曾获校优秀团干部、社会活动积极分子、校奖学金、校优秀工作者等荣誉。已发表8篇与热解相关的SCI论文，参与热解相关的国家级双创项目1项。积累了丰富的创新创业大赛经验，作为核心成员参与的项目获得第十六届“挑战杯”全国大学生课外学术科技作品竞赛国家二等奖，共计国家级奖项2项，多次获得省校级竞赛奖项。

销售主管：彭渝洁，南昌大学2017级食品科学与工程专业本科生。曾担任学生会体育部副部长。2018年获校二等奖学金，2019年获校一等奖学金。参与1项国家级双创项目，已发表4篇与热解相关的SCI论文。

首席财务官：王宇通，南昌大学2017级经济管理学院会计学（ACCA）本科生。曾担任郑州海润久远广告文化传媒有限公司董事会秘书助理、郑州尔雅广告有限公司财务助理、郑州里奥伯德企业管理咨询有限公司双创实习生。专业成绩年级第一，获得校特等奖学金两次；ACCA学员，ACCA通过10门；IMA美国管理会计协会学员，获得IMA CMA Program奖学金。获江西省“华创杯”市场调查分析大赛省三等奖，参编《内部控制学原理与案例》教材。

Plastifuel团队的组织结构图如图2-9所示。

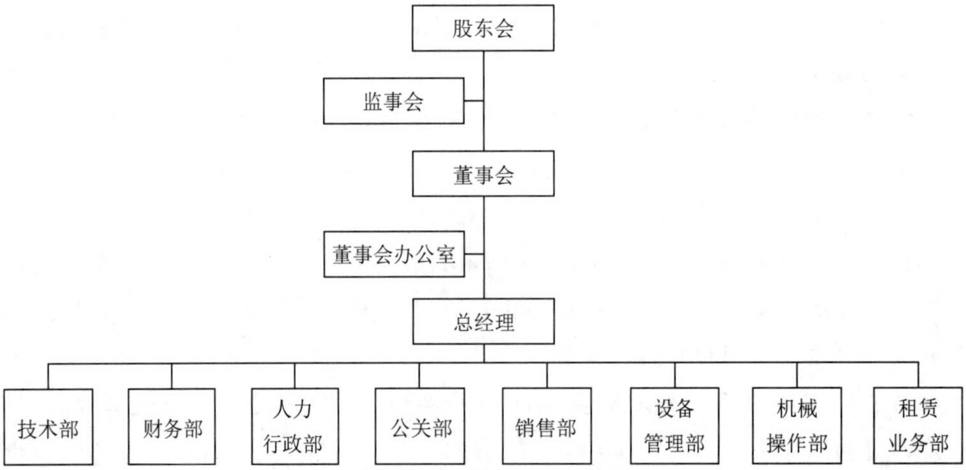

图2-9 Plastifuel团队的组织结构图

案例三：省赛银奖项目“慧救亿生”创业团队简介

“慧救亿生”创业团队由来自南昌大学6个学院的本硕博10名学生组成。“慧救亿生”解决的是一个公共医疗问题，参加的是“青年红色筑梦之旅”赛道创业组的比赛。项目涉及在线医疗网络产品、线下救助设备、培训服务等，因此，团队成员分别来自护理学、计算机、信息工程、自动化及国际经济与贸易等不同学科专业，具有多学科交叉优势。所有成员均为南昌大学3S救护会骨干成员、凤凰家园志愿服务社成员、南昌市红十字会应急救护促进中心成员，均已取得救护员证书，部分成员已取得中国红十字会救护员师资证书，具有长期急救知识与技能科普经验。

范莹莹（项目负责人）：南昌大学2019级信息工程学院硕士研究生。兼任技术部门负责人。南昌市红十字应急救护促进中心理事，南昌虚拟现实产业技术研究中心成员，中国红十字会应急救护师资，累计培训救护员2 000多名。

杨京舍（运营负责人）：南昌大学2020级文艺学硕士研究生。有长期公益服务经验，江西省红十字会第八届理事会常务理事，江西省红十字会志愿服务工作委员会委员，江西省邹德凤青少年志愿服务团名誉团长。曾荣获江西省暑期"三下乡"社会实践先进个人，南昌大学研究生党员标兵等国省校三级表彰40余项。2019年9月作为江西省唯一的青年学生代表参加中国红十字会第十一次全国会员代表大会，受到习近平总书记、李克强总理等党和国家领导人的亲切接见。2020年12月，参与志愿服务活动被中国红十字会党组成员、副会长尹德民，江西省副省长孙菊生同志点赞。

王鸿飞（技术部负责人）：南昌大学2019级计算机专业硕士生。曾获2项核心软件著作权，参与设计4项省级课题。

谢亚莎（产品部负责人）：南昌大学中文系2020级硕士研究生，上海市红十字会救护员，参与上海市对口帮扶云南省红河哈尼族彝族自治州教育医疗援助。现任南昌大学人文学院宣传部部长、南昌大学电视台百年校庆记者团成员。在读期间发表国家级、省级论文2篇。

赵瑾彤（宣传部负责人）：南昌大学新闻传播学院广电专业大二在读。曾获2019—2020学年特等奖学金以及2019—2020学年国家励志奖学金。负责项目的网络宣传工作。

黄晓晔（销售部负责人）：南昌大学马克思主义学院博士研究生，硕士就读英国苏塞克斯大学管理学方向。现任南昌大学党史教育博士团成员，南昌大学马克思主义学院新时代文明实践中心成员，南昌大学马克思主义学院博士生党小组组长。主持江西省研究生创新专项省级课题"马克思主义视域下企业社会责任构建逻辑及实现路径"。

肖慧捷（财务部负责人）：南昌大学经济管理学院大二在读。曾获美国大学生数学建模竞赛三等奖，全国金融与证券投资模拟实训大赛三等奖，"挑战杯"大学生课外学术作品竞赛校级三等奖。大一暑假在中国工商银行实习，有着丰富的财务管理以及社会实践经验。

倪厚敏：临床专业大三在读，3S救护会副会长，负责救护知识专业性的把控。

杨烨天：南昌大学计算机科学本科生，曾获2项软件著作权，负责项目的技术研发迭代和维护。

图 2–10 备赛时期的团队工作照

顾问团队主要成员包括以下几位。

袁才华：江西省红十字会党组成员、专职副会长，江西省综治办副主任。

邹德凤：第四十四届国际南丁格尔奖章获得者，江西省红十字会兼职副会长。邹德凤公益发展中心创始人。

占钻：南昌大学第一附属医院急诊内科副主任医师，中华医学会急诊医师分会体外生命支持学组委员，长期从事急诊内科的临床、教学及科研工作。

彭静雯：赣江青年学者，硕士生导师，江西省教育经济学专业委员会常务理事、副秘书长；主要研究跨学科教育、学习内驱力提升导向下的课程教学设计、家庭教育。

胡剑云：伦理学硕士，江西卫视社教部副主任，《金牌调解》栏目首席调解员，江西省控烟宣传形象大使，江西省电商助农大使，江西省政协提案委员会专家组成员，江西省法学会理事、江西省红十字会常务理事，“慧救中国”项目形象大使。

课后实训练习

1. 在 1 周内确立 3—5 人的主创团队，并出具一份选择团队成员的说明报告。

2. 团队负责人提交一份项目落地推进计划书。

3. 以小组为单位，共读一份简版商业计划书（教师自行选择），重点分析商业计划书中的团队与项目是否匹配。

第三章 寻找真实的市场需求

教学设计目的

确立了金种子项目标准，建立了创业团队后，寻找真实的市场需求，才是以小组为单位的创业实训教学的第一步。本章将告诉学习者如何科学地找准一个真实潜在的市场需求。找准这个需求是真实创业活动的起点，是设计商业计划的开端。

主要教学任务

1. 要求团队设计一份合格的市场调研问卷。不重视市场调研是创业失败的重要因素。了解科学的市场调研流程并掌握基本的调研技能，有助于提升高校师生的创业成功率。另外，设计问卷也是辅助学生高效理解市场调研科学理论的重要手段。

2. 尽量给学生提供市场调研的资源。高质量的市场调研结果，调研对象的配合是必要条件，但在校生很难找到这样的资源，因此，教师应充分利用校友等资源平台为学生提供市场调研的基本条件。

第一节 市场调研的作用

市场调研是指围绕某一特定的产品以及生产该产品的企业，开展系统科学的搜集、整理、分析与研究各种市场信息资料的活动。市场调研是创业者制定产品营销策略的关键环节，而营销计划是创业计划的关键内容。

因此，市场调研是否科学决定了创业项目营销计划是否能顺利落地，最终决定着创业项目能否存活。营销计划一般由三个部分组成：发现营销机会和限制条件、制定和执行营销战略、评估营销计划的有效性。

一、发现营销机会和限制条件

发现营销机会和限制条件是创业团队制订营销计划的出发点。对于高校创业者而言，要想提高现有实验室研发产品投入市场的成功率，就得从发现营销机会和相关限制条件入手。如何才能发现产品的营销机会和限制条件呢？必须得积累这些信息：潜在的竞争产品有哪些？核心竞争者是谁？他们的市场地位有多强？客户对现有产品的哪些功能满意？客户如何比较我们的产品和竞争者的产品？有没有尚未发现的客户需求？一个科学的市场调研必须探寻以上问题的真实答案。

小案例：沃尔沃的市场调研

全球市场调研费用合计超过166亿美元，其中美国占了38%。汽车行业是市场调研最大的用户之一。总部位于瑞典哥德堡的沃尔沃汽车公司每年开展约400项大型的市场调研。在沃尔沃汽车公司，市场调研被视为新产品开发（NPD）的组成部分。

沃尔沃公司还花费巨资来跟踪调查客户对公司产品和经销商服务的满意度。虽然沃尔沃以产品安全著称，但该公司最近试图摆脱传统的笨重造型，以迎合市场调研中发现的客户对流行设计的需求。沃尔沃XC90车型和S40车型均为基本市场调研结果而设计的车型。在设计SUV车型时，沃尔沃聘请了一组加州女性客户实时参与该车型NPD的全过程，最终成功地开发出完全以客户为本的车型。此外，沃尔沃公司还开展了一系列客户关系管理创新活动以加强同沃尔沃车主的联系。沃尔沃的经理们也通过正式调研以及与客户／同行的非正式会谈来获取客户信息。[①]

通过这个案例，我们不难发现，科学的市场调研是沃尔沃汽车公司进行新产品研发的重要环节，XC90车型和S40车型是基于调研结果研发的新产品，与我们高校大多数科技创新产品研发流程不一样。显然，沃尔沃基于营销机会进行研发，而高校许多科技产品不考虑营销机会的研发，高校科技产品要想扩展营销机会，就必须做好市场调研。

我们也可以发现，沃尔沃在设计SUV车型时，非常重视调研对象的全程参与，这是为了发现限制条件。既然是限制条件，就是营销过程中营销人员不能踩的坑，也就是产品可能存在的短板。但是，产品研发者常常是很难从自身视角发现短板的，

① 帕拉苏拉曼，格留沃，克里希纳．市场调研［M］．2版．王佳芥，应斌，译．北京：中国市场出版社，2009：3.

自己给自己的产品找缺点，对于研发者的自省能力要求太高了，大多数人一般难以做到。因此，在市场调研过程中，加入他者视角，即让参与者全程参与进来，就很容易帮助研发者发现产品的营销限制条件。比如采取多次非正式会谈可以获取更多真实的相关信息，有助于使产品营销更加科学。

二、制定和执行营销战略

一个新创业的公司要想在成熟的市场中活下来，就必须精心制定科学的营销战略，并采用有效的营销组合，才能充分发掘市场机会，拥有战胜成熟竞争对手的可能性。什么是科学的营销战略？一般是指一个新成立的公司必须就以下事项作出正确的决定：产品性质、产品定价、产品购买渠道及产品促销方式。营销组合一般包含众多手段：线下口碑营销、线上广告营销、社群活动性营销等。

2004 年，在日内瓦汽车展上，沃尔沃公司推出的第一款面向女性的 YCC 车型引起了轰动。此前从未研发过女性汽车的公司，为何一款新产品能引发女性消费者的热爱呢？这实际上是公司管理者根据市场调研数据做出的科学决定。根据 CNW 市场调研公司的结果，49% 的新车和 55% 的二手车由女性购买。根据行业估计，女性影响了 80% 的新车购买决定，54% 的沃尔沃购买者也是女性。基于上述事实，为抓住市场机会，沃尔沃开展了深度调研，以确定何种形象和特点的车型更适应女性消费市场；它还采用了公司 400 名女性员工的意见；同时，一个由 25 个女性雇员组成的小组参与 YCC 的设计。①

可见，在沃尔沃公司里，市场调研是市场营销的起步环节。许多高校科转项目是难以完整模仿这个路径的，但是可充分汲取他们的经验，在未来的新产品研发中尽量调整顺序。当前，我们可以采取的措施是，先针对已有的产品弥补市场调研环节，在市场调研的基础上再修正营销策略。一个科学的市场调研能够准确检测某一营销组合是否能将公司现有机会效益最大化（销售额、利润、客户满意度和价值）。

任何一个科转项目都不能照搬同类产品的营销组合方案，毕竟线下销售的资源都是因创业者而异的，只有充分认识到自身的市场资源优势，才能将营销组合最优化，而这一切的前提都是先拥有一份准确且具有深度的市场调研报告。

① 帕拉苏拉曼，格留沃，克里希纳．市场调研［M］．2 版．王佳芥，应斌，译．北京：中国市场出版社，2009：7.

三、评估营销计划的有效性

一家新公司要想取得成功，必须定期监测此前制定的产品营销策略的落地实效，这就是评估营销计划的有效性。在工商管理学中，将评估及此后的修正行为统称为控制。控制是指获得市场反馈并采取行动，并对产品或服务要素进行改善的活动。

控制是计划和决策的重要组成部分，控制的有效实施必须建立在市场调研的基础上。新创立的公司要让产品取得市场营销的成功，必须定期实施控制行为，以确保计划和决策的科学性。控制的常用手段为分析消费者反馈和采用问卷调查。比如：产品的市场份额是多少？当前，该产品市场份额正在上升、下降还是持平？谁是产品的真实用户，真实用户的共同特征是什么，其真实的购买意向是什么？与市场调研前评估的需求目标是否吻合？导致不吻合的具体原因是什么？

一家新公司的 CEO 必须不断评估营销计划的有效性，进行深度市场调研，获取足够真实客观的信息，只有在这个基础上，才能得出精准的评估方案，从而实现营销策略的不断迭代。

小案例：爱尔兰的雪碧市场

可口可乐公司早在 20 世纪 90 年代初就推出了雪碧，但直到 1991 年才在爱尔兰推出。七喜公司（7 UP）是爱尔兰柠檬水饮料市场的主导者，为了与竞争对手抗衡，可口可乐公司试图激活雪碧品牌，便邀请了“有影响的青少年”来探讨他们对该产品的态度、价值观以及对营销组合要素（产品、价格、分销和促销）的看法。根据调研结果调整后的营销组合非常有效。全球促销口号“渴望无限”（Image is Nothing—Thirst is Everything—Obey Your Thirsty）被参与调查的青少年广为认同，他们不仅能记住该广告，而且会根据广告改变他们的购买行为。34% 的青少年自发地回忆起雪碧的电视广告，相比之下，传统广告只有 25% 的回忆率。58% 的青少年能无障碍地回忆雪碧的户外广告，比传统标准高出 20%。雪碧的售出量是预期估计数字的两倍。在柠檬汽水细分市场，雪碧从主要竞争对手中赢得了 15% 的份额，来自消费者和零售商的强势需求激励可口可乐公司推出大瓶装产品，如 2 升瓶装，比最初的时间表提前了 6 个月。①

从该案例中，我们不难发现，雪碧在爱尔兰能够抢占一定的市场份额，与决策

① 帕拉苏拉曼，格留沃，克里希纳．市场调研［M］. 2 版．王佳芥，应斌，译．北京：中国市场出版社，2009：8.

者通过深度市场调研不断评估营销计划是息息相关的。如果不对目标客户“有影响的青年”展开讨论，是无法获得年轻消费者新近且真实的信息反馈的，也就无法找到营销方案迭代的最佳解决方案。通过这样的深度讨论，可口可乐公司获得了年轻消费群体接受广告的主要渠道，并有针对性地调整了雪碧广告的内容和传播渠道，制定了一组新的营销策略，这种来自目标客户反馈端的新营销策略自然更符合目标客户的接受习惯，从而加深了他们的记忆，并由此引发他们的购买行为。

综上，作为创业学习者，我们要意识到市场调研不仅仅是一套收集市场数据的技术，它还是创业决策者与市场之间的关键纽带。对于高校师生而言，在欠缺市场产业相关信息时，若能将这一环节视为快速弥补自身知识空白的策略，无疑更有利于其后对创新创业相关系统知识的理解，获得最佳学习效果，从而提升科转项目落地的成功率。同理，如果我们不重视此环节的落地，此后的学习便会大打折扣，其效果必然是适得其反的。

另外，市场调研还能帮助高校创业团队发现和解决在实验室无法解决的各种问题，减少创业团队每一步决策的不确定性，提高研发决策的质量，从而提高科研效率。

第二节　市场调研的流程

本节重点为高校师生梳理市场调研的具体流程，便于创业初学者快速掌握科学的实践操作步骤。请大家务必注意各流程相互间的高度关联性，尤其是不要随便颠倒前后逻辑顺序。一个完整科学的市场调研流程主要包括以下 10 个步骤。

一、评估市场调研的必要性

对于一个创业团队而言，任何一次市场调研都意味着人、财、物的支出。创业早期，许多创业公司不愿意做市场调研，一般是基于两种顾虑：一是对市场调研在公司生存与成长中的作用持保留态度；二是不能评估市场调研的投入与产出是否合理。本章第一节内容解决的是创业初学者的第一个顾虑，而评估市场调研的必要性步骤解决的便是第二个顾虑。

一个创业团队在市场调研前必须对该行为的必要性做一个全面客观的评估，评估主要包含三大内容：调研的潜在作用、管理者对调研的态度、执行调研结果所需要的资源。这三大要素都与调研项目的成本和收益间接相关，每个因素都在讨论市场调研是否有必要开展，不同的调研目标最终决定了如何衡量调研收益。只有当调研项目的主要目标和主题确定后，调研所需的总成本才相对容易估算。如果调研者对调研目标及主题不清楚，便无法对项目成本做准确的估算。

对于一个正在创业的团队而言，调研可以采用外包方式。专业的市场调研公司会直接报价，调研成本一目了然，因为调研提供者的报价即为调研成本。但是，对于一般的高校师生创业学习团队来说，市场调研是重要的学习内容，须专业的创新创业教师指导学生完成，因此，学会评估，是学习市场调研的起点。

二、明确市场调研的目的

明确市场调研的目的从正确定义调研问题或调研目标开始，即调研者要能将调研的主要问题用准确的语言表述出来，这也是衡量调研者是否专业的关键标准。著名调研专家劳伦斯・D. 吉布森（Lawrence D. Gibson）指出："正确定义调研问题将带来巨大收益——没有一项因素可以对利润产生如此大的杠杆效应。"① 如果我们能准确定义市场调研问题，就意味着我们已经发现了一个真实的市场需求问题，这种能力一般是成功创业者的标配。

如何对市场调研问题进行准确的定义呢？要识别出关于项目的众多具体市场问题，例如，产品竞争对手具体有哪些，这些产品的定价是多少，等等。

对于从未接触过创新创业知识的高校创业学习者而言，他们习惯性通过文献搜索，查阅大量与项目相关的产业报告等信息，识别出关于项目的众多具体市场问题。仅仅依靠这种方法是不够的，我们还应走进市场，面对面与调研对象进行沟通，进一步核实查阅的相关具体数据是否真实。

因此，有效沟通便成了创业学习者提高定义市场问题准确率的关键素养。有效沟通的前提是观察和倾听，最大难点是调研者不仅要带着假定存在的市场问题去求证，而且要保持高度的专注力来观察调研现场所有商业实操者的种种反应，警惕是否存在未被自身发现的假定问题。在定义市场问题阶段，如果决策者和调研者之间缺乏建设性沟通，错误定义的概率就会大大增加，因此，无目标的有效对话应该成为创业者必备的一种沟通技能。

另外，准确定义调研目标有利于创业合伙成员对具体的市场调研方案达成共识，从而大大提升市场调研的价值，极大地节省创业过程中所需的人力、物力及时间成本。正确定义市场问题也是解决营销问题的真正关键。如果市场问题定义时出现错误，那么将导致调研资源的无效运用，甚至会导致创业者做出错误的营销决定。

---

① 帕拉苏拉曼，格留沃，克里希纳．市场调研［M］. 2 版．王佳芥，应斌，译．北京：中国市场出版社，2009：28.

三、确认数据需求

当调研问题与目的被准确定义后，它们就为市场调研应该收集的数据范畴指明了具体的方向。

对于一个参加“互联网 +”大赛高教主赛道初创组的项目而言，市场调研的主要目标可能是验证实验室成型产品的真实需求，那么，接下来团队市场调研需要收集的数据就要围绕是否有消费者存在或潜在的消费者而展开。只有收集的数据都满足这一需求，才能确保市场调研的有效性，否则就是无效数据。

对于一个参加高教主赛道创意组的项目而言，市场调研的主要目标可能是确认竞争对手的市场地位。以南昌大学“语众不同”项目为例，该项目致力于成为我国 PBL 沉浸式跨学科系列科普课程的引领者。与其他科转项目不同的是，这是一个完全由学生发起的创业项目，虽然它已经实施了一次小型的产品研发与销售的实验，但尚未完成完整科学的市场调研。因此，该项目市场调研的目的便是确认自身在国内市场中的竞争格局。要达到这一目的，就需要收集国内同类课程发展现状的所有数据。在收集这些数据前，创业团队必须先拟出相关的具体问题，然后针对这些问题一一进行调研。调研可包含以下具体问题：目前市场上有哪些公司正在生产同类课程？销量最大的课程有哪些？课程的设计特色是什么？具体包含了哪些 PBL 教育设计元素，是否全部覆盖了这三大要素？这些课程的主要应用场景是什么？此类课程的目标消费群体画像如何？此类课程的定价区间如何？家长对现有课程的质量、价格和效果有什么评价？与该类课程最接近的其他课程有哪些？涉及调研目标的相关问题越具体，数据需求的获取就会越全面，后期的决策就会越准确。

一旦获得了具体的数据，接下来，就可以确认数据的真实性了。

四、确认数据来源

用于市场分析的数据主要有两类：原始数据和二手数据。

当二手数据无法获得或不相关、不正确的情况下，市场调研者必须收集原始数据。不是所有的数据都是现成的。比如，“语众不同”研发的课程是否符合家长的预期，相关数据只有通过与家长直接接触才可以获得。为特定调研目的收集的数据被称为原始数据。收集原始数据需要耗费调研者大量时间和精力

一般情况下，二手数据是事实数据（如产品往年销售量），可以通过其他渠道收集并获得。对于高校创业团队而言，虽然在前一个环节着重强调过不要找第三方来

替代市场调研，但这并不意味着在确认数据环节也不可以使用二手数据。许多创业项目在初创期，完全可以通过查找第三方产业报告来搜索相关数据。比如，与创业项目同类的公司的市场份额数据可以从商业调研机构获得，许多咨询公司都提供这样的服务。

五、选择设计和数据收集模式

在确定调研目的和需要收集数据的性质后，调研者必须选择适当的调研设计，该设计选择会影响它在项目其他部分中承担的任务。调研设计分探索性调研和结论性调研两大类。

探索性调研（exploratory research）帮助调研者获得初步的洞察，并为以后的调研铺平道路。比如，创业团队关于准确定义市场问题的调研就是一种探索性调研。这类调研是为了获得与项目相关的市场需求洞察，也是高校科转项目落地过程中最容易忽视的环节。许多科转产品之所以很难获得市场，是因为落地前未曾对产品的市场需求进行过探索性调研，便认定为市场必定存在。只有通过调研少量同类产品客户，至少与分销商进行过多次非正式讨论，才能确认市场存在的概率。

结论性调研（conclusive research）帮助调研者确认初步的洞察并选择适当的行动路线。结论性调研可以是描述性的或体验性的。例如，教育公司试图获得消费者的人口统计描述，它可以对消费者开展正式的、结构式的调研。该数据收集方式传统上被称为描述性调研（descriptive research）。

六、设计调研工具或方式

在收集原始数据时，设计数据收集工具或方式是非常必要的。原始数据一般通过访问和观察两种方式进行收集。不论采用哪种方法，必须设计用于记录收集数据的工具，如果工具不合理，不便于操作，就会影响数据的质量和性质。

调研工具的设计与调研性质相关。市场调研可分为定性调研和定量调研两类。定性调研（qualitative research，有时也被称为“软性调研”）是收集、分析和解释那些不能被数量化（否则将失去意义）的数据或不能用数字概括的数据。定性调研一般采用非结构询问或观察这两种方法。定量调研（quantitative research）是收集更具结构性、大规模和代表性的受访者样本，一般采用问卷调查的方式。定量调研的主要优点是数据的多样性，数据收集的时间和成本更低；可以获得的信息范畴比较广；既可揭示明显变量，又可以提供受访者感受、动机和意向以及其他非观察变量。

定性调研主要依靠询问方式或观察方式，而定量调研主要依靠问卷调查。每一种调研方式都有独特之处，我们必须针对调研数据需求匹配恰当的调研方式。比如，评估学生对奖励的反应（玩具和教育类项目需要的数据），观察法可能是收集信息的有意义方式。如果调研方式超出了受访者的接受范畴，必然难以获得有效的数据信息，这样的调研工具设计无疑是不合理的。例如，一家知名运动杂志试图了解订阅者的个人资料。该杂志设计了长度接近 10 页的问卷，邮件通知订阅者留意接收问卷并提供 1 美元作为报偿。这样的问卷调查吓跑了不少受访者。

小案例：深度访问如何帮助 Gannett 了解年轻读者

甘尼特（Gannett）是全美最大的报纸出版商之一，它希望了解为什么它的发行量在年轻人群中下降。从 2000 年起，年龄 25—34 岁读者群的数量不断下降，但是 Gannett 并不知道原因。是因为年轻读者普遍对新闻不感兴趣而不仅是报纸吗？或者可能是年轻人对新闻是感兴趣的，他们只是从其他来源获得新闻？

为揭示原因，该公司对来自不同社区的 30 个年轻人展开了系列深度访问。

访问有广泛的聚焦，询问的问题不仅包括媒体习惯，还包括参与者的生活方式。参与者也被要求拍摄与他们生活最相关的人物和地点的照片。

访问和照片都说明年轻人对新闻并没有失去兴趣。实际上，他们对这种信息仍然有很高的兴趣。但年轻人不是通过印刷媒体来获得信息，而是通过其他媒体来获得——包括电视、电子邮件、网站、无线移动设施，如手机和个人数码助理（PDAs）。大致上，调研显示，年轻人认为，比起不断增长的互动世界，印刷媒体太静止，也不鼓舞人。

该调研帮助 Gannett 了解到为迎合年轻人不断变化的口味，该机构需要改变单一的报纸出版业务，并开始转变为定制的、多媒体新闻和信息提供商。Gannett 公司总裁大卫·道格特（David Daugherty）说：“我们的读者，特别重要的是我们潜在的读者，他们改变的速度比我们快”，“我们需要更快地顺应读者对新闻和信息的需要，我们需要更能创新性地推出产品，包括我们如何将新闻和信息递送给读者”。[①]

七、确定调研样本

确定样本就是要明确到底由哪个人群或哪个单位来提供数据。样本选择正确与否会影响数据的准确性。对于一个公众态度调查项目（关于政府是否支持科学教学），原始数据的来源可能确定在“超过 18 岁个人样本”中。然而，在数据收集开

① 帕拉苏拉曼，格留沃，克里希纳．市场调研［M］．2 版．王佳芥，应斌，译．北京：中国市场出版社，2009：185.

始前，还有几个因素必须解决：本调研应该选取多少超过 18 岁的个人样本？应选择地理区域是什么？如何选择？

个人样本有概率样本和非概率样本两类。在概率样本（probability sample）中，人群的每个单位有已知、非零的出现概率。非概率样本（nonprobability sample）是概率样本之外的任何样本。[①] 在非概率样本中，调研者在选择主题时，头脑中已有特定目标（比如调研的便利性），可以根据自己头脑中的特定调研目的来选择调研主题、匹配人口统计数据，或根据之前受访者的推荐而选定本次受访者。概率样本和非概率样本各有优点和缺陷。

八、收集样本数据

样本和抽样方式确定后，下一步就是收集数据，包括任何有关的二手数据。注意，市场调研各步骤间是相互联系的，在设计样本形式和样本选取方式时就应考虑所使用的数据收集方式。

对于结论性调研而言，收集数据的主要方式是编辑（editing）。编辑是指对收集回答的完整性、一致性以及与预先确定原则的相关性开展审核工作，这样做的目的是确保数据的质量。

编辑是在原始数据阶段进行的质量控制工作，旨在及时发现和纠正数据收集中的问题。在用高深的统计技术对数据进行分析之前，研究者必须对数据有一个总体印象。

编辑之后是编码（coding），为每个问题的每种可能的答案分配一个代码。只有基于大样本和计算机化的数据分析才需要编码。数据编码分为以下几个步骤：对每一个问题的每个答案进行有意义的分类；建立相互排斥和完全穷尽的编码类别；建立一个适合于电脑分析的数据集。编码过程的下一阶段是赋值，为不同的回答分配适当的数值代码，即对不同的回答进行量化。数值编码的目的是方便电脑对不同的回答进行操作和分析。

非结构式调研的数据是不需要采用数字化方式收集的，但也必须认真整理。只有这样，才能确保数据分析与解释的准确性。

九、分析和解释数据

分析和解释数据是市场调研不可分割的一部分。在调研项目中采用的分析类型

① 帕拉苏拉曼，格留沃，克里希纳．市场调研［M］.2 版．王佳芥，应斌，译．北京：中国市场出版社，2009：34.

取决于数据的性质，而数据性质反过来又受数据收集方式类型的影响。

初步数据分析的目的是揭示所收集数据的基本特征和结构。它能为接下来的研究工作和进一步的数据分析提供有用建议。数据完整性是成功市场调研的基础。如果没有精确的数据分析作为支持，定义问题、编制调查问卷、汇报调查结果、提供建设性的意见都是不可靠的。

十、形成调研报告，作为决策参考

任何调研项目都可以分为若干逻辑步骤，起点为确定调研的价值，终点为形成分析和解释调研结果的调研报告。清晰和具有说服力的调研结果，有助于调研发起者采取进一步措施。虽然为方便起见，我们认为各调研步骤是按时间顺序发生的，但实际上一些步骤和其他步骤之间是相互独立的。调研者和决策者面临的一个主要挑战就在于他们开展调研项目之前应该通盘考虑。计划一个潜在的、有价值的调研项目需要更广阔的视野，而不是只局限于某一步骤。然而，所有的调研都包括相同的基本关联步骤。

当然，市场调研的结果并非初创企业的唯一依据，甚至我们还要警惕调研结果与实际效果可能相去甚远，这样的故事是非常多的。在市场调研中反映良好的新可乐（New Coke）实际市场表现却异常糟糕。阿诺·施瓦辛格的《小家伙》在试映时表现良好，但票房收入却非常糟糕。麦当劳在调研中发现减肥产品的需求强劲，而减肥汉堡（McLean）的销售情况却微不足道。

第三节　市场调研的主要方法

市场调研按照调研目标的确定性分为两大类：探索性调研和结论性调研。按照调研的方法性质来分，可分为定性调研和定量调研。

一、探索性调研和结论性调研

在制订创业计划过程中，初创团队在没有确定性目标前，尝试做的市场调研都属于探索性调研。探索性调研能帮助创业者寻找更多的创业机会，一般对参加创意组的项目来说，更多采用这种类型的调研方式。只有公司基本成型后，创业者具备了非常明确的调研目标，所采用的调研类型才是结论性调研，初创组和成长组项目采用的就是结论性调研。

下面这三种情景可以帮助创业者识别所设定的调研目标哪一类属于不确定性目标，适合采用探索性调研；哪一类属于确定性目标，适合采用结论性调研。

情景 1：一家以提供多样的办公室设备和用品的公司刚刚成立，创业者发现虽然该公司的产品受到了消费者的一致好评，销售额在持续增长，但利润在下降，这家公司创业团队非常忧心。

情景 2：一家提供系列独特服务的公司，这几年取得了迅速发展，虽然公司 CEO 对目前的业绩还比较满意，但管理团队却担心同行业竞争对手的升级竞争。为巩固公司的市场地位，该公司高层希望调查消费者的人口统计数据以及他们如何看待本公司的优势和劣势。

情景 3：一家定位为提供高价优质食品的高档餐厅，是一家在 8 个小型人口社区开设的连锁公司。这家公司发展了 5 年多，其品牌形象在消费者心中已经非常稳定，该餐厅的 CEO 想知道如果菜肴价格调低 15%，是否会促进或损害餐厅的销售收入和利润。

仔细研究以上三个情景，我们会发现它们的不同。比如，情景 1 中的潜在调研目标比情景 2 和情景 3 中公司调研目标更模糊。情景 1 市场调研的目的是协助管理人员扭转下降的利润。但是，到底哪些因素影响了利润，创业管理团队是不清楚的，因此，应开展一些初步调研以确定应该调研的问题。主要产品市场表现欠佳是产品质量下降的原因，还是销售队伍的激励措施不够？是因为无效促销导致消费者对公司和产品认识不够、品牌忠诚度较弱吗？是因为来自网络办公用品的“虚拟”提供商的竞争吗？管理层必须面对这样的问题，以准确判断未来调研最有利的途径。

初步调研也被称为“探索性调研”。探索性调研旨在发现预兆或观点，并为未来的调研提供方向。探索性调研的目的是判定调研情景的性质、确定特定目标或确定数据需要。在决策者希望决策选择的时候，探索性调研特别有用。

与情景 1 的情形不同，情景 2 和情景 3 中的调研目的和数据需求更清晰。情景 2 中的公司特别希望获得客户的人口统计数据并试图发现他们对该公司优劣势的看法。在此情形下，调研应该注重收集和分析不同地区客户的人口统计数据和意见数据。这样的调研便是结论性调研。结论性调研一般包括描述性调研和实验性调研。在决策者已经清楚地知道所需要的数据类型时，应选用结论性调研。

虽然探索性调研和结论性调研有不同的目的，但两者包含相同的调研组成成分。它们只是在组成部分的正式程度和灵活性上有所区别，如表 3-1 所示。

表 3-1 探索性调研和结论性调研的不同之处

调研项目组成	探索性调研	结论性调研
调研目的	一般；为特定情景提供观点	特定；核实观点并协助选定行动路线
数据需求	模糊	清晰
数据收集方式	开放式；粗糙	通常为结构式的
样本量	相对少；为最大限度获得远见而主观选择	相对多；为实现调研结果的演绎而客观选择
数据收集	灵活；无特定程序	正式；典型为数量性的
推论 / 建议	更多为实验性而非最终的	更多为最终的而非实验性

二、定性调研和定量调研

市场调研的方法一般可分为定性调研和定量调研。无论是探索性调研还是结论性调研，都会用到这些共通的调研方法。在工作中，可根据实际情况采用适合的方法。定性调研的结果提供方向、见识和理解，挖掘不同个体的个性，解决“为什么”的问题，主要的调研方式有小组座谈会、深度访谈等。定量调研的结果则是具体告诉“多少”“多大”，找出群体的共性规律，解决“是什么”的问题。详见表 3-2。

表 3-2 定性调研与定量调研比较

调研项目组成	定性调研	定量调研
目的	对潜在的理由和动机求得一个定性的理解	将数据定量表示，并将结果从样本推广到所研究的总体
问题类型	探测性	有限的探测性
受访者价值	描述和了解单个受访者，以受访者为导向	将受访者视为整个市场，以问卷为导向
分析类型	主观性的、解释性的	统计性的、描述性的
样本规模	较小	较大
研究的结果	方向	量化分析或建议最后行动路线
执行人员	需要特殊的技巧	不需要太多的技巧
重复操作能力	较低	较高
对调研者的培训内容	心理学、社会学、社会心理学、消费者行为学、营销学、市场调研	统计学、决策模型、决策支持系统、计算机程序设计、营销学、市场调研
硬件条件	受访者接待室、监控室、带单面镜的座谈会议室、录音录像设备、讨论大纲	调研问卷、电脑、打印输出的结果

（一）文献搜索

文献搜索是高校师生最擅长的初级调研方法，也是形成创业系统知识的有效途径。高校创业学习者可使用此方法快速积累其最欠缺的行业现状知识。只有形成了系统的项目市场现状认知，创业团队才能快速为科转项目找到落地方向，从而精准决策产品的定位及企业未来的战略。

与市场调研相关的文献资料查阅不同于学术科研的文献资料查阅，与市场调研相关的文献资料范畴主要包括以下几类：国家统计局定期公布的行业最新发展数据、统计年鉴和政府工作报告；项目所属行业的权威产业报告；国内生产同类产品的公司的线上宣传资料；与项目产品相关的学术成果（包括权威学术文章和书籍）。这些资料搜集完后，就能大致评估出项目对标的市场需求方向了。

（二）观察法

观察法是采用人工或机械方式来观察人们在购物等消费情景中的实际行为或发生的事件。日本经理非常喜欢使用观察法，常常拜访批发商和零售商来感受市场，改善营销战略。许多美国公司基于观察法的调研来设计产品，比如设于美国密歇根州的家用电器公司——惠尔浦公司在观察全球使用者后为其产品设计了新控制设施。

根据区分差异性的不同标准，观察法可分为以下几大类。

第一，根据观察者参与程度的差异，分为自然观察和策划观察。自然观察即在真实生活情景下观察顾客的反应和行为。策划观察是由调研者人为设定环境的一种观察方法。美国尼尔森公司提供的BASES模拟测试营销（simulated test-marketing，STM）服务，就是一种策划观察，用于预测新产品在市场中可能的表现。

第二，根据收集数据使用工具的差异，分为人工观察和机械观察。随着精密信息捕捉技术的不断涌现，机械观察正迅速取代人工观察。图像监视器观察是一种机械观察，许多人认为这种方法相较于人工观察能提供更客观的信息。美国很多银行曾经大量采用录像监视系统，目的是让经理能迅速识别和更正潜在的瓶颈问题或其他事宜，为客户提供更好的服务；通过分析录像信息，评估客户排队时间的长短、客户与银行前台人员互动的次数，甚至客户在等待时观看促销材料的时间长短。该系统能将这样的影像信息转化为数字信息并加以总结，在10分钟内就可以提交给支行经理。但我们不能绝对地认为，机械观察获取的信息就比人工观察的信息更准确。不论如何开展观察，解释观察现象都是人类的职责。

第三，根据观察内容的复制性差异，观察可分为结构式观察和非结构式观察。结构式观察是明确设定调研数据要求并可以分解为独立的、清楚定义的一组类型的观察方式，这很像结构询问方式中预先对回答种类进行编号的做法。结构式观察通常比非结构式观察更容易记录和分析，但前者提供数据的深度和丰富度都不及非结构式观察。

在采用结构式观察法的调研中，最好提供一份能清楚说明具体的观察内容、有效记录所观察内容的标准表格。问卷设计所需要的措辞、排序和编排等准则同样适用于设计结构式观察表格。毕竟，结构式观察表格可以说是一份由观察人员填写的问卷。一份杂乱、使人疑惑的表格会为观察者带来麻烦，并导致数据错误。

观察法对初创公司评估以下信息非常有用：产品使用、同一顾客光顾商店的频率、有监护人陪同或无人陪同的儿童的购买行为、媒体使用、在特定网站花费的时间。

小案例：结构式观察表

一旦在陈列区前观察到任何成年顾客（任何看上去18岁或更大的顾客），请开启秒表并记录如下信息：

1. 顾客性别

   男性　　　　　女性

2. 顾客的大概年龄（18—30岁　　31—50岁　　50岁以上）

3. 与该顾客同行的人数（若没有，请到第4题）

   a. 同行的有多少成年人？　　　　b. 同行的有多少孩子？

4. 该顾客碰过或拿起了商品吗？

   a. 是　　　　b. 不是

5. 任何同行成年人碰过或拿起了商品吗？

   a. 是　　　　b. 不是　　　　c. 没有同行的成年人

6. 该顾客或同行成年人有没有带着一件或更多陈列产品离开呢？

   a. 有　　　　b. 没有

7. 总共多少件？

当该顾客及同行者，或其中任何人离开陈列区，请按停秒表。

（三）个人深度访谈

个人深度访谈是询问调研的一种方法，主要优点是获得数据的多样性，更适合定性调研。观察法只提供关于明显特征和行为的数据，而不能提供关于观点、态度或其他内在感觉的准确数据，因此，它无法揭示明显变量及其他非观察变量。

个人深度访谈适合采用非结构式问题，问题的措辞应该进行精心设计。这种调研方式不仅对调研者的要求高，而且对调研者的现场追问能力有比较高的要求。这种方法适合探索性调研。

（四）消费者消费行为问卷调查

问卷是为达到调研目的，收集必要数据而设计的一系列问题，适用于结论性调研和定量调研。

对于从未设计过问卷的人而言，设计一份问卷很简单，他可能认为，一旦他明确想要获得的信息，就能很容易地想出合适的问题，并将其编排成文。但经验丰富的调查人员却认为事实远非如此，“熟能生巧”常常是他们对问卷设计的最高期望。

任何理论规则都无法保证问卷是完美无瑕的。许多案例都说明，即使是资深调研人员设计的问卷也可能存在缺陷。我们可以通过以下小案例，来窥得问卷设计的难度。

小案例：一位实践经验较丰富的调研人员设计的问题

您认为现有的市场调研教材对大部分经济专业本科生来说足够吗？

是　　　　　　不是

若回答“不是”，请说明原因。

初看这道问题似乎没有缺点，但仔细看，还是会发现问题。不同受访者可能会有不同的理解，而且很难做出准确的回答。例如，这个问题中的“足够”究竟表达的是什么样的数量范畴呢？如果某位受访者认为有 3 本教材是“足够”的，他该回答“是”还是“不是”呢？若他觉得有 6 本是“足够”的呢？答案选项表述模糊，受访者对问题有不同的理解，都会导致诸如此类的问题产生。这道问题设计比较好的地方在于，其在答案选项中附加了“若回答不是，请说明原因”。当受访者不确定答案时，问卷为他们提供了开放式回答的机会。不过，开放式回答可能让受访者觉得很难回答，从而拒绝回答。可见，问卷设计是一项很复杂的工作。

我们从帕拉苏拉曼《市场调研》一书中提炼了一套问卷设计的标准流程，供大家参考。这套问卷设计的流程主要分为 7 大步骤。①

第一，设计问题：根据调研目标将数据需求诠释为一套具体的问题。

第二，检查问卷初稿：认真核实每个问题与调研目标是否高度相关。

第三，归类和排序问题：按照简单、同类的基本原则，将受访者的私人信息置

① 帕拉苏拉曼，格留沃，克里希纳．市场调研［M］．2 版．王佳芥，应斌，译．北京：中国市场出版社，2009：265-297.

于问卷末尾。

第四，编辑问卷的形式格式：一份整洁的问卷包含清晰的说明，问题间有充分间隔，预留合适的回答空间等。

第五，检查修改稿：问题类型是否恰当，问题用词是否贴切，编排是否可能引起误解，问卷的形式外观是否有助于轻松地收集数据，等等。

第六，测试定稿：对一小部分潜在应答者和其他能够发现设计缺陷的人员进行问卷测试。

第七，完善问卷：根据测试结果，尽量完善问卷，使问题更加全面。

总之，即便精心设计的问卷也无法避免错误，一个充斥粗糙问题的问卷更是一文不值的。

一个科学完整的市场调研要耗费的资金成本是较高的，而一般高校能提供的调研资金和资源都十分有限，这也是我国高校创业初学者不愿深度进行市场调研的主要原因。因此，借助课赛融合的模式，通过 PBL 的实训教学法，也许能吸引更多的师生积极投入到深度的市场调研中；通过探索性市场调研，帮助部分科转意向很强的师生找到真实的市场痛点，极大地提升科转成功的概率。

第四节　产业赛道与创业赛道

在我国庞大的市场中，按照投资划分的标准，产业赛道数量近千。创业初学者在不具备相关知识积累的情形下，要找准市场竞争对手是十分艰难的。只有具备了基本的产业归类标准，高校师生才能找准创业项目对标的大行业类别。本节特别梳理了当前国家重点扶持的产业分类标准与九届中国国际“互联网 +”大学生创新创业大赛的赛道细分标准，便于师生自主判断项目是否处于国家和赛事重点扶持赛道范畴，是否具备落地孵化的价值；便于师生快速确立市场调研的大方向，提高市场调研的教学和学习效率。

一、我国重点扶持的产业赛道

我国的全部经济活动划分为第一产业、第二产业和第三产业。第一产业的属性是其生产物取自自然，指农、林、牧、渔业；第二产业则是对取自自然的生产物进行加工，包括采矿业、制造业、电力、煤气及水的供应业务和建筑业；第三产业被解释为繁衍于有形物质财富生产业的无形财富的生产部门，如交通运输、仓储和邮政业，信息传输、计算机服务和软件业，批发零售，住宿餐饮，金融地产，公共设施，科教文卫，等等。根据2023年出台的《中华人民共和国国民经济和社会发展第十四个五年规划和2035年远景目标纲要》和《中国制造2025》两份文件，本教程将我国重点扶持的产业范畴归纳如下：

（一）第一产业：传统农业的转型升级方向

深化农业结构调整。推进粮经饲统筹、农林牧渔协调，优化种植业结构，大力发展现代畜牧业，促进水产生态健康养殖。积极发展设施农业，因地制宜发展林果业。深入推进优质粮食工程。推进农业绿色转型，加强产地环境保护治理，发展节水农业和旱作农业，深入实施农药化肥减量行动，治理农膜污染，提升农膜回收利用率，推进秸秆综合利用和畜禽粪污资源化利用。完善绿色农业标准体系，加强绿色食品、有机农产品和地理标志农产品认证管理。强化全过程农产品质量安全监管，健全追溯体系。建设现代农业产业园区和农业现代化示范区。

丰富乡村经济业态。推动种养加结合和产业链再造，提高农产品加工业和农业生产性服务业发展水平，壮大休闲农业、乡村旅游、民宿经济等特色产业。加强农产品仓储保鲜和冷链物流设施建设，健全农村产权交易、商贸流通、检验检测认证等平台和智能标准厂房等设施，引导农村二三产业集聚发展。完善利益联结机制，通过“资源变资产、资金变股金、农民变股东”，让农民更多分享产业增值收益。

（二）第二产业：当前我国重点鼓励发展的工业发展方向

培育先进制造业集群。推动集成电路、航空航天、船舶与海洋工程装备、机器人、先进轨道交通装备、先进电力装备、工程机械、高端数控机床、医药及医疗设备等产业创新发展。

改造提升传统产业。推动石化、钢铁、有色、建材等原材料产业布局优化和结构调整，扩大轻工、纺织等优质产品供给，加快化工、造纸等重点行业企业改造升级，完善绿色制造体系。

构筑产业体系新支柱。聚焦新一代信息技术、生物技术、新能源、新材料、高端装备、新能源汽车、绿色环保以及航空航天、海洋装备等战略性新兴产业，加快关键核心技术创新应用，增强要素保障能力，培育壮大产业发展新动能。推动生物技术和信息技术融合创新，加快发展生物医药、生物育种、生物材料、生物能源等产业，做大做强生物经济。深化北斗系统推广应用，推动北斗产业高质量发展。

前瞻谋划未来产业。在类脑智能、量子信息、基因技术、未来网络、深海空天开发、氢能与储能等前沿科技和产业变革领域，组织实施未来产业孵化与加速计划，谋划布局一批未来产业。《中国制造2025》中提到的大力推动重点领域有:（1）新一代信息技术产业：中国政府特别强调要在这个领域摆脱对外技术依赖，成为独立自主的“信息技术强国”。半导体产业投资预计将会大幅增加，中国公司对国际技术型企业的收购也会大增。（2）高档数控机床和机器人：中国目前主导着中低端数控机床市场。进一步重点推动机器产业发展将有助于促进生产率提升，同时提高制造业的技术门槛。预计到2025年（甚至更早）将有大量产品出新。（3）航空航天装备：大力提升我国航天装备发展能力，建设先进的航天科技工业体系，率先实现我国由航天大国向航天强国的突破。（4）海洋工程装备及高端技术船舶：该产业的发展有一部分同南海当前的基础设施投资有关。中国希望能在这个领域打造出强势的出口产业。（5）先进轨道交通装备：从马来西亚到俄罗斯的众多国家，中国正在加速出口铁路产品。中国政府希望提升的这个领域竞争激烈，“一带一路”倡议中的基础设施项目也将带动这个行业的发展。（6）节能与新能源汽车：这个领域的发展既符合改善中国城市空气质量的重点要求，又有助于实现长期以来（一直未能实现的）让国产汽车赢得国际认可的雄心壮志。（7）电力装备：智能电池和智能城市技术是核心与重点。（8）农机装备：我国当前正希望提高这个产业的效率，打造产品出口平台。但与汽车行业类似，这个领域的高标准有可能不容易实现。（9）新材料：我国政府将此视为真正由科研推动“发明”的关键领域。如果中国能在新材料发明与商业化方面领先世界，就不会有那么多关于“中国能否创新”的讨论了。（10）生物医药及高性能医疗器械：中国医疗器械制造近年来增长十分迅速，产品已经开始对外出口。政府进一步扶持会加速发展。

（三）第三产业：服务业的数字化转型趋势

推动生产性服务业融合化发展。以服务制造业高质量发展为导向，推动生产性服务业向专业化和价值链高端延伸。聚焦提高产业创新力，加快发展研发设计、工业设计、商务咨询、检验检测认证等服务。聚焦提高要素配置效率，推动供应链金融、信息数据、人力资源等服务创新发展。聚焦增强全产业链优势，提高现代物流、采购分销、生产控制、运营管理、售后服务等发展水平。推动现代服务业与先进制造业、现代农业深度融合，深化业务关联、链条延伸、技术渗透，支持智能制造系统解决方案、流程再造等新型专业化服务机构发展。培育具有国际竞争力的服务企业。

加快生活性服务业品质化发展。以提升便利度和改善服务体验为导向，推动生活性服务业向高品质和多样化升级。加快发展健康、养老、托育、文化、旅游、体育、物业等服务业，加强公益性、基础性服务业供给，扩大覆盖全生命期的各类服务供给。持续推动家政服务业提质扩容，与智慧社区、养老托育等融合发展。鼓励商贸流通业态与模式创新，推进数字化智能化改造和跨界融合，线上线下全渠道满足消费需求。加快完善养老、家政等服务标准，健全生活性服务业认证认可制度，推动生活性服务业诚信化职业化发展。①

二、中国国际“互联网 +”大学生创新创业大赛的产业赛道

从1978年到2015年，我国经济经历了37年GDP9.7%的高速增长。2015年，“互联网 +”第一届大赛诞生时，我国经济增长率首次下滑到7%以下。

2015年11月10日，为贯彻落实习近平总书记的新发展理念精神，中央财经委员会第十一次会议提出了“供给侧结构性改革”，而供给侧结构性改革的核心就是要提高我国产业发展的整体竞争力，淘汰落后产能，鼓励新型的高科技、绿色环保产业的发展，尤其是要大力支持以“互联网 +”为依托的新经济业态，使有限的资源能开源节流，改变我国供给体系上中低端产品过剩，高端产品供给不足的问题，实现经济的可持续发展，提高我国人民的整体生活水平。

因此，“互联网 +”大赛诞生时设计的赛道与当时国家重点扶持的产业方向息息相关：“参赛项目要求能够将移动互联网、云计算、大数据、人工智能、物联网等新一代信息技术与行业产业紧密结合，培育产生基于互联网的新产品、新服务、新业态、新模式，以及推动互联网与教育、医疗、社区等深度融合的公共服务创新。”②

几年来，“互联网 +”大赛的主要赛道集中在以下范畴（见表3-3）：

表3-3 “互联网 +”大赛赛道汇总表

届次	参赛项目类型	具体要求
第一届（2015年）	传统产业	新一代信息技术在传统产业（含一二三产业）领域应用的创新创业项目
	新业态	基于互联网的新产品、新模式、新业态创新创业项目，优先鼓励人工智能产业、智能汽车、智能家居、可穿戴设备、互联网金融、线上线下互动的新兴消费、大规模个性定制等融合型新产品、新模式
	公共服务	互联网与教育、医疗、社区等结合的创新创业项目
	技术支撑平台	互联网、云计算、大数据、物联网等新一代信息技术创新创业项目

① 中华人民共和国国民经济和社会发展第十四个五年规划和2035年远景目标纲要［EB/OL］.（2021-03-13）［2023-07-06］. https://www.gov.cn/xinwen/2021-03/13/content_5592681.htm.

② 教育部关于举办首届中国“互联网 +”大学生创新创业大赛的通知［EB/OL］.（2015-06-02）［2023-07-06］. http://www.moe.gov.cn/srcsite/A08/s5672/201506/t20150602_189532.html.

续表

届次	参赛项目类型	具体要求
第二届（2016年）	现代农业	农林牧渔等
	制造业	智能硬件、先进制造、工业自动化、生物医药、节能环保、新材料、军工等
	信息技术服务	工具软件、社交网络、媒体门户、数字娱乐、企业服务等
	商务服务	电子商务、消费生活、金融、旅游户外、房产家居、高效物流等
	公共服务	教育文化、医疗健康、交通、人力资源服务等
	公益创业	以社会价值为导向的非盈利性创业
第三届（2017年）	现代农业	农林牧渔等
	制造业	智能硬件、先进制造、工业自动化、生物医药、节能环保、新材料、军工等
	信息技术服务	工具软件、社交网络、媒体门户、企业服务等
	文化创意服务	广播影视、设计服务、文化艺术、旅游休闲、艺术品交易、广告会展、动漫娱乐、体育竞技等
	商务服务	电子商务、消费生活、金融、财经法务、房产家居、高效物流等
	公共服务	教育培训、医疗健康、交通、人力资源服务等
	公益创业	以社会价值为导向的非盈利性创业
第四届（2018年）	现代农业	农林牧渔等
	制造业	智能硬件、先进制造、工业自动化、生物医药、节能环保、新材料、军工等
	信息技术服务	人工智能技术、物联网技术、网络空间安全技术、大数据、云计算、工具软件、社交网络、媒体门户、企业服务等
	文化创意服务	广播影视、设计服务、文化艺术、旅游休闲、艺术品交易、广告会展、动漫娱乐、体育竞技等
	社会服务	电子商务、消费生活、金融、财经法务、房产家居、高效物流、教育培训、医疗健康、交通、人力资源服务等
	公益创业	以社会价值为导向的非盈利性创业
第五届（2019年）	现代农业	农林牧渔等
	制造业	先进制造、智能硬件、工业自动化、生物医药、节能环保、新材料、军工等
	信息技术服务	人工智能技术、物联网技术、网络空间安全技术、大数据、云计算、工具软件、社交网络、媒体门户、企业服务、下一代通信技术等
	文化创意服务	广播影视、设计服务、文化艺术、旅游休闲、艺术品交易、广告会展、动漫娱乐、体育竞技等
	社会服务	电子商务、消费生活、金融、财经法务、房产家居、高效物流、教育培训、医疗健康、交通、人力资源服务等

续表

届次	参赛项目类型		具体要求
第六届（2020年）	现代农业		农林牧渔等
	制造业		先进制造、智能硬件、工业自动化、生物医药、节能环保、新材料、军工等
	信息技术服务		人工智能技术、物联网技术、网络空间安全技术、大数据、云计算、工具软件、社交网络、媒体门户、企业服务、下一代通信技术、区块链等
	文化创意服务		广播影视、设计服务、文化艺术、旅游休闲、艺术品交易、广告会展、动漫娱乐、体育竞技等
	社会服务		电子商务、消费生活、金融、财经法务、房产家居、高效物流、教育培训、医疗健康、交通、人力资源服务等
第七届（2021年）	高教主赛道	现代农业	农林牧渔等
		制造业	先进制造、智能硬件、工业自动化、生物医药、节能环保、新材料、军工等
		信息技术服务	人工智能技术、物联网技术、网络空间安全技术、大数据、云计算、工具软件、社交网络、媒体门户、企业服务、下一代通信技术、区块链等
		文化创意服务	广播影视、设计服务、文化艺术、旅游休闲、艺术品交易、广告会展、动漫娱乐、体育竞技等
		社会服务	电子商务、消费生活、金融、财经法务、房产家居、高效物流、教育培训、医疗健康、交通、人力资源服务等
	职教赛道	创新类	以技术、工艺或商业模式创新为核心优势
		商业类	以商业运营潜力或实效为核心优势
		工匠类	以体现敬业、精益、专注、创新为内涵的工匠精神为核心优势
第八届（2022年） 第九届（2023年）	高教主赛道	新工科类	大数据、云计算、人工智能、区块链、虚拟现实、智能制造、网络空间安全、机器人工程、工业自动化、新材料等领域，符合新工科建设理念和要求的项目
		新医科类	现代医疗技术、智能医疗设备、新药研发、健康康养、食药保健、智能医学、生物技术、生物材料等领域，符合新医科建设理念和要求的项目
		新农科类	现代种业、智慧农业、智能农机装备、农业大数据、食品营养、休闲农业、森林康养、生态修复、农业碳汇等领域，符合新农科建设理念和要求的项目
		新文科类	文化教育、数字经济、金融科技、财经、法务、融媒体、翻译、旅游休闲、动漫、文创设计与开发、电子商务、物流、体育、非物质文化遗产保护、社会工作、家政服务、养老服务等领域，符合新文科建设理念和要求的项目
	职教赛道	创新类	以技术、工艺或商业模式创新为核心优势
		商业类	以商业运营潜力或实效为核心优势
		工匠类	以体现敬业、精益、专注、创新为内涵的工匠精神为核心优势

课后实训练习

1. 请小组讨论：为什么结论式调研问卷设计比探索式调研问卷设计更困难？

2. 请举例说明设计调查问卷的 7 大步骤为何不能颠倒顺序。

3. 请结合项目讨论：要达到什么样的调研目的，会在结论式调研中使用非结构式问题？

4. 请结合具体的项目问卷讨论：答案中的多项式选项数量与哪些因素有关？

第四章 实现技术到产品的转化

教学设计目的

将技术与产品混为一谈是导致高校师生设计的商业模式不合理的一大重要因素。只有厘清原创技术与产品在创业项目中的不同价值，才能提升商业计划的科学性，从而提高创业的成功率。另外，本章还能让学生了解科学研究对高新技术企业的价值与高新技术企业的社会价值，深化其对科研与创业的认知。

主要教学任务

1. 要求学生全面了解原创核心技术的优势。鼓励学生与研发者深度交流，充分了解原创技术小型实验或中型实验的发展现状。

2. 可带学生参观同类企业产品生产线，了解产品量产的所有流程，并结合自身的项目，讨论完善量产方案。

近些年，创新创业教育大力鼓励高校师生将创业更多倾注于科转项目。中国国际“互联网 +”大学生创新创业大赛中科转项目占比高达 50% 以上，以南昌大学为例，2021—2023 年入围校创新创业重点项目的科转项目占比达 85.7%。

不少高校科转项目在设计商业模式时，常常未能构建完整的商业闭环，它们最突出的问题是遗漏产品标准化量产这一关键环节。我们通过大量深度访谈发现，导致这一现象的原因竟然是许多科转项目创业初学者常常将原创技术等同于产品。将原创技术等同于产品会导致创业初学者对未来商业规划产生一系列误判：只考虑技术指标便判断项目对应的产业赛道，从而错失了对其他赛道的考量；视一个原创技术只能创造出一个产品，从而限定了一种技术可开发成多种产品的可能；忽视技术到产品量化的过程，忽视标准化大规模量产与实验室小规模量产的巨大差异，严重低估商业落地的难度，最终导致项目落地后出现难以预估的风险，严重阻碍了科转的进程。

可见，要增强高校师生科转的信心和成功率，必须普及相关知识，使大家既能看见纵向科研成果中原创技术对商业项目中的产品的重大价值，也能厘清两者之间的巨大差异，从而更加科学准确地理解技术与产品这两个关键要素对一个金种子创业项目的意义。

第一节 技术（原理）对产品的价值

国家高度重视科转事业发展，就是高度肯定纵向课题中原创核心技术对商业项目产品的价值。只有将更多高校实验室的科研成果与社会经济发展需求对接起来，才能发挥科研的巨大社会价值。2016年，教育部和科技部联合发布了《教育部 科技部关于加强高等学校科技成果转移转化工作的若干意见》，大力鼓励高校师生全面参与到科技成果转化这项事业中来，将更多拥有自主知识产权的高新技术快速推进市场，一方面助力我国产业的转型升级，另一方面助力我国在硬科技领域摆脱多年来被人卡脖子的窘境。

创业者须认识到原创科研成果能赋予产品巨大的价值，这能避免创业者走入商业成功与原创科研成果无关的误区。高质量创业项目要想持续具有竞争力，就必须重视原创科研成果对产品品质提升的价值。原创科研成果对产品的价值主要表现在以下三个方面。

一、原创技术（原理）是原创产品的核心基础

任何原创产品的诞生都离不开原创技术（原理），尤其是原创核心技术，这是原创产品具备持久核心竞争力的关键要素。国家大力推进高校教师进行科技成果转化，根本原因是纵向科研成果中的原创技术（原理）是最具原创产品转化潜能的知识产权客体。

知识产权是人们依法对自己的特定智力成果、商誉和其他特定相关客体等享受的权利。知识产权的客体不是有形的物质，而是智力成果或商誉等非物质性客体。[①] 高校教师通过科学研究生产出的原创技术（原理）就是一类典型的具有知识产权的成果，包含专利、原创作品等形态。因此，由科研成果中的原创技术（原理）转化成的商业产品，便具有了原创知识产权。具有原创知识产权的产品是现代企业核心竞争力的关键要素。

① 王迁．知识产权法教程［M］. 7版．北京：中国人民大学出版社，2021：3.

现代企业要保持持久的竞争力，具有原创知识产权的产品是必备要素。华为之所以受制于美国，关键原因是产品所依赖的核心技术不具备原创知识产权。值得庆幸的是，任正非早已看到原创技术在企业竞争中的重要作用，高度重视并大力投资企业原创技术研发。

不仅理工医类专业科研成果中的原创技术可以转化为产品，人文学科中的原创成果也可以创新产品。例如，教育学与新闻传播学融合的科研成果，可使得我国目前市场上的 STEAM 课程设计得更科学，能够大幅提升课程品质，极大地激发孩子们的内驱力，真正助力孩子们科学素养的提升。南昌大学新闻与传播学院的“语众不同”项目已经应用这样的成果研发出了几大系列科学课程，并在上海进行了课程落地效果测试，孩子们的学习效果反馈较好。目前，“语众不同”项目课程还在不断地测试和完善中。文化产业产品的创新高度依赖人文学科中使用量化研究方法取得的原创成果。

由此可知，任何一个学科的师生都可充分挖掘本专业的原创技术（原理），并努力将其转化成原创产品，提升或颠覆相关行业现有水平。因此，“互联网 +”大赛并非只有理工科的创业项目具备获奖潜力。

二、原创技术（原理）可降低产品的生产成本

原创技术（原理）降低产品成本一般是建立在提升产品功能或改进生产流程基础上的。例如，互联网技术诞生后，即时信息实现了跨时空传输，改变了传统信息传输的流程，大幅度降低了信息传输的交通成本，因此，信息产品的生产成本便降低了。以信息产品为主的文化公司如果不能及时跟进技术的变革、降低生产成本，很快就会在市场中失去竞争力。

人工智能技术产品 ChatGPT 发布以来，之所以对相关公司产生了巨大冲击，根本原因是生成式 AI 的两项关键技能——图像生成和语言建模取得了重大突破，可以节省传统模式化内容产品生产过程中所需的大量人力和时间成本。

此外，许多人文学科的原创理论能够用于优化创意产品的生产流程，使其标准化量产的品质更高。例如，随着媒体融合的发展，全媒体创意内容产品正在成为媒体抢占流量市场的核心产品。因为全媒体创意内容产品的生产流程高度依赖团队合作，所以要想提高全媒体创意内容产品标准化生产的品质，就必须优化团队合作的生产流程。仔细研究我们会发现，团队合作生产流程优化最终依据的是全媒体创意内容产品的叙事规律，只有遵循基本的多媒体视听叙事规律，其产品的传播效果才能得以提升，因此，融合叙事学有可能是全媒体创意内容产品生产流程优化的重要依据。

综上，不仅是理工科的原创技术（原理）可降低产品的生产成本，人文学科的理论也可以降低产品的生产成本，尤其是精神产品。

三、原创技术（原理）可改变产品竞争格局

如果原创技术（原理）能创新产品，还能降低产品的生产成本，那么改变产品竞争格局是必然的结果。承接横向课题的高校教师，他们为企业提供技术服务，其主要目的是改造产品的性能，改变产品的竞争格局，增强企业的竞争力。

以高新技术企业中的产品为例，原创技术改变这类产品的性能往往是建立在改变产品零部件构造或机理基础上的，这种改变会触发生产流程的改变、零部件供应商的改变等，尤其是对零部件供应商的影响，随之会打破整个产业传统的产销供应链格局，因此，一个原创技术是有可能导致一个产业发生连锁反应的。

2021 年，获得江西省“互联网 +”大赛银奖的“慧救亿生”项目，其原创技术就存在打破传统公共卫生医疗救护设备供应格局的可能性。南昌大学软件学院的刘捷教授开发了一套使用 VR 虚拟技术提升心肺复苏急救技能的设备，学习者能快速准确地掌握这套急救技术。经过多年研发，产品不断迭代，现有设备已能实现任何初学者都可自主学习和练习心肺复苏的技能。同时，项目在落地过程中，还构建了一个完整的从手机端到后端大数据管控总台的呼救系统，配套了具有一键呼救和救援引导两大功能的“慧救”App。一个完整的呼救生态系统被构筑起来之后，最终解决的是社区急救与老年人康养的问题。因此，这套基于原创技术的解决方案一经江西省红十字会使用便引发了多方的高度关注，目前，这套解决方案正在全国红十字会推广，这将极大地改变我国公共卫生医疗器具行业的发展现状。

与科技领域相关的众多行业之所以对学术界的创新成果保持高度的关注，也是基于原创技术潜在的颠覆产业格局的作用。2023 年 3 月 8 日，罗彻斯特大学的 Dias 团队宣称发现了接近常压的室温超导体，这种超导体在大约 10kbar（也就是 1GPa，约相当于 1 万个大气压）下可以实现约 294K（也就是约 21℃）的室温超导电性。这一新闻立即引爆全球科学界，原因在于这一原创技术可能颠覆现有的许多产业格局，对整个人类社会的生产生活产生重大影响。

如果该技术被证明可重复实验，人类就可制造出常压下的室温超导材料；如果将这种材料应用于电力行业，将改写特高压输电技术，人类将不再需要变电站，可直接使用直流电，彻底颠覆整个输电行业的核心产品。显然，这是一个能打破传统产业产销供应链格局的原创技术。

我国已全面进入鼓励高新技术科转的时代，创新型科技发明在企业的成长速度正在赶超高校，企业正在成为科技创新的生力军。高校只有奋起直追，才能保持自

身在科学研究领域的独有优势。

第二节 技术（原理）与产品的不对等关系

对于高校师生而言，在科转项目落地过程中，最容易忽视技术与产品在创业项目中的不同价值，他们常常将技术与产品画等号，从而严重影响科转项目的商业化进程。

导致这一认知误区的原因：一是许多高校师生未成体系地学习过“互联网＋”大赛的评价标准，常常将其与科研项目的评价标准混为一谈；二是许多项目的产品还处于实验室小试或中试阶段，未进展到成熟的产品阶段，未走向市场，难以看见技术与产品的差异。

为助力高校师生深度认知技术与产品的差异性，充分了解某一企业的价值，形成科学系统的创业认知，避免因忽视产品而导致的一系列商业漏洞，本节我们总结了一些技术与产品的差异性，具体表现如下。

一、技术原创不等于产品原创

技术原创不等于产品原创，核心标志就是科转创业项目的创新性可包含技术创新与产品创新。因此，商业项目计划书中的产品性能指标与实验数据是不一致的。在商业项目计划书中，我们常常看到十分完美的数据，而这些数据可能只是一次实验数据，当一些创业专家对这些数据提出质疑时，师生们会觉得十分委屈，认为专家们不认可他们的科学实验成果。之所以师生们会产生这种误解，最主要的原因是他们呈现的是原创技术在实验室被验证的数据，非产品量产后的性能数据，而投资人或企业家们关注的是产品性能指标数据。如果我们在原创技术数据指标上再推导出产品性能，投资人或企业家们才能理解项目的价值。

由图 4-1、图 4-2 两个项目路演 PPT 可见，它们是典型的只提供原创技术数据，而不提供产品性能数据的项目。分析这些数据，我们会发现使用者采用的技术数据并不严谨，这也是导致投资人等专家质疑的根源。技术数据的严谨性直接决定了产品性能，同时，这也是产品能否达到消费者预期的重要参考指标，是创业者诚信素养的直接体现。因此，即使技术数据与产品性能数据有较大的差异，技术数据也应遵循严谨的科学研究规则。

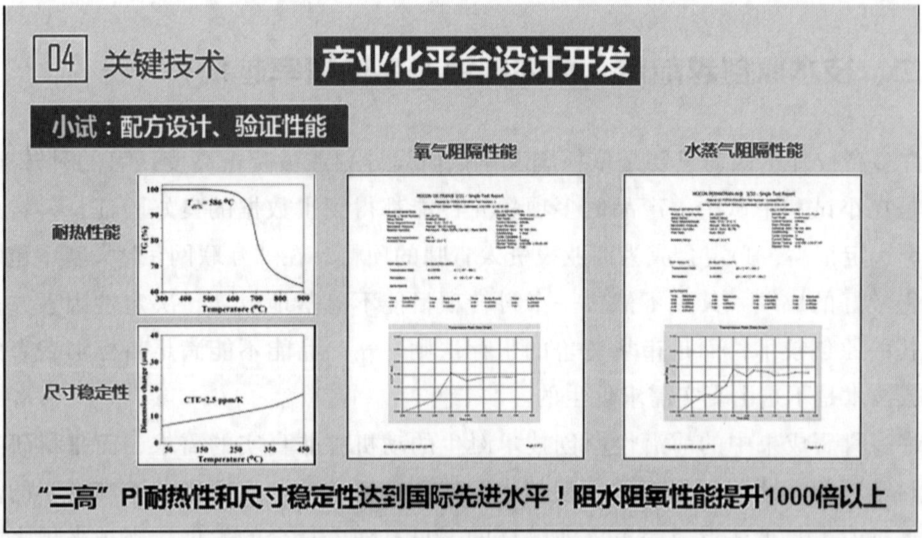

图 4-1 某项目路演 PPT

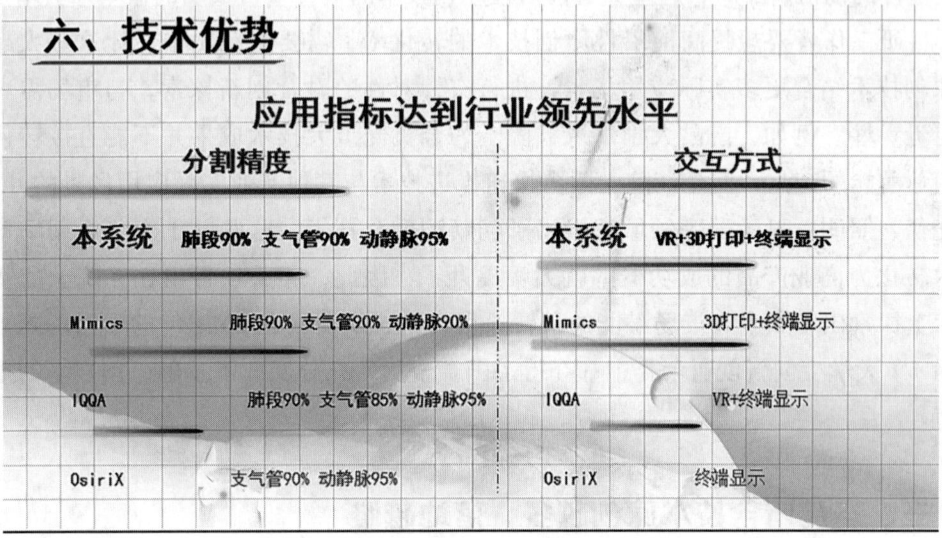

图 4-2　某项目路演 PPT

如何才能实现从技术数据到产品性能数据的转化呢？这须创业者深谙原创技术的基本原理，同时须对两者进行严谨的转化测算。例如，我们在指导 2020 年中国国际“互联网 +”大学生创新创业大赛金奖项目“气炭创循”的过程中，就对涉及设备性能的每一项原创技术进行了多轮测算，这不仅保证了原创技术实验室数据的准确性，也确保了产品性能数据测算的严谨性。

二、技术原创越前沿，成为畅销产品的概率越低

许多高校师生认为只要是依托国家重点研发计划或被院士高度认可的科转项目，尤其是在小试和中试中，产品的多项领先性能都得到了数据的良好验证，科转成功的概率一定很高，必定会成为商业投资人青睐的项目，在“互联网 +”大赛中也一定能获得较好的成绩。其实不然，一个科转项目能不能落地成功，决定性因素并非其所依托的原创技术，而是市场竞争的生存法则——产品能不能满足目标消费者的需求，或技术是不是由真实需求促生的。

许多科研成果中的前沿性原创技术诞生的动机并非真实的需求，而是科研工作者的科学理想，这些理想往往是超越当下普通人需求的。当原创技术离真实的需求十分遥远时，是无法形成完整商业闭环的。只有随着社会的发展，当越来越多的人都有经济实力可以消费得起，或者随着人们认知的不断变化，有一定数量的人愿意接受这样的前沿产品时，这些具有前沿性原创技术的科转项目成功的概率才会增加。

科研工作者要想提高前沿性原创技术的转化率，需要主动出击，让这些太超前的原创技术结合更多实际应用场景，进行有针对性的融合创新探索，与市场需求靠得更近一些。例如，南昌大学江风益院士的金黄光重大技术成果并不能直接转化为有商业潜能的产品，但是江院士团队快速推进技术与其他产业实际应用场景的开发，在光伏、照明、显示器等领域都推出了创新型融合技术，这些基于产业应用场景的技术转化为商业产品的成功概率就大幅提升了，因此，相关项目组在江院士的基础技术上探索出了 5 个有市场潜能的科转项目，这 5 个项目在 2021 年的中国国际“互联网 +”大学生创新创业大赛中都夺得了国赛金奖，充分发挥了基础原创技术的重大价值。

三、产品所含技术原创越多，落地越难

科研成果中的原创技术（原理）可能成为商业项目产品落地的障碍，是由科研工作者思维习惯导致的认知误区造成的。高校师生常常认为，将科研成果中的原创技术转化成产品，技术越多越好，越先进越好。其实，这是违背基本商业规律的。我们在生活中常常发现这样的科技产品，因其功能繁多，增加了消费者应用的难度，降低了消费者的体验感，导致市场销售未能达到预期。

科技工作者出身的创业者都有技术控的倾向，在创业过程中，创业者务必高度警惕这种认知，避免将商业项目置于绝境。小米创始人雷军就曾经在创业初期为这样的错误承受过巨大的失败。雷军的创业团队押上全部家底，抽调几乎所有的程序

员没日没夜干了3年，开发了金山盘古办公系统，但是这一办公系统上市后销量十分惨淡。他们又坚持了1年时间，依然毫无起色，在被逼入绝境的时候，雷军选择了亲自到店卖货，结果7天的卖货经验让他发现盘古之所以难以获得市场认可的关键原因——过于重视技术而忽视了用户需要。第二次，他开发“电脑入门”软件时便将用户需求作为第一要素，“电脑入门”软件很快便得到了很多用户的认可。今天许多高校师生创业者也在犯同样的错误，他们都是基于科研工作者对原创技术的习惯性高度认可，忽视了创业是一个跨界的行为，必须遵循商业的基本规律这一问题。

逸动科技创始人陶师正带领的创业团队4个人都是技术控，他们研发的第一款产品是电动船外机。当时电动船外机市场最大的动力是4 000瓦，他们花了两年的时间把6 000瓦的电动船外机打磨了出来，并把它带到荷兰的一个展会上，让国外的一些客户大吃一惊。但随后，陶师正发现所有人都问他同样一个问题：有没有1 000瓦的产品？回国后，他们4个人就“到底应该继续把6 000瓦的产品做下去，还是立刻停下来，着手做一款1 000瓦的产品”展开了非常激烈的争论。明月湖国际智能产业科创基地创始人、香港科技大学李泽湘教授的一句话点醒了他们：作为一家公司，最重要的事情是先要存活下来。①因为这句话，这个技术出身的团队才少走了很多弯路，及时转向了市场需求，规避了原创技术的理想成为创业障碍的可能。

2021年3月，逸动科技宣布完成亿级B轮融资，由华侨城华鑫领投，深圳高新投、东莞金控等跟投。2021年11月，逸动科技宣布完成B+轮融资，由光速中国领投，老股东跟投，融资金额达数亿元。2021年逸动科技产品全球销量超过1.5万台，销量增长超过200%。目前，逸动科技的业务以海外C端市场为主，海外C端市场收入占总营收的80%以上，销售网络已覆盖欧洲、北美洲、大洋洲及东南亚等60多个国家和地区，旗下电动船外机产品在细分市场占据一定市场份额。

第三节　技术转化成产品的难点

高校师生在创业中常常遭遇技术转化成产品的诸多难题，这往往是由一些认知误区导致的。例如：让新技术产品适应消费者的需求是对科学家的不尊重；原创技术指标越好，产品就越先进，市场销量就一定会越好；现在的产品销售都通过线上广告解决，只要与第三方宣传媒体合作就够了；实验室的测试产品性能好，对外销

① 央视《对话》关注两江新区明月湖：打造科创梦工厂［EB/OL］.（2023-05-07）［2023-07-06］. https://business.sohu.com/a/673555060_121106884/2023.5.7.

售的产品性能也一定好；等等。导致这些错误认知的原因主要有二：一是科研思维与产品思维不同，在创业过程中，科研思维转换成产品思维是需要一段时间转换训练的；二是缺少成体系的商业知识。

本节归纳了高校师生在这一关键环节常忽视的重要问题，以提升创业者技术到产品转化的学习成效。

一、产品需在真实应用场景中测试

刚研发出的新产品只有在真实的应用场景中测试，才能使产品性能更加稳定，质量更加可靠。拥有一个定位“正确”的产品，对创业成功至关重要。拥有一个定位“正确”的产品，仅靠深度的市场调研是不够的。做过深度市场调研仍然失败的产品有很多，对它们解剖后发现：这些失败的产品调研测试大多都不在真实的市场中进行，而是在一个虚构或模拟的市场环境中进行的。

高校科转项目中的产品测试大多在实验室完成，而实验室无疑是一个虚构环境，不是一个真实的市场环境，因此难以获得有价值的产品量产后需提升的指标、应对的问题等相关信息。教育部倡导的双创教育构建产学研协同创新的路径，就是希望学校能大力支持创业团队走出校门，与相关企业和地方政府合作，让初代测试产品走进真实的市场环境中，获得更多有价值的问题反馈，制订更科学的商业计划，从而降低产品面市后滞销的风险。

2020 年，南昌大学的“气炭创循”项目仅用 8 个月便形成完整的商业规划，就是因为学校创新创业学院搭建平台，使该项目初代产品具备了在真实市场环境中测试的重要条件。项目的主打产品——一台酒糟处理设备，在目标客户泸州老窖酒厂完成了一年的中试，完成了面对真实客户需求的测试，测试中反馈的众多问题成为该项目商业规划的重要依据。

如果项目还停留在技术研发阶段，未能生产出测试样品，高校师生可以借助横向课题与企业合作的机会，利用自身的技术优势，先研发出一个具有市场需求潜力的新样品，然后通过“互联网 +”大赛和双创实训课程，在学习创新创业知识过程中不断推进产品在真实市场的测试。对于我国目前许多不具备生产实验设备的高校教师来说，这一举措可能是其实施科转成本最低的一条路径。

只有医药行业项目存在一些特殊情况，产品无须具备真实的市场场景测试数据也能融资或参赛，它们只需要完成小白鼠实验数据就行。这是因为药品和医疗设备的开发周期长，且需要大量资金，不一定需要初代产品被生产出来。

二、需规划量产的生产流程

只有量产成本被测试后，才能验证项目是否真能提高生产效率，降低生产成本。参赛的许多科转项目，在商业计划书中不仅忽视了产品成熟的重要性，而且没有对产品如何实现量产做规划，许多项目采用生产外包的商业模式，在竞品分析中得出产品比竞争对手的产品更物美价廉的结论。

如果一个创业项目缺少量产的生产流程规划，意味着产品的成本核算很可能是极不准确的。在比赛答辩环节提及产品成本时，大概有七成参赛者尚未弄清产品成本的核算方法，大部分项目只测算了实验室产品的成本耗费，这样测算出来的成本比量产后的成本一定便宜很多，因为他们将生产线成本遗漏了。因此，这必然无法说服投资人，无法让投资人相信产品具有物美价廉的竞争优势。要知道，投资人只有明确如何实现量产的具体过程，才能判断产品的品质和成本如何得以保障，才会对项目产生信任感。

很多创业学习者会问："我们早期没有购买生产设备的能力，只能借助别人的生产线，怎么不能外包呢？"创业初期，生产外包是一种可行的方案，但商业计划书要呈现一家新公司未来 3—5 年进行的科学规划，创业者必须考虑公司常态经营下的生产模式。公司要想保持长久的核心竞争力，就必须保障原创产品的知识产权安全，规划属于自己的量产生产流程其实是保护产品知识产权的一种措施。

在与其他企业进行生产合作的过程中，只要认真观察外包服务商的生产车间，虚心请教，创业者就能快速获得生产线量产的相关信息。

我国文化产业一直忽视原创产品量产流程标准化问题，这是我国电影、电视剧、动漫等文化产业在全球难以形成影响力的重要原因之一。美国的影视业之所以能在全球拥有巨大的竞争力，与其高度重视原创内容产品标准化流程是息息相关的；文化产业工业化生产，一直是其对原创内容产品降本增效的重要举措。

原创内容产品生产流程化，需要在产品形成的过程中探究规律。任何内容产品都有其固定的形态，而这些固定形态都可以转化成标准化的生产环节。当然，只有全流程参与内容生产的人才能设计出科学的标准化生产流程，这对人的综合素养要求是非常高的，因此，文化创意项目一直在中国国际"互联网 +"创新创业大赛中难以形成规模，与高校现阶段缺乏这样的创意人才是息息相关的。

创新创业教育的目标之一是赋予学习者科学规划的能力，即能够预测公司未来可能面临的风险挑战，并提前规划好科学的解决预案。只有这样，创业者在风险出现时，才能较快地找到解决方法，从而快速地优化生产流程，提高生产效率，降低生产成本。双创教育的最终目的是让学习者意识到：科学规划能使创业的成功率大幅提升。

三、需规划量产后的小样本供应模型

许多高校创业项目负责人很难理解技术与产品的差异，与未规划项目量产后的完整供应链模型有关。量产的完整供应链模型必须建立在充分了解行业发展现状的基础上，只有找到了优质的原材料供应商，产品的品质和价格才能得到最基本的保障，才有赢得目标客户信赖的可能性。如果不考虑量产，就意味着没有考虑产品如何获得客户的肯定，也就意味着创业者依然停留在技术占主导地位的思维中。

创业者在设计项目规划时，仅意识到产品的重要性、懂得量产环节的关键作用还不够，一定要规划出完整的供应链模型。只有在规划量产的完整供应链模型时，创业者才会自然而然地思考以下具体问题：量产所需的原材料从哪里购得？谁家的原材料价格和品质更符合产品的需求？当产品达到一定的销量时，原料能保证源源不断地供给吗？筹备一条完整的生产线需要购买哪些公司的设备，这些设备的性能是否兼容？我们自己产品的技术如何保护？产品品质如何保证稳定性？只有系统考虑过这些问题彼此之间的逻辑关联性，技术转化成产品的成功概率才会得到极大的提升，否则，技术转化成产品的成功概率是很低的。

在创业规划中，构建完整的供应链模型，直接目的是确保产品能适应瞬息万变的供需市场。只有产品经得住市场供需的考验，企业活下来的概率才会得到极大的提升。如果产品的抗风险能力很差，企业活下来的概率一定很低。因此，对于高校创业师生而言，这个创业认知是需要普及的。很多技术出身的创业者对于瞬息万变的市场认知是较少的，极容易忽略这个问题，从而很难认同商业规划中做好量产供应链模型的必要性。这也是目前许多商业计划书中创新性难以阐释出深度、说服投资人的一大痛点，希望师生们能充分重视起来。

第四节　鼓励科技成果转化的政策

我们在指导项目落地的过程中发现，阻碍高校师生将技术转化成产品的影响因素还包括他们对我国当前科技成果转化的相关政策知之甚少。在此，特将权威的纲领性文件放在本节中，便于参赛者、学习者仔细研读。

教育部 科技部关于加强高等学校科技成果转移转化工作的若干意见[①]

各省、自治区、直辖市教育厅（教委）、科技厅（科委），新疆生产建设兵团教育局、科技局，教育部直属各高等学校：

为深入贯彻落实《中共中央国务院关于深化体制机制改革加快实施创新驱动发展战略的若干意见》、《中共中央关于深化人才发展体制机制改革的意见》和《中共中央办公厅关于印发深化科技体制改革实施方案的通知》精神，推动高校加快科技成果转移转化，依据《中华人民共和国促进科技成果转化法》、国务院《实施〈中华人民共和国促进科技成果转化法〉若干规定》和国务院办公厅《促进科技成果转移转化行动方案》，结合高校实际，提出如下意见：

一、全面认识高校科技成果转移转化工作。科技成果转化是高校科技活动的重要内容，高校要引导科研工作和经济社会发展需求更加紧密结合，为支撑经济发展转型升级提供源源不断的有效成果。高校要改革完善科技评价考核机制，促进科技成果转化。高校科技成果转移转化工作，既要注重以技术交易、作价入股等形式向企业转移转化科技成果；又要加大产学研结合的力度，支持科技人员面向企业开展技术开发、技术服务、技术咨询和技术培训；还要创新科研组织方式，组织科技人员面向国家需求和经济社会发展积极承担各类科研计划项目，积极参与国家、区域创新体系建设，为经济社会发展提供技术支撑和政策建议；高校作为人才培养的主阵地，更要引导、激励科研人员教书育人，注重知识扩散和转移，及时将科研成果转化为教育教学、学科专业发展资源，提高人才培养质量。

二、简政放权鼓励科技成果转移转化。高校对其持有的科技成果，可以自主决定转让、许可或者作价投资，除涉及国家秘密、国家安全外，不需要审批或备案。高校有权依法以持有的科技成果作价入股确认股权和出资比例，通过发起人协议、投资协议或者公司章程等形式对科技成果的权属、作价、折股数量或出资比例等事项明确约定、明晰产权，并指定所属专业部门统一管理技术成果作价入股所形成的企业股份或出资比例。高校职务科技成果完成人和参加人在不变更职务科技成果权属的前提下，可以按照学校规定与学校签订协议，进行该项科技成果的转化，并享有相应权益。高校科技成果转移转化收益全部留归学校，纳入单位预算，不上缴国库；在对完成、转化科技成果做出重要贡献的人员给予奖励和报酬后，主要用于科学技术研究与成果转化等相关工作。

三、建立健全科技成果转移转化工作机制。高校要加强对科技成果转移转化的

① 教育部 科技部关于加强高等学校科技成果转移转化工作的若干意见 [EB/OL] .（2016-08-05）[2023-04-19] . http://www.moe.gov.cn/srcsite/A16/moe_784/201608/t20160819_275699.html.

管理、组织和协调，成立科技成果转移转化工作领导小组，建立科技成果转移转化重大事项领导班子集体决策制度；统筹成果管理、技术转移、资产经营管理、法律等事务，建立成果转移转化管理平台；明确科技成果转移转化管理机构和职能，落实科技成果报告、知识产权保护、资产经营管理等工作的责任主体，优化并公示科技成果转移转化工作流程。

高校应根据国家规定和学校实际建立科技成果使用、处置的程序与规则。在向企业或者其他组织转移转化科技成果时，可以通过在技术交易市场挂牌、拍卖等方式确定价格，也可以通过协议定价。协议定价的，应当通过网站、办公系统、公示栏等方式在校内公示科技成果名称、简介等基本要素和拟交易价格、价格形成过程等，公示时间不少于 15 日。高校对科技成果的使用、处置在校内实行公示制度，同时明确并公开异议处理程序和办法。涉及国家秘密和国家安全的，按国家相关规定执行。

科技成果转化过程中，通过技术交易市场挂牌、拍卖等方式确定价格的，或者通过协议定价并按规定在校内公示的，高校领导在履行勤勉尽职义务、没有牟取非法利益的前提下，免除其在科技成果定价中因科技成果转化后续价值变化产生的决策责任。

四、加强科技成果转移转化能力建设。鼓励高校在不增加编制的前提下建立负责科技成果转移转化工作的专业化机构或者委托独立的科技成果转移转化服务机构开展科技成果转化，通过培训、市场聘任等多种方式建立成果转化职业经理人队伍。发挥大学科技园、区域（专业）研究院、行业组织在成果转移转化中的集聚辐射和带动作用，依托其构建技术交易、投融资等支撑服务平台，开展技术开发和市场需求对接、科技成果和风险投资对接，形成市场化的科技成果转移转化运营体系，培育打造运行机制灵活、专业人才集聚、服务能力突出的国家技术转移机构。高校要充分利用各级政府建立的科技成果信息平台，加强成果的宣传和展览展示；鼓励科研人员面向企业开展技术开发、技术咨询和技术服务等横向合作，与企业联合实施科技成果转化。

五、健全以增加知识价值为导向的收益分配政策。高校要根据国家规定和学校实际，制定科技成果转移转化奖励和收益分配办法，并在校内公开。在制定科技成果转移转化奖励和收益分配办法时，要充分听取学校科技人员的意见，兼顾学校、院系、成果完成人和专业技术转移转化机构等参与科技成果转化的各方利益。

高校依法对职务科技成果完成人和为成果转化作出重要贡献的其他人员给予奖励时，按照以下规定执行：以技术转让或者许可方式转化职务科技成果的，应当从技术转让或者许可所取得的净收入中提取不低于 50% 的比例用于奖励；以科技成果作价投资实施转化的，应当从作价投资取得的股份或者出资比例中提取不低于 50% 的比例用于奖励；在研究开发和科技成果转化中作出主要贡献的人员，获得奖励的份额不低于总额的50%。成果转移转化收益扣除对上述人员的奖励和报酬后，应当主要用于科学技术研发与成果转移转化等相关工作，并支持技术转移机构的运行和发展。

担任高校正职领导以及高校所属具有独立法人资格单位的正职领导，是科技成果的主要完成人或者为成果转移转化作出重要贡献的，可以按照学校制定的成果转移转化奖励和收益分配办法给予现金奖励，原则上不得给予股权激励；其他担任领导职务的科技人员，是科技成果的主要完成人或者为成果转移转化作出重要贡献的，可以按照学校制定的成果转化奖励和收益分配办法给予现金、股份或出资比例等奖励和报酬。对担任领导职务的科技人员的科技成果转化收益分配实行公示和报告制度，明确公示其在成果完成或成果转化过程中的贡献情况及拟分配的奖励、占比情况等。

高校科技人员面向企业开展技术开发、技术咨询、技术服务、技术培训等横向合作活动，是高校科技成果转化的重要形式，其管理应依据合同法和科技成果转化法；高校应与合作单位依法签订合同或协议，约定任务分工、资金投入和使用、知识产权归属、权益分配等事项，经费支出按照合同或协议约定执行，净收入可按照学校制定的科技成果转移转化奖励和收益分配办法对完成项目的科技人员给予奖励和报酬。对科技人员承担横向科研项目与承担政府科技计划项目，在业绩考核中同等对待。

科技成果转移转化的奖励和报酬的支出，计入单位当年工资总额，不受单位当年工资总额限制，不纳入单位工资总额基数。

六、完善有利于科技成果转移转化的人事管理制度。高校科技人员在履行岗位职责、完成本职工作的前提下，征得学校同意，可以到企业兼职从事科技成果转化，或者离岗创业在不超过三年时间内保留人事关系。离岗创业期间，科技人员所承担的国家科技计划和基金项目原则上不得中止，确需中止的应当按照有关管理办法办理手续。高校要建立和完善科技人员在岗兼职、离岗创业和返岗任职制度，对在岗兼职的兼职时间和取酬方式、离岗创业期间和期满后的权利和义务及返岗条件作出规定并在校内公示。担任领导职务的科技人员的兼职管理，按中央有关规定执行。鼓励高校设立专门的科技成果转化岗位并建立相应的评聘制度。鼓励高校设立一定比例的流动岗位，聘请有创新实践经验的企业家和企业科技人才兼职从事教学和科研工作。教育部将组织高校开展将企业任职经历作为新聘工程类教师必要条件的试点，加大对应用型本科和高职院校专业教师在校企之间的交流力度。

七、支持学生创新创业。探索建立以创新创业为导向的人才培养机制，完善产学研用结合的协同育人模式。支持高校与企业、研究院所联合建立学生实习实训和研究生科研实践等教学科研基地，提高学生创新创业实践能力。推动国家大学科技园为学生创新创业提供力所能及的场地、信息网络和商事、法律服务，建立微创新实验室、创新创业俱乐部等，发展众创、众包、众扶、众筹空间等新型孵化模式。

鼓励国家大学科技园组织有创业实践经验的企业家、高校科技人员和天使投资人开展志愿者行动，为学生创新创业提供创业辅导以及技术开发合作援助，编写高校师生创新创业成功案例作为高校创新创业教辅材料，支持高校创新创业教育。加强知识产权相关学科专业建设，对学生开展知识产权保护相关法律法规的教育培训。鼓励高校通过无偿许可专利的方式，向学生授权使用科技成果，引导学生参与科技成果转移转化。

八、推进科研设施和仪器设备开放共享。鼓励高校与企业、研究开发机构及其他组织联合建立研究开发平台、技术转移机构或技术创新联盟，共同开展研究开发、成果应用与推广、标准研究与制定。支持高校和地方、企业联合共建实验室和大型仪器设备共享平台，加快推进高校科研设施与仪器在保障本校教学科研基本需求的前提下向其他高校、科研院所、企业、社会研发组织等社会用户开放共享。依托高校建设的国家重点实验室、国家工程实验室、国家工程（技术）研究中心、大型科学仪器中心、分析测试中心等各类研发平台，要按功能定位，建立向企业特别是中小企业有效开放的机制，加大向社会开放的力度，为科技成果转移转化提供服务支撑。科研设施和仪器设备有偿开放的，严格按国家工商、价格管理等规定办理，收入、支出纳入学校财务统一管理。

九、建立科技成果转移转化年度报告制度和绩效评价机制。按照国家科技成果年度报告制度的要求，高校要按期以规定格式向主管部门报送年度科技成果许可、转让、作价投资以及推进产学研合作、科技成果转移转化绩效和奖励等情况，并对全年科技成果转移转化取得的总体成效、面临的问题进行总结。高校要建立科技成果转移转化绩效评价机制，对科技成果转移转化业绩突出的机构和人员给予奖励。高校主管部门要根据高校科技成果转移转化年度报告情况，对高校科技成果转移转化绩效进行评价，并将评价结果作为对高校给予支持的重要依据之一。高校科技成果转移转化绩效纳入世界一流大学和一流学科建设考核评价体系。

十、切实加强领导，认真组织实施。各省级教育、科技行政部门，各高校要认真学习贯彻“创新是引领发展的第一动力”的深刻内涵，将思想和行动统一到党中央、国务院的重大战略部署上来，根据本意见的要求和自身实际情况，采取切实有效的措施加快科技成果转移转化。要切实防范道德风险、廉政风险和法律风险；加强对科技成果转移转化工作的监督检查，对不作为、乱作为的行为严肃问责，对借机谋取私利、搞利益输送的违纪违法问题依法依规严肃查处。教育部将组织实施促进高校科技成果转移转化行动计划，引导高校进一步完善科技成果转移转化的体制机制，为经济社会发展提供科技支撑和智力支持。

本意见自发布之日起施行，执行过程中遇到的问题，请及时向教育部科学技术司、科学技术部创新发展司反馈。此前有关规定与本意见不一致的，按本意见执行。

课后实训练习

1. 小组讨论：分析项目中的原创技术与产品或服务之间的关系。

2. 小组设计：根据真实的市场需求，为项目的核心产品设计知识产权壁垒。

3. 根据以下商业计划书中的部分资料，分析该项目的整体解决方案在量产过程中会遇到哪些困难。

"慧救亿生"提供的是一套完整的4分钟心梗急救解决方案。当用户突然感觉心脏异常时，可点击"慧救"App首页的"一键呼救"按钮，将实时位置信息与呼救信息传输至大数据管理后台，由大数据管理后台调度附近救护员。系统会实时显示救援情况，以便求救者和附近救护员及时查看。

构成整体解决方案的核心产品介绍：

（1）支持Android与iOS运行的"慧救"App，具有两大功能：一键呼救和救援引导。

救护员收到求救信号并点击"参与救援"按钮后，"慧救"App立即显示出求救者和救护员的位置与距离，同时进行实时导航，快速带领救护员前往现场。此外还会显示并播报求救者的病史，帮助救护员快速了解求救者情况，以便拨打120进行后续救援。与此同时，地图上还会显示求救点附近的AED位置，引导距离AED最近的救护员前往并获取急救设备。心肺复苏与AED的有效配合使用，是抢救心搏骤停猝死病人最有效的抢救手段，能大幅度提升病人存活率。见图4-3。

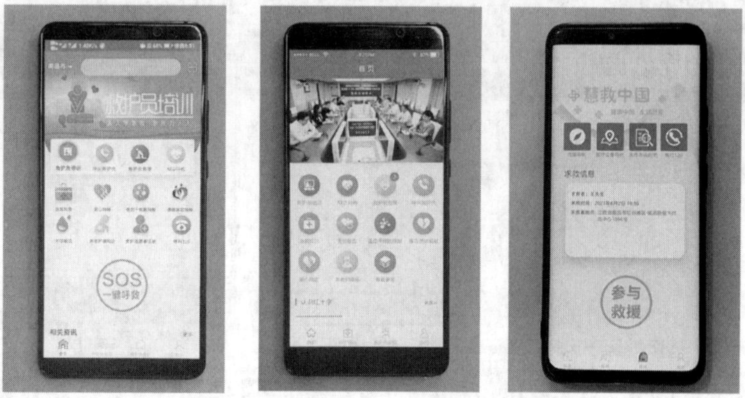

图4-3 "慧救"App1.0、2.0、3.0（从左至右）

（2）大数据综合管理分析平台（双重保障呼叫得到及时应答）。

本平台集数据统计、分析、规划、展示、监控等功能于一身（见图4-4），有针对性地解决培训机构统计难、救护机构管理难、救护人员施救难等现有社会问题，解决了信息化管理问题，为智能应急救护的成长提供了数据支持，突出了实时响应、精准调度的后台功能，实现了救护网络的全面可持续发展。

图 4-4 “慧救”大数据管理平台

功能一：应急救护响应调度

在求救者遭遇到意外紧急情况，点击“一键呼救”后，平台可实时获取求救者的位置信息（见图 4-5）及其周边一定范围内救护员的位置信息，并根据不同情况对救护员发出消息通知，进行调度，连接救护员与事故现场，缩短救护距离，为求救者创造较为完善的被救环境。

图 4-5 求救者位置信息

功能二：救护员数据分析管理

用户通过 App 输入的所有信息以及救护员参加救援的情况信息都会被上传到大数据智能救护管理平台，平台对这些信息进行统计、分析，并建立完善健全的救护员数据库（见图 4–6），对未来的工作进行规划调度，为救护网络的可持续发展提供支持。

图 4–6　救护员数据管理

功能三：数据综合分析规划

平台将收集到的数据进行分类处理，并进行一定的推演和计算，最终形成数据报表和图形展示（见图 4–7），管理人员可以在直观数据的支持下进行更加全面的规划。

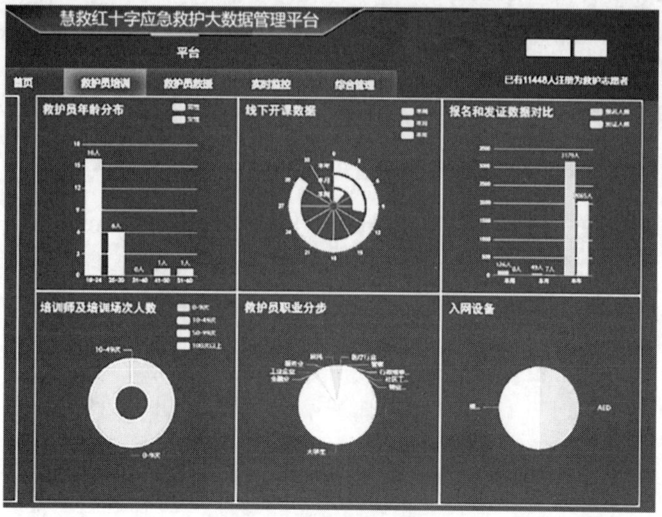

图 4–7　数据分类报表

功能四：远程监控管理培训房及救护设备

对应急救护一体机的相应救护设备进行规范信息化管理，实现远程监控与管控（见图 4–8），为维护硬件和软件设施提供保障，同时预防培训地点突发事件的发生。

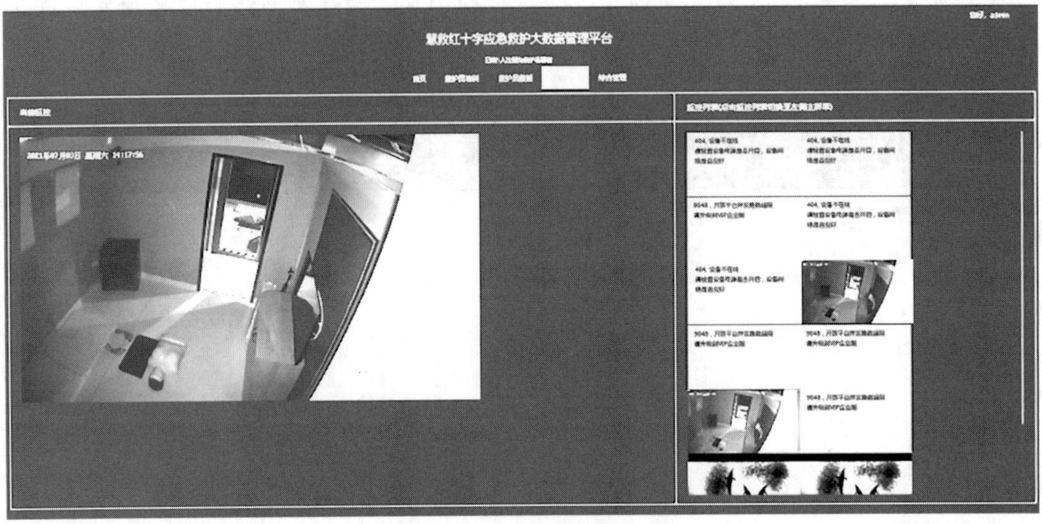

图 4–8　远程实时设备监控

（3）线上与线下相融合的救护员培训管理体系（解决应急救护人员数量不够的问题）。

为了促进救护员人数的稳定增长，以保证应急救护工作的正常展开，“慧救亿生”根据红十字会标准，打造了由 App 线上理论知识学习、线下 VR 实操培训和 CPR 智能考核系统三个部分组成的救护员培训管理体系，相比传统培训，既提高了培训的效率，又保证了培训效果。

第五章　设计商业模式

教学设计目的

商业模式是一家企业能够存活于市场的根本。如果一家企业没有合理的商业模式，其在市场上就会遭遇无数的风险，存活下来的概率是极低的。前面章节团队构建、市场调研、技术与产品等创业基本知识的学习，都是为了让学生理解这些要素在构建整个商业模式时所发挥的作用。

主要教学任务

1. 课外任务：要求实训小组组长至少召集团队成员进行 3 次线下商业模式设计的实践，最终检验成员对整个项目的理解是否达成了一致。

2. 让学生在课堂上用商业模式画布来呈现项目所有要素之间的关系。

第一节　商业模式的基本要素

商业模式描述的是一个组织创造、传递以及获得价值的基本原理。① 通俗地说，指一些人之所以能够在一起合作赚钱，是因为掌握了一套科学的整合稀缺资源的方法，满足了一些目标群体的特定需求，成功地实现了价值交换。商业模式就是一家公司能赚钱所依靠的一套完整体系。商业模式是管理学的重要概念之一，MBA、EMBA 等主流商业管理课程均会对"商业模式"进行重点讲解。对于一家创业公司而言，它拥有一个科学的商业模式，成功就有了一半的保证。

亚历山大·奥斯特瓦德（Alexander Osterwalder）、伊夫·皮尼厄（Yves Pigneur）在《商业模式新生代》（*Business Model Generation*）中提出了一种用来描

① 奥斯特瓦德，皮尼厄．商业模式新生代：经典重译版［M］．黄涛，郁婧，译．北京：机械工业出版社，2016：4.

述商业模式、可视化商业模式、评估商业模式以及改变商业模式的通用语言，它被称为商业模式画布（the business model canvas）。商业模式画布是一个科学的可视化商业模型，便于人们更好地理解商业模式中各大要素之间的关系。

一个完整的商业模式画布分为九大模块，分别是客户细分、价值主张、传播渠道、客户关系、收入来源、核心资源、关键业务、重要合作和成本结构。本节内容大多从《商业模式新生代》一书中提炼而来。[①]

一、客户细分

客户细分是指一家企业为了更好地满足客户，应按照他们的需求、行为及特征的不同，将客户分成不同的群组。客户细分已经成为现代企业的核心竞争力。没有找准能带来利润的细分客户，没有哪家公司可以一直存活下去。一个公司可以服务一个或多个或大或小的客户群体，但公司的销售组织需要谨慎地去选择服务哪一个客户群体，以及忽略哪一个客户群体。一个公司一旦决定细分客户，就要根据这些群体个性化需求的深度理解而设计商业模式。

"互联网+"大赛中的许多创业项目都存在忽视客户细分的问题。大部分项目能分清客户为组织还是个人，但对目标客户到底是什么样的组织或个人，有什么样的特点等，很少展开详细的分析和思考。

二、价值主张

价值主张是指创业者为客户提供的利益组合，具体是指创业者发现客户面临的棘手问题或需求，通过为客户群体提供产品和服务，从而为客户创造价值。当客户面对同类型产品选择时，价值主张常常是客户选择一家公司而放弃另一家的原因，它更精准地满足了客户的需求，解决了客户的问题。

价值主张既可以是创新性的，带来一种全新的或革命性的产品或服务，又可以是与已有的产品或服务相似，但增添了新的特点和属性。价值主张涉及的特点和属性包括：因技术发展带来的人类新需求、产品或服务性能的提升、定制服务、保姆式服务、由品牌而赋予的地位象征意义、独一无二的设计、更低的价格、帮助客户节约成本（包括时间成本）、降低生活风险、容易获得、便利性或实用性。

价值主张是高校创业团队最容易忽视的商业模式必备要素。许多高校科转项目的技术诞生时，并未考量过价值主张，它们只是科学研究的产物。因此，重新为原

① 奥斯特瓦德，皮尼厄.商业模式新生代：经典重译版［M］.黄涛，郁婧，译.北京：机械工业出版社，2016：1-31.

创技术寻找价值主张是科转项目必须补上的一课。

三、传播渠道

传播渠道是指公司与客户交流、销售、售后的互动体系。这对客户体验影响很大。一个全新的公司要将一种价值主张推向市场，找到正确的传播渠道组合，并以客户喜欢的方式与客户建立联系至关重要。

传播渠道的作用包括：第一，使客户更加了解公司的产品和服务；第二，使客户得以购买某项产品和服务；第三，帮助客户评估一家公司的价值主张；第四，向客户传递价值主张；第五，向客户提供售后支持。

一个公司的传播渠道可以自建，也可寻求外部合作方。自有渠道一般是最直接的，比如公司自建的销售团队或宣传渠道（如小程序、公众号等）。这种渠道的优势是直接、可控；劣势是成本较高。而外部合作渠道一般是间接的，比如批发分销渠道、零售渠道或者公共媒体。这种渠道的优势是分布较广、推广较快、成本较低；劣势是不可控，容易受制于人。

一个公司选择传播渠道的难点是，如何整合各类型渠道，找到最优组合，以创造最佳的客户体验和最大化的收益。

四、客户关系

客户关系是企业为了稳定或增加目标客户群体，不断夯实与目标客户黏性所建立的客户关系类型。例如，在移动互联网发展的早期，互联网公司最擅长对客户使用的策略是诸如免费移动电话这类进攻型策略。随着市场趋于饱和，互联网公司便开始聚焦于提升客户忠诚度和单位客户的平均收益。

创业学习者需要明确的是：对于目标客户群应建立何种关系。客户关系分为以下几类：第一，私人服务，一般是基于购买现场的人际互动；第二，专属私人服务，几乎每一个客户都有一个固定的客户经理；第三，自主服务，几乎不产生人际互动，企业只需要提供自动化服务渠道；第四，在线社群运营，通过促进社区成员之间的互动，供用户在线交流、彼此帮助来解决问题，这样可以帮助企业更好地与客户产生深度互动；第五，与客户协作，共同创造新产品，许多企业都使用这种方法，来调动客户的参与积极性，从而让客户全面了解企业，并最终成为企业的传播者。

五、收入来源

收入来源一般是指收益扣除成本得到的利润。如果说客户细分构成了一个商业模式的心脏，那么收入来源便是该商业模式的动脉。一个创业者需要自问，每一个真正的客户究竟为什么愿意买单？成功地回答这一问题，可以让创业者明白客户目前正在为之买单的价值主张是什么，这样有利于创业者从每一个客户那里获悉一两个真实的收入来源。

创造收入来源的方式有很多种，创业初学者最容易想到的收入来源是实物产品所有权的出售，即卖实物产品。此外，收入来源还包含：第一，使用费，即对某种服务的使用而付费。例如，快递费就属于这一类。第二，会员费，通过销售某项服务持续的使用权限来实现。例如，健身房的月卡或年卡。第三，租赁，将某一特定资产在某一时期专门供给某人使用收取的费用。例如，房租就属于这一类。第四，许可使用费，向用户授权某种受知识产权保护的使用权，并向其收取许可使用费。这在传媒行业十分常见，一些专业节目制作公司持有原创版权，它们将节目使用权提供给第三方。第五，经纪人佣金，这一收入来自向双方或多方提供的中介服务。例如，房产中介或房产经纪人会因每次成功地促成了一笔交易而获得佣金。第六，广告费，这种收入来源为某种产品、服务或品牌做广告的费用。传统的传媒业和活动策划的收入很大程度上依赖广告收入。近些年其他产业，包括软件业和服务业，也开始更多地依赖于广告收入。

每一种收入来源有着不同的定价机制，定价机制的选择会对所创造收入产生巨大的影响。主要的定价机制有两种：固定价格和浮动价格。

六、核心资源

核心资源是企业得以创造并提供价值主张，获得市场认可，持续保持与某个客户群体的良好关系，从而获得收益的关键性生产要素大集合。不同类型的商业模式有不同的核心资源。一个微芯片制造商需要的是资本密集型生产设备，而微芯片设计商则更聚焦于人力资源。核心资源可以是自有的，也可以通过租赁获得，或者从重要合作伙伴获得。

核心资源可包括实物资源、知识性资源、人力资源和金融资源。

实物资源，主要指实物资产，如生产设备、房屋、车辆、机器、系统、销售点管理系统及分销渠道。作为零售商，沃尔玛和亚马逊非常依赖实物资源，这些资源通常都是资本密集型的。沃尔玛在全球范围内拥有庞大的仓储网络以及配套的物流设备。亚马逊拥有一套庞大的IT、仓储及物流基础设施。

知识性资源，如品牌、专营权、专利权、版权、合作关系以及客户数据库，在移动互联时代的商业模式中扮演着越来越重要的角色。知识性资源获得不易，一旦成功获得将可能创造巨大的价值。耐克和索尼作为消费品公司，品牌是它们非常依赖的关键资源。微软和SAP一直依赖软件开发以及多年来积累的知识产权。高通专注于设计和制造移动宽带设备芯片，它在微芯片设计上获得的专利为它带来了可观的专利使用费，它的商业模式也是以其所持有的专利为依据设计的。

人力资源，每一家企业都需要人力资源，人力资源对某些商业模式而言尤其重要。例如，在知识密集型产业和创新产业中，人力资源就是最关键的。诺华制药公司（Novartis）非常依赖人力资源，它的商业模式就是基于其经验丰富的科学家团队及庞大且训练有素的销售队伍而建立的。

金融资源，有些商业模式高度依赖金融资源或金融保障，比如现金、信用额度或者用于吸引关键雇员的股票期权池。举一个例子，电信运营商爱立信在自己的商业模式中加入了金融杠杆。爱立信可以选择向银行或资本市场融资，然后将收益的一部分为购买设备的客户提供卖方融资，这就有效地保证了订单落入爱立信而非竞争对手手中。

七、关键业务

关键业务是企业为创造和提供价值主张、获得市场、维系客户关系、获得收益的关键要素。每一个商业模式都有一个关键业务，这是一个企业成功运营必须采取的最重要的行动。关键业务因不同的商业模式而异。对于软件商微软而言，关键业务就是软件开发；对于个人电脑商戴尔而言，除了电脑销售外，还包含了供应链管理。

关键业务主要分为三类：产品生产、解决方案、平台或网络服务。产品生产一般指以较大的数量和上乘的质量，设计、制造以及分销产品。生产活动在制造企业的商业模式中占支配地位。

解决方案这个类型的关键业务是指为个体客户的问题提供新的解决方案。咨询公司、医院及其他服务性机构的运营，就是典型提供服务性解决方案的企业。这类商业模式需要知识管理及持续的培训来支持。

平台或网络服务是指在将平台作为关键资源的商业模式中，与平台或网络相关的关键活动占据着支配地位。网络、配对平台、软件甚至品牌都可以发挥平台的作用。这是许多高度依赖互联网技术企业的关键业务，例如，维萨（Visa）公司为VISA信用卡的商家、持卡人及银行之间搭建的交易平台。

八、重要合作

重要合作是指保障一个商业模式顺利运行所需的供应商和合作伙伴网络。一家企业通过合作联盟，可以优化自身的商业模式、降低风险或者获得资源。

企业的重要合作可分为四种类型：

第一，非竞争者之间的战略联盟。例如，供应链上的合作者就属于这一类。任何一家公司都不可能生产产品的全部零部件或提供全链条服务，因此，其必须与一些零部件供应商合作。这样的创业公司与零部件供应商就是非竞争者联盟。

第二，竞争者之间的战略合作，一般是指企业为降低自身不确定竞争环境的风险，与渠道提供方合作，同时又让他们之间产生竞争关系，彼此之间形成既合作又竞争的关系。例如，蓝光技术是由一组全球领先的消费电子、个人电脑及内容提供商联合开发的光盘格式。创造蓝光技术的各商家一方面联手将其推向市场，另一方面又在蓝光产品的销售领域展开竞争。

第三，为保证可靠的供应而建立的合作关系。很少有企业拥有其商业模式下所需要的全部资源或选择完成所有的生产服务活动，于是通过依赖其他占有某项资源或专注于某种生产活动的公司来实现自身能力的拓展，获得特殊的供应合作伙伴就属于这类。例如，一家保险公司可能会选择独立的保险中介商来销售它的保险产品的政策，而不会选择发展自己的销售团队。

第四，为新业务建立合资公司。由于资源整合的效率更高，所以为了某一新业务快速上马，选择强强联合，重建合资公司，而非全面构建完整的新公司。例如，一家化工企业与一家售油企业联合成立一家新的炼油厂，一个提供核心生产线，一个解决销售渠道问题，从而使新产品快速占领市场。

九、成本结构

成本结构指运营一个商业模式所发生全部成本的总和。成本最小化是每一个商业模式的诉求。在确定了核心资源、核心业务以及重要合作伙伴后，成本核算就会变得相对容易一些。

低成本结构在某些商业模式中会显得尤为重要。例如，廉价航空，就是以低成本结构为核心建立的商业模式。商业模式的成本结构宽泛地分为两个等级：成本导向型和价值导向型。成本导向型，例如，大型企业享有大宗商品采购价，诸如此类的因素导致随着总产出的增加，平均单位成本降低。价值导向型是指企业在商业模式设计中，更少关注成本，而更多地关注价值创造。通常高端的价值主张以及高度的个性化服务是价值导向型商业模式的特点。豪华酒店奢华的设施及专属的服务，属于这一范畴。

以上九大要素是构建完整商业模式的基本要素，这些要素之间是彼此关联的，一个要素的变化会引发另一个要素的变化，因此，创业者在设计商业模式的过程中，只有将每一个要素置于系统中，才不至于使每一个要素在商业模式中的功能被误解。

第二节　商业模式的类型

在互联网技术诞生之前，大多数行业的商业模式是比较传统的，最常见的是通过卖产品或服务赚钱。互联网使大量新的商业模式成为可能，一批基于互联网的新型企业应运而生。新涌现的企业，如 Yahoo、Amazon 及 eBay 等，在短短几年时间就取得了巨大发展，并成功上市。它们的赚钱方式，对许多传统企业产生了巨大冲击与深远影响。如 Amazon 仅用短短几年就发展为世界上最大的图书零售商，给传统书店带来严峻挑战，这显示出新型商业模式的强大生命力与竞争力。

1998 年后，美国政府甚至对一些商业模式创新授予专利，积极鼓励与保护商业模式的创新。无论是对准备创业的，还是已经创业成功的，这些都激励他们在这个经济变革时期，从根本上重新思考企业赚钱的方式，思考自己企业的商业模式。商业模式创新越来越受到人们的重视。

2023 年 3 月 2 日，中国互联网络信息中心（CNNIC）第 51 次《中国互联网络发展状况统计报告》（以下简称《报告》）发布。《报告》显示，截至 2022 年 12 月，我国网民规模达 10.67 亿，互联网普及率达 75.6%，手机网民规模达 10.65 亿，网络视频（含短视频）用户规模达 10.31 亿。[①] 我国已经进入互联网经济的一个新阶段。商业模式在“互联网 +”时代下不断转型与升级，我国许多产业的生产和销售方式都发生了天翻地覆的变化，网络技术通过改变信息传播路径，重构了生产与销售的流程，这势必会影响到生产与销售成本，因此，许多行业的传统商业模式已经无法盈利，不得不进行创新。

本节总结了当前流行的四大商业模式，旨在让创业学习者对商业模式类型有一个充分的了解，进而使双创项目的商业模式设计得更加科学。

---

① 第 51 次《中国互联网络发展状况统计报告》[R/OL].（2023-03-02）[2023-03-25]. https://www.cnnic.net.cn/n4/2023/0303/c88-10757.html.

一、平台型商业模式

平台型商业模式就是在当前的“互联网+”时代背景下，构建多主体共享的商业生态系统，实现多主体共赢的一种价值交换战略。

平台型商业模式的客户关系具体表现为：如果平台吸引的卖方越多，对买方的吸引力就越大；同样，卖方考虑是否使用该平台时，如果买方越多，对卖方开店的吸引力也越大。例如，天猫购物平台，每年通过“双十一”购物活动，以一天成交千百亿元的销售奇迹吸引买卖双方的注意力，不断拓展平台的影响力。

平台型商业模式的收益来源主要有：第一，庞大的渠道资源出售。例如，活跃在淘宝网上的店主有上百万，更有注册会员几千万，客户资源分析所产生的信息数据对于平台上商家的经营具有重要的参考价值，富有知识型价值的特点。第二，作为核心来源的广告收入。平台本身就是一个巨大的公共媒体，依托大数据等精准信息推送技术的发展，传统媒体广告正在被移动新媒体广告所颠覆，巨大的广告市场正在平台上崛起。另外，平台经常举办一些活动，吸引大量广告赞助商。第三，融资。支付宝和淘宝成了一个融资机构，在淘宝上通过支付宝交易，把钱汇到支付宝，支付宝把用户的资金收集起来进行投资。

平台商业模式主要是依赖平台开放、共享、共赢的特点，打造一个多主体共赢互利的生态圈。将来的平台之争，可能是生态圈之间的竞争，单一的平台是不具备系统性竞争力的。例如：百度、阿里、腾讯、搜狐等互联网巨头围绕搜索、电商、社交构筑了各自强大的产业生态。可以说，高效的价值传递功能，是平台模式崛起的关键所在。

小案例：三只松鼠

2016年“双十一”，三只松鼠全渠道销售额达5.08亿元。此外，三只松鼠在天猫“双十一”食品类品牌销售额排行榜中名列第一，其采用的就是平台型商业模式。

第一，注重线下产品的品质。一切从顾客出发，没有人不希望自己买的东西物美价廉。三只松鼠作为零食一类，除了好吃之外，消费者大都希望买的零食新鲜、绿色、健康；而三只松鼠厂家深入各大原料产地，建立直供合作关系，保证质量。以其所售坚果为例，开口松子从东北直接进货，山核桃直接从临安进货，野生山核桃仁直接从湖南进货，等等，第一时间保证了产品原料的新鲜与原汁原味。

第二，注重产品的细节。区别于传统店铺，做电子商务有很多细节，而细节方面关系到客户的体验，直接影响品牌与销售。三只松鼠对细节非常看重，例如特别注重产品的包装与物流包裹。三只松鼠的包装设计具备设计美学特征，为了更好地优化体验，包装袋的更新换代较为频繁，不少“粉丝”都表示自己当初就是觉得包装很漂亮而进店消费的。物流包裹则采用质地坚硬的五层牛皮纸、防偷盗胶带，还有开箱器等，这无疑是消费者网购体验所需要的，而三只松鼠恰恰做到了这一点。

第三，注重物流速度。在电商企业中，京东自建物流网，而为了让顾客更加快速地收到货，三只松鼠自建物流系统，开了北京仓、广州仓、芜湖仓，开创了全国首家提供当日发、分仓地当日达、周边省市次日达的极速物流体验，这毫无疑问再次提升了顾客对三只松鼠的购物体验感。

三只松鼠通过以上三点，充分围绕顾客的购物体验来展开，这三方面做好了，自是会从顾客那里传出口碑，如此逐渐形成一个良好的品牌效应。渐渐地，一个品牌就这样形成了。①

二、免费商业模式

免费商业模式主要是由消费者对互联网早期使用习惯形成的。当一个全新的体验产品出现时，它为了吸引更多的用户，必须降低使用者的风险，免费是降低使用风险的一种策略。这种商业模式非常契合人性，常常会颠覆一个行业的竞争格局。在早期依赖互联网技术的产业里，软件开发行业的竞争格局就因免费商业模式被改变了。360 公司大胆尝试免费商业模式，改变了我国软件业的竞争格局。

在 360 安全卫士出现之前，按照传统的商业模式，杀毒软件采用的是售卖模式，没有人认为这可以成为一个普及型服务，没有人认为杀毒软件应该免费推广。当时，国内高达数亿的个人电脑安全市场被瑞星、金山、江民三大杀毒巨头垄断。但随着互联网的飞速发展，安全性逐渐变成每个人都不得不面临的问题，各种木马、“流氓软件”泛滥，QQ 号、游戏装备被盗，人们到网上下载软件时不得不被捆绑下载一堆广告插件。

2006 年，360 公司推出第一款杀毒软件 360 安全卫士，首倡终身免费商业模式，使原本 90% 处于“裸奔”状态的个人电脑得到免费的安全服务。但其免费并没有降低消费者的体验感，而是基于良好用户体验的主营业务产品。借助“安全”这一具有刚需性质的基础服务切入，以长期免费带来大规模用户积累，使得 360 的安全产品像水电一样成为互联网的基础设施，并以良好的用户体验建立起已有用户对 360“安全”的品牌认知和忠诚度，这体现了 360 给其主营产品的定位，也反映了 360 免费的精髓。

① 李伟，张世辉．创新创业教程［M］. 2 版．北京：清华大学出版社，2019：79.

通过免费模式来提升增值服务的空间。360将安全免费服务上的用户与其他平台上的产品共享，如360浏览器、360安全桌面等，进而通过搜索广告、游戏分成等较为成熟的互联网营利方式获取收益，依靠广告及增值服务收益支持免费服务的成本，又通过免费服务的用户基础拉动广告及增值服务的用户覆盖。360的运营独立与用户共享既促进了用户对免费服务的口碑和忠诚度，又保证了增值服务的收益。这种共享性的产品布局与盈利方式是360在众多“免费＋增值服务”模式中脱颖而出的根本原因。

凭借“免费模式”迅速崛起，颠覆瑞星、金山付费的商业模式，360安全卫士成为互联网行业的一匹黑马。

三、长尾商业模式

长尾商业模式在于少量多种地销售自己的产品：它致力于提供相当多种类的小众产品，而其中的每一种卖出量相对较少。将这些小众产品的销售汇总，所得收入可以像传统模式销售所得一样可观。它不同于传统模式，以销售少数的明星产品负担起绝大部分收益。长尾商业模式要求低库存成本以及强大的平台，以保证小众商品能够及时被感兴趣的买家获得。

长尾商业模式是由克里斯·安德森（Chris Anderson）首次提出的，用于描述传媒行业发生的一种内容产品竞争策略的转变，由销售单一种类的人气产品转向销售多种类型的小众产品，而且每种产品的销量都相对较小。安德森还验证了多少数量的非经常性销售可以产生总收益等于甚至超过明星产品产生的收益。

安德森认为长尾商业模式在传媒行业中产生的原因有三点：一是内容生产工具的普及。生产内容的许多制作技术工具，每一个人都唾手可得，成本不断降低，每一个人都很容易获得几年前因价格太高而得不到的制作工具，数百万的发烧友可以录制音乐、制作微电影以及设计简单的软件，达到专业的效果。二是销售渠道的普及。互联网成为数字内容类商品的销售渠道，极大地降低了库存、交流和交易成本，为小众产品开辟了新的市场。三是链接供需双方的搜寻成本降低。销售小众商品真正的挑战在于找到潜在的买家。强大的具有搜索和推荐功能的引擎、用户评级以及兴趣社区使得这些容易得多。

长尾商业模式对于专业和业余的产品提供者都适用，并创造了一个同时服务用户和生产者的多边平台。小众产品提供者（专业的或用户创造的）是这个模式的重要伙伴。长尾商业模式价值主张的特点是，提供宽范围的非热销品，这些产品可以与热销品共存。长尾商业模式可能也会建立在用户创造产品上，以促进这些产品的开发。这一模式的核心资源是平台；关键业务包括平台开发和维护，以及小众产品的获得与生产；成本主要发生于平台开发和维护。这个模式基于汇总从大规模的品类中获得的小规模收益。收入来源五花八门，它们可能来自广告、产品销售或者订阅费。长尾商业模式通常依赖互联网来维护客户关系或作为交易渠道。

靠在线录像租赁起家的Netflix公司，采用的就是长尾商业模式。它通过提供大量小众电影的点播服务，最终获得的总收益与大片租赁收益相当。同样，这种模式也得到了出版商Lulu.com的验证，其采用这种商业模式获得了出版竞争中的巨大成功。

四、分拆商业模式

分拆商业模式是相较于传统定位不清晰的商业模式而言的。我们会看到一些创业公司在诞生之初，其核心业务覆盖面是比较广的，核心业务之间不仅存在着价值交换关系，而且公司为了实现多种核心业务目标，其整体资源可能呈现出相互抵消的关系，这使得公司资源不仅不能形成正向成长的结果，反而可能带来巨大的消耗与减损。对于一家企业而言，这种经营方式无疑存在着巨大的风险隐患。所以，企业只有将这些存在冲突和矛盾的核心业务进行拆分，主动给自己松绑，只保留一个最核心的业务，将其他业务外包给别的公司。

一般公司的核心业务包含基础设施产品、客户关系管理以及新产品开发三大类型。例如，瑞士最大的私人银行百达银行（Pictet），更倾向于业务全覆盖。这家有着200年历史的机构与客户保持着密切联系，为客户处理大量银行交易，同时也设计自己的金融产品。尽管百达银行以这种模式运营得十分成功，但它仍然需要十分小心地处理不同类型的基础业务之间的消长。

第一，这家银行服务于两个机制完全不同的市场。为有钱人做咨询是一项长期的、基于关系的业务；向私人银行销售金融产品则是一项动态的、变化很快的业务。

第二，这家银行致力于将金融产品卖给竞争对手以增加收益，但这个目标制造了与银行其他业务之间的利益冲突。

第三，这家银行的产品部门向理财顾问施加银行自有的产品销售压力。这与客户希望有“中立的建议”是相冲突的。客户想要投资的是市场上最好的金融产品，而不考虑产品来源。

第四，交易平台业务注重成本和效率，而酬金丰厚的咨询业务和金融产品业务需要吸引薪资丰厚的人才，这两者也是冲突的。

第五，交易平台业务需要通过大规模的交易量来摊低成本，而这对于单个银行而言是很难实现的。

第六，新产品研发业务重在开发速度并快速进入市场，与为客户提供咨询这项长周期业务是相冲突的。

分拆商业模式是让企业集中资源从事最擅长的核心业务活动，根据每种类型的活动特征，采用不同的经济、竞争和文化规则来进行管理。移动通信企业全面为自己松绑，就是分拆商业模式正在被现代企业所接受的结果。

商业模式创新是企业为了活下来自我革命的结果，是不得不进行的改革。这一改革表面上看似乎是换了赚钱的方式，实际上是企业的生产端与需求端已经不匹配了，各个环节原有的组织关系被全新的信息技术打乱的结果。

第三节　商业模式的设计方法

商业模式的设计是创业者综合考量目标客户、竞争对手、技术、产品、合规环境等因素的结果。设计商业模式的方法主要有五种：客户洞察、构思、视觉化思考、模型构建和讲故事。这些方法是商业模式创新的有效手段，在设计过程中，这些方法经常混在一个行为中被同时使用，之所以将其表述得不同，是希望创业者意识到商业模式设计过程中需要从多维视角考虑复杂因素。

一、客户洞察

要设计一个好的商业模式，我们必须以客户的视角来观察，毕竟最终为产品买单的是客户。但对于创业初学者而言，常常忽略的就是客户，创业初学者总是习惯于用“我是为你好”的思维来思考一切问题，所以创业初学者必须时刻警惕陷入这样的思维惯性中。

客户洞察一般包含两方面内容：一是对客户深入理解，包括环境、日常工作、担忧和渴望等，可通过客户画像的方式强化对客户的认知（不止于人口统计学特征）。二是必须着眼于新客户群体，而不是现有的客户群体。

客户洞察的难点在于对客户的透彻理解，商业模式的设计必须基于这份理解。

因此，我们会发现一些从自身需求入手设计的创业项目更容易成功，这是基于项目的目标客户与自身角色高度重合的结果。华中科技大学早期在校创业的许多项目之所以能发展较快，大都是基于创业者根据自身需求为同类群体设计的项目，由己及人可能是透彻理解客户的最佳方法了。但这种方法能复制的概率较低，不利于一般创业者学习。

为了解决透彻理解客户这一难题，很多领先的企业都会通过与社会学家一起合作来加深他们对客户的理解。英特尔、诺基亚和挪威电信都有人类学家和社会学家组成的小组来开发更新、更好的产品和服务。[①] 高校的科创项目也可以充分利用高校学科门类齐全的独有优势，指导教师跨学科合作，且邀请社会学和人类学等人文学科的老师参与项目，这有利于解决透彻理解客户这一难题，催生项目迭代更新，形成更好的商业模式。

二、构思

构思是指商业模式设计过程中产生大量创意并能识别出最佳创意的一个创造性流程。构思一般由团队成员间头脑风暴完成。许多高校创业项目负责人很容易忽略这个环节，大多是将自己已经设计好的商业模式灌输给成员，而不是和团队成员一起讨论形成最佳的商业模式。

构思由两个阶段构成：第一阶段是生成创意，在这个阶段，数量是重点，创意数量越多越好。成员经验和背景不同，有利于构思过程中产出更多不同的创意。第二阶段是整合创意，这个阶段主要是充分讨论、组合并甄选出少数可行的创意。可行的创意并不一定都是颠覆性商业模式。拓展当前的商业模式以提升竞争力，这也是一种创新。

构思的驱动大致有四种：资源驱动、供给驱动、客户驱动和财务驱动。

资源驱动的创新来自组织现有的基础设施或合作伙伴资源。企业由此出发来延伸或改变商业模式。例如：亚马逊公司基于它的网上零售平台推出了亚马逊云计算服务，为其他企业提供服务器资源和数据存储空间。

供给驱动的创新会创造全新的价值主张，并影响商业模式的其他模块。例如：墨西哥的水泥生产商西麦斯公司（Cemex）承诺能在 4 个小时内将混合好的水泥送到工地上，而当时的业界标准是 48 个小时。这就要求西麦斯相应地改变它的商业模式。这项创新帮助西麦斯从墨西哥的一个区域性生产商发展成世界第二大水泥生产商。

客户驱动的创新基于客户需求、可获得性或者便利性的提升。和其他类型的创新一样，这种创新也会影响到商业模式的各个模块（见图 5-1）。例如：23andMe 公司首创了为个人客户提供的 DNA 测试服务。这项服务在此之前仅对医疗工作者和研究人员开放。这对价值主张和试验结果的通知方式都产生了重大影响。23andMe 公司通过大规模定制化的网络档案解决了结果通知的问题。

---

① 奥斯特瓦德，皮尼厄 . 商业模式新生代：经典重译版［M］. 黄涛，郁婧，译 . 北京：机械工业出版社，2016：118.

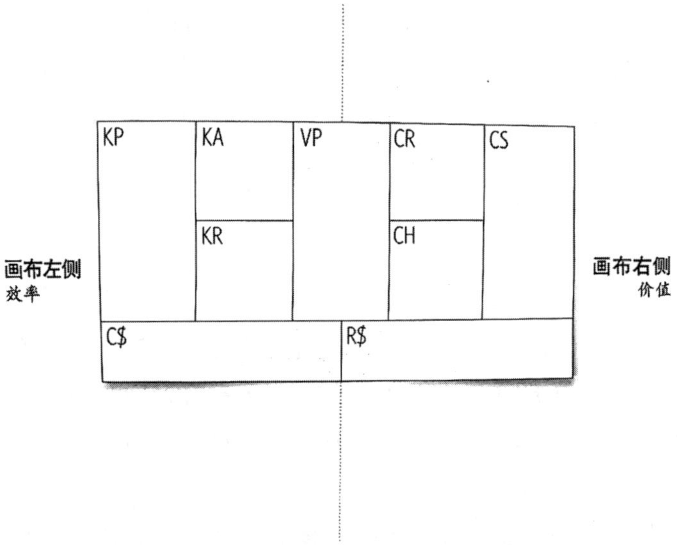

图 5-1　商业模式画布（商业模式的各模块组成图）

财务驱动的创新是指由新的收益来源、定价机制或者被缩减的成本结构所驱动的创新，这种创新同样也会对商业模式的其他模块产生影响。例如：1958 年，施乐公司（Xerox）发明 Xerox 914 型复印机（第一代普通纸复印机）时，它的价格太高了，以至于市场无法接受，于是它开发了一种新的商业模式——以 95 美元 / 月的租金将复印机租给客户，这个租金中包括了免费的 2 000 次复印，超出 2 000 次复印次数的部分按 5 美分 / 张来结算。这样，客户陆续开始接受这种新型复印机。

由此可见，构思有可能被团队的任何一个人率先提出，不一定非得由 CEO 提出。项目负责人应该充分尊重团队每一个人提出的意见，认真审视其是否可能成为一个有价值的构思驱动。

三、视觉化思考

小组讨论是创业团队进行商业模式设计过程中不可或缺的一环，而一个高效的小组讨论离不开视觉化思考。视觉化思考是指在讨论过程中通过图片、草图、结构图和便利贴等视觉化工具来构建和讨论各种含义。商业模式是由许多模块组成的复杂概念，模块与模块之间又有复杂的关系，将这些复杂的概念用形象化符号进行表达，有利于每一个团队成员对概念的理解达到同一水平，进而达成共识。

视觉化思考不仅便于创业团队理解商业模式的本质，也能提升大家对话的效率。团队在商业模式设计过程中常常因语言传递的信息受限而导致许多误解，难以达成共识，进而阻碍商业模式的设计进程，加入视觉化思考的高效对话无疑有助力于解决这一难题。

当商业模式的草图被画出来时，团队就有了一个可视化的文本模型，这是团队讨论的起点和终点，团队讨论总能回到这一概念性的锚点上，不会让成员各自在大脑中设定了不同的锚点，使讨论无法往同一方向推进。有了形象、具体的文本模型，可极大地提升讨论的质量。

一般来说，如果你要改进现有的商业模式，把它视觉化地描绘出来后能够发现其中的逻辑缺陷。同样地，如果你在设计一个全新的商业模式时，画下草图之后你也能更容易地添加、删除和挪动相关的图片。

理解一个商业模式不仅要知道其中的组成元素，还要理解这些元素之间的关系，这一点用图片来表达就比文字容易多了。如果涉及的元素比较多，关系也比较复杂，用图画表达出来尤为重要。一个统一的视觉化的商业模式语言将有力地支撑创意的交流，增加团队的默契，这实际上就是目前思维导图流行的原因。人类的短时记忆是有限的，因此，直观地绘制商业模式对于高效的讨论非常重要。

四、模型构建

模型构建是为了探索出一个新颖的、创新的商业模式。一个商业模式模型可以是一张简单的草图，一张充分思考过的商业模式画布，或者是一叠模拟新商业模式财务状况的数据表格。①

和视觉化思考一样，模型构建可以让抽象的概念具体化，有助于探索新的创意。模型构建是探索过程的核心，它能帮助所有参与商业模式设计的创业者清楚地认识到最初对项目情况的理解存在哪些漏洞。

模型构建这项技术来自设计学和工程学，被广泛地用在产品设计、架构设计和交互式设计。在商业模式设计过程中，模型是为了探索出不同的商业模式方向，构建出有可能击败竞争对手的新商业模式，或者开发全新的市场，而不是呈现出创业者所预想的结果。通过模型，创业者可以大胆地推测，如果增加一个客户群体将意味着什么？去除一个成本高昂的资源又会是什么样的结果？在这个过程中，创业者会比较容易地发现商业模式要素之间的逻辑漏洞，从而找到使商业模式各要素之间逻辑自洽的解决方案。

① 奥斯特瓦德，皮尼厄．商业模式新生代：经典重译版［M］．黄涛，郁婧，译．北京：机械工业出版社，2016：152.

五、讲故事

在商业社会中，讲故事是一种被低估和未被充分利用的艺术。一个具有创新性的商业模式是难以准确描述和不易被理解的。人们对一个新信息的常态反应是抵触，因此，在设计商业模式过程中，首先要解决的便是一个新商业模式如何在团队成员之间有效传播。

人们对新商业模式的常态反应就是抵触，若能有效地克服受众的常态抵触，新的商业模式无疑将取得较好的传播效果。讲好故事便是克服受众常态抵触的良方，故事里的人物会自然与受众产生亲近感，所以，会讲故事的团队负责人能为团队间深度讨论商业模式奠定良好的基础。

从客户视角来讲，商业模式蕴含着一个有效的故事策略。将一个客户设计成故事主角，从他的视角来讲述一个传奇故事，展示他面临的挑战和必须完成的工作。可以描述他解决挑战，需要得到什么产品或服务，这些产品或服务如何融入他的生活，以及他为什么愿意为这些产品或服务掏钱。在理想情况下，还可以在故事中穿插一些情节，说明创业团队是如何帮助他完成这些工作的，团队协调了哪些独有资源和活动，如何使他克服了挑战，或者创业团队如何为他创造了价值。从客户的视角讲故事，最大的挑战是如何让故事听起来真实可信。讲故事时，创业者要善于发现一些真实的戏剧性和情感性因素，避免油腔滑调或居高临下的口吻。团队成员之间在设计商业模式时，讲故事者就可将其视为“互联网 +”大赛的路演，可以借助 PPT、视频、角色扮演、连环图画等多种视听符号来抓住成员的注意力和好奇心，为下一步深入讨论铺平道路。

一个好故事能够迅速地勾勒出创业者的商业理想，避免陷入商业模式细节简介，能有效引发听众对商业模式的关注；一个好故事传递的商业模式，能提升说服合作伙伴的概率，加快资源整合，促进创业项目的快速发展；一个好故事传递的未知商业模式，能让团队成员快速洞悉商业的本质，高效达成团队成员的共识。

第四节　高校师生认知商业模式的主要问题

创新创业大赛不仅是当前我国高校双创教育的一种推进手段，也是窥见我国高校师生双创教育成效的一大窗口。因此，“挑战杯”中国大学生创业计划大赛和中国国际“互联网 +”大学生创新创业大赛逐渐成为大学生输出“商业模式”认知成效的主要路径。我们通过深度参与这两项大赛的相关工作，发现高校师生对商业模式的认知普遍存在一些误区，本节我们对这些误区进行分析，希望学习者能有效“避雷”，加深对商业模式的科学认知。

一、习惯性套用传统商业模式

大学生创业者习惯性套用传统商业模式，具体表现在以下方面：

第一，许多学习者从未接受过创新创业大赛的培训，只为了实现获奖的短期目标，并未制定创新创业的长期目标，因此，他们认为借鉴已经成功的传统商业模式无疑是最节省时间的，无须对项目展开深入研究也能确保商业模式出错的概率最低。

第二，部分接受过大赛普及性培训的学生，易停留于大赛评审规则层面认知商业模式，并未意识到商业模式对创新创业的重要性。“互联网 +”大赛的有些培训专家并未从商业角度解构大赛的本质，因此，高校师生受惯性认知的制约，照搬以往高校赛事的经验，依葫芦画瓢式借鉴获奖项目 PPT 的内容，商业模式被淹没在大量新信息中。

第三，少数接受过大赛培训的创业者，意识到了商业模式对创新创业项目的重要性，但因始终未能下定创业的决心，积累的商业知识不成体系，很难形成关于商业模式的新想法。

第四，少数科转项目创业者，虽然意识到了商业模式的重要性，但依然认为比赛与创业的考评标准不同，不愿尝试探索新的商业模式，习惯照搬传统商业模式。

第五，部分创业者认为商业模式很重要，也想采用新的商业模式，但由于采用的是保守的市场竞争策略，因而不敢轻易更换商业模式。

因此，“互联网 +”大赛中的商业模式开始出现固化的现象，如图 5-2 所示的商业模式几乎成了大学生创业项目的模版。

如果创业学习者的认知仅仅停留在路演 PPT 中的商业模式简单模型上，将会严重阻碍自身对商业模式的认知。创业学习者一定要结合项目的 Word 版商业计划书系统地加以理解，最好能系统地学习一次商业模式的相关知识，否则，想要在短时间内对项目商业模式形成完整且科学的认知是非常困难的。

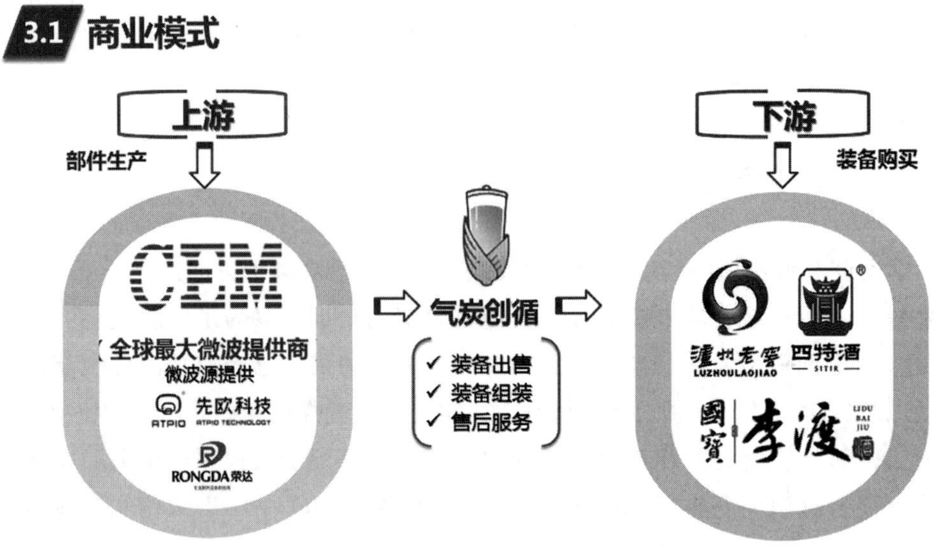

图 5-2　某项目路演 PPT 中的商业模式

二、忽视商业模式的重要性

在过去的几年中，本书作者多次与理工科教授合作指导项目，见证了多位技术出身的创业者对商业模式的漠视。比如，一个项目已经在南昌市高新区落地运营，产品收到了多个意向订单，当时许多人都认为这个项目在比赛中具有极强的竞争力。然而，在深度与该项目技术研发指导教师合作后，他却告诉我们:“其实项目落地遇到了非常棘手的问题，产品的效能虽然经过了第三方机构的认证，但我们不敢销售，因为竞争对手是一家上市公司。我们的产品一旦出售，他们就会想方设法购买。以他们的资源实力，将快速攻陷我们产品的技术壁垒，很容易生产出价格更低的产品来，我们很快就会失去市场。”我问他为什么不更换商业模式呢，“商业模式？！我们这种硬科技产品还有什么商业模式可以选择吗？不就是卖产品，不需要那么多花样吧？”项目负责人疑惑地看着我，研发指导教师也补充说:“我们此前都认为硬科技产品是不需要过多思考商业模式的！”这时，我才意识到真正阻碍该项目进展的是他们对商业模式的漠视。后来，在我们的及时沟通下，该项目采用了一套全新的商业模式，顺利地解决了即便是成熟产品也不敢往市场上推的困境。后来该项目不仅在“互联网 +”大赛国赛中获得了银奖，还顺利拿到了首轮融资。

三、缺乏理论＋实践的系统学习路径

通过创新创业大赛实现商业模式认知与运用的创业者普遍都存在一个误区，他们认为与商业模式相关的是与其他传统学科毫无关联的知识，商业模式相关知识难以通过理论学习系统掌握，只有通过实践才能获取。其实不然，商业模式并非一个新知识，在传统的企业管理、工商管理等学科中都有与之相关的大量知识点，只是这些知识点只有与创业项目案例结合时，大学生创业者才会意识到其重要的实践指导价值。对于许多理工科的大学生创业者而言，他们难以理解商业模式的科学规律是很正常的，毕竟商业模式相关知识是一个跨学科的知识体系。理工科学生形成的惯性思维与人文学科学生的惯性思维有较大的不同，如果不在实践中进行验证，仅通过传统的传授式课程学习，理工科创业者很难认同商业模式中蕴含着创业科学规律。

商业模式源于传统学科，而非一个全新的知识，在这样的前提下，大学生创业者清晰地认识到这是一次跨学科知识的学习，并非通过几次简单的赛事培训就能轻松掌握的。学习者需要在比赛过程中，将理论与实践充分地结合起来，才可能掌握这套知识体系，灵活运用到项目中去。

课后实训练习

1. 请小组用视觉化方式设计项目的商业模式，并用视频记录全过程。
2. 请小组每一个成员分别做出项目的商业模式画布并进行讨论，完善商业模式。
3. 请项目负责人撰写商业模式故事稿，并制作成 PPT，在小组中进行路演。

第六章　撰写商业计划书

教学设计目的

PBL 项目式教学既然是一种以问题为导向、以学生为中心的创新教学方法，就应该遵循学习的基本规律，教师应该设计一个完整的学习闭环，助力学生达成最佳学习效果。从这一章开始，我们就进入学习闭环中的知识输出环节，商业计划书撰写的过程就是前几章知识输出的过程，本质上是一种比考试答题更科学的学习效果检测手段。商业计划书在创业过程中还能发挥非常广泛的作用，因此，这种检测手段就是一种知识应用场景。

主要教学任务

1. 撰写商业计划书的任务由小组成员共同完成，但要特别注意，集体写作的风险是使商业计划书的核心要素之间逻辑混乱。教师务必提醒小组组长，集体写作之前，应组织小组成员进行多次线下沟通，待所有成员对项目达成统一认识后，再进行具体的撰写分工。组长应统筹并把关商业计划书的每一部分内容，严格管理修改过程。

2. 尊重学生的任何选择。如果学生在撰写商业计划书的过程中，不按照教师的提醒执行流程，教师不必生气，也不必强行让学生改正流程。PBL 实训有一个传统教学方法无法替代的优势，便是能帮助学生在学习输出环节中发现输入环节存在的问题，并激发学生的好胜心，帮助他们找到学习的内驱力。

大学生学习撰写商业计划书的目的是什么？为什么中国国际“互联网 +”大学生创新创业大赛要用它作为比赛的手段？创业者为什么需要它？它是给谁看的？只有明白了这些问题，学习商业计划书撰写才会变成一个有的放矢的行为，学习者的积极性才会被调动起来，毕竟参加双创实训课程的学生，只有极少数将来会创业。

创业是一个资源整合的过程，是一些有共同目标的人为了实现某个愿景组织起来从事的商业活动。创业者想推动创业公司的快速增长，就要解决在这个过程中遇到的种种困难。例如，万事俱备只欠资金，需要股权融资；自己想采取一个创新的举措，但需要说服合资伙伴；需要阐释自己的创业规划，统一创始团队成员的思想，一起努力；创业难以推进，甚至需要出售企业等。无论哪种情况，创业者都需要获得外界的支持，为了达成合作，创业者需要用书面语准确地表达自己正准备实施的完整商业计划。对于一个发展中的企业来说，专业的商业计划书是寻找投资的必备材料，撰写商业计划书是企业对自身现状及未来发展战略全面思索和重新定位的过程。

由此可见，商业计划书几乎是所有商业合作行为达成的一个很重要的表达手段，无论是创业者，还是企业管理者，抑或是企业里的普通员工都需要学会撰写商业计划书。中国国际"互联网+"大学生创新创业大赛的比赛形式便是提交一份规范的商业计划书，并用路演的方式呈现出来，因此，撰写商业计划书是大学生参加大赛的必备能力。

创业者应该根据投资人的不同需求来调整商业计划书内容。在企业发展的不同阶段，商业计划书呈现的重点也不一样，但无论如何变化，它都必须具备一些核心要素，最终达成说服目标读者的目的。商业计划书的主要目标读者是投资人，在撰写商业计划书时，如果撰写者不能带着说服投资人的目的，而只是竭尽所能地表达自己的规划有多好，这样写出来的商业计划书常常是毫无作用的。高校科转项目的负责人在撰写商业计划书时，常常受惯性思维的支配，写成原理与技术至上的商业计划书，这样的文本在比赛中是难以获得好成绩的。

因此，商业计划书必须遵循基本的商业逻辑，符合投资人的预期，才有说服投资人的可能。创业初学者可以先从以下商业计划书基本框架中的问题入手：

（1）项目背景：发现了市场上的什么痛点？为什么要在这个时间解决这个痛点？

（2）核心业务：主要的产品或服务是什么？哪些能带来最大的利润？

（3）市场需求：哪些因素影响消费者购买我们的产品？

（4）竞争对手：和同类厂商间的竞争有多激烈？竞争是否会加剧？

（5）核心壁垒：公司的核心竞争力是什么？在同行里有哪些创新？靠什么来稳定自己的市场竞争力？

（6）合作资源：在实施战略时，我们会部署哪些资源？

（7）财务预测：预测是否真实地反映了外部市场趋势和内部竞争力？

（8）风险评估：会出现哪些主要的风险和机会？各个风险和机会发生的概率和影响有多大？自己的财务预测对不利环境有多敏感？

第一节　商业计划书的核心要素

一般商业计划书需 25—30 页 A4 纸，最多 35 页。对于创业初学者来说，商业计划书的初稿撰写可能要 5 个人耗费 1 个月的时间，修改须花费半个月的时间。如果要与“互联网 +”大赛的赛程保持一致，初稿最好在每年 4 月之前完成。因此，参赛团队的准备工作须在上一年的 11 月份开始。

许多高校创业团队的商业计划书难以获得投资人或企业家的青睐，主要原因是撰写者未形成创业知识的系统认知，难以厘清商业计划书的核心要素。这一节是让初学者快速了解一份合格的商业计划书应包含哪些核心要素，这些要素需要哪些具体数据进行支撑，才符合投资人和企业家的预期。

一份合格的商业计划书必须具备九大核心要素：市场需求、竞争对手、核心业务（包含创新性技术、产品或商业模式的解决方案）、组织架构、商业模式、营销策略、财务与预测、融资计划、风险与机遇。

一、市场需求

市场需求主要包括市场总规模、现有市场需求的痛点、未来市场需求的增长速度、总目标市场需求评估等。市场需求必须出现在商业计划书的前半部分，无论项目处于什么发展阶段，在“互联网 +”大赛无论哪个赛道的商业计划书，市场需求都是开篇的关键内容。

一个项目是否值得投资，投资人首先想知道的是，核心产品市场规模有多大；其次是目标客户为什么要买该产品，即市场痛点。没有一定市场需求的公司是很难存活下来的，自然毫无投资价值。市场需求大，产品销售量才能有所保障，企业盈利的概率才会增加，投资回报成功的概率才会提升，才能增加投资人的投资信心。

市场总规模是指全国或全球存在多少买家，以现有的定价，这些产品总价值是多少。请注意，这里要测算的市场总规模不只是对自己产品或服务所在市场份额的统计，还包括所有竞争对手的市场份额和未来增长份额。例如，“气炭创循”项目的核心产品是一台定价 120 万元的酒糟处理设备，该项目先确定了全国酒厂的数量，再根据酒厂已有的规模分类标准，以每一个大型酒厂销售 10 台、中型酒厂销售 5 台、小型酒厂销售 3 台为平均饱和销售量，最后统计出总体市场容量。其中还有一个隐形数据非常重要，为什么我们会将大型酒厂的销售量定为 10 台，这是由酒厂每年最大的酒糟生产量测算的，然后再结合每台设备每年的处理量，进行两个数据的整体评估，得出的数据才是相对准确的。

需求痛点是指现有市场上的同类产品在哪些方面（功能、价格或售后服务等）无法达到买家的需求，有哪些因素在影响买家需求的变化，未来市场需求增长速度具体是多少，有多少潜在买家会加入。例如，一家教育公司的诞生，很可能是因为它创新了某一课程产品，而社会对人才的最新需求变化可能是导致课程创新的外在催化剂。那么，要评估这家公司的目标客户群体有多大，首先要调查清楚哪些家长会成为购买群体，影响他们购买的核心因素是什么，这样的家长大概占到全部家长的比例如何，将来可能会有多少家长加入这个队伍中。

我们常发现许多参赛项目的商业计划书市场规模评估缺乏科学依据，甚至与项目核心产品对应的市场数据毫不相关。出现这种情况的原因，一是参赛者未严格执行市场调研；二是参赛者受科研课题撰写惯性思维的影响，参赛者只是从文献资料入手分析市场数据，难以统计出客观真实的市场规模数据。

投资人只想开门见山地看到清晰、简洁的市场需求分析。如果市场需求前景不佳，不管是已经饱和，还是增幅很小，商业计划书中都要实话实说，不要掩盖事实。许多投资人都积累了非常丰富且前沿的市场信息，如果被这些人发现商业计划书中呈现的数据与他们掌握的数据不一样，创业者将失去这笔投资，比赛也不会获得好成绩。毕竟，诚信是创业者的第一品德。

如果商业计划书中的市场需求这一章能令人信服，参赛者就很可能获得投资人的认可，激发他们继续阅读的欲望，否则，投资人可能不会再继续阅读商业计划书。

二、竞争对手

竞争对手从广义上讲包含整个项目在发展过程中可能面临的所有竞争要素，从狭义上理解一般是指直接竞争对手。高校师生的商业计划书里一般只包含直接竞争对手，很少从宏观整体层面分析竞争强度，这是一个巨大的商业计划漏洞，一个完整的商业计划书应该包含整体竞争强度的评估。

迈克尔·波特（Michael Porter）的五力模型是衡量宏观竞争合力的好工具。波特指出了形成竞争强度的五种主要力量，如图 6-1[①] 所示。

① 波特. 竞争战略：分析行业和竞争者的技术［M］. 姚宗明，林国龙，译. 北京：生活·读书·新知三联书店，1988：12.

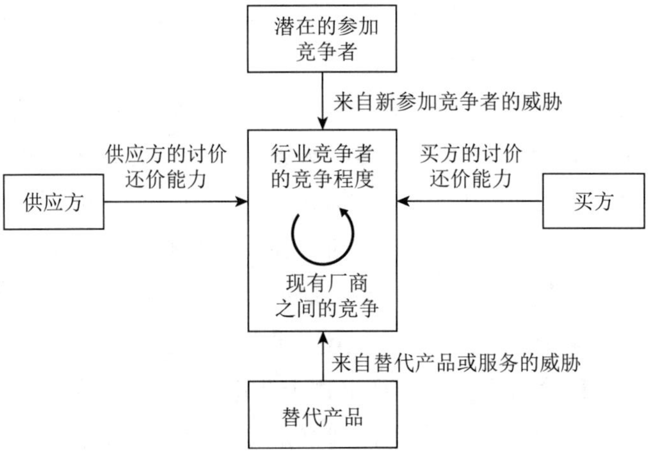

图 6–1　驱使行业竞争的势力

以“星火光伏”项目为例。该项目的主要产品是一台光伏板增效设备，用这五种力量分析项目面临的宏观竞争合力主要是：第一，行业竞争者竞争程度为市面上具有同等功效的其他技术设备生产商发展现状。第二，供应方的讨价还价能力指设备非核心零部件供应商的议价能力，因该设备只有核心零部件为项目原创技术，其他零部件都是购买其他厂商的，不会自主生产。第三，买方的讨价还价能力是指有意向购买该设备的光伏发电公司的议价能力，如果光伏发电公司亟须这样的设备解决其当前降本增效的难题，那么买方的议价能力就比较弱，该选项就会降低竞争合力的程度。第四，潜在的参加竞争者是指项目产品还未上市时，已经发现了有同样产品的公司也在准备上市，这就是潜在的参加竞争者，如果它的发展速度比“星火光伏”还要快，那么它就是一个比较大的竞争对手。第五，替代产品的威胁是指还有别的技术也可以解决光伏板增效的问题，并且正在研发中，一旦这个技术成熟，就会成为该项目的替代品，这也是一个重要的潜在竞争对手。

投资人需要我们通过这五个方面的分析，呈现出项目所在行业的竞争有多激烈：非常激烈？一般？还是温和？投资人需要从商业计划书的信息中自行判断，而不是只看参赛者给他们的结论。

因此，这一核心要素的撰写首先需要运用迈克尔·波特的五力模型找到项目面临的所有核心竞争对手，包含直接竞争对手和间接竞争对手。

其次，我们需要在商业计划书中详细阐述竞争对手（包括潜在的竞争对手）的所有信息，竞争对手的信息至少包含以下内容：第一，竞争对手核心产品的标准化生产流程、技术壁垒、团队配置、硬件资产；第二，竞争对手近三年的营业额和毛利润率，如果能获得净利润率则更好；第三，竞争对手独特的销售策略、定价策略、产品销售数据、占据的市场细分份额；第四，竞争对手近期的发展规划。

如果创意组项目开发的是一个全新的产品，目前还找不到直接的竞争对手，就要重点分析间接竞争对手。间接竞争对手指在项目产生之前为目标客户提供替代解决方案的公司。我们可以从目标客户入手去寻找这些间接的竞争对手，通过与目标客户的深度沟通，找到一些间接竞争对手让客户满意的优势条件，从而作为我们进行竞品分析的具体指标。

在撰写 Word 版的商业计划书时，可以在这一章的开篇，先用一段文字简要说明具有说服力的分析统计结果，然后按照竞争对手的重要性依次进行细节信息的披露。此外，我们还可以推测一下，如果我们成功了，竞争对手会有何反应。

三、核心业务

介绍完项目的市场需求规模及面临的竞争局势，接下来，就可以介绍项目的核心业务了。核心业务是核心竞争力的第一大要素。核心业务竞争力评估必须建立在市场规模及竞争对手详细调研的基础上。不与竞品比较，盲目地撰写项目核心业务的竞争力是投资人最忌讳的。

核心业务竞争力的评估指标包含六个方面：第一，产品或服务的效用。效用是指产品或服务是不是刚好符合客户的需求。例如，客户不仅在乎价格合理，还希望品质优良，甚至对体验感还有要求。是否能准确地描述产品或服务在以上三方面的效用，非常重要。第二，服务效率。指客户购买产品或服务时所要花费的时间，如何保障客户的这个基本要求。第三，产品系列或服务范围。指产品和服务包含哪些具体内容。例如提供的一堂研学课程，除了课程内容外，可能还包括教具、师资等，都是客户关心的业务要素。第四，与渠道合作方或供应商的关系，如果与他们建立了较深厚的信任关系，那么意味着核心业务会具备渠道或成本优势。第五，场景。只有提供的服务涉及环境影响的项目需要考虑场景因素——服务需要店面吗？客户对地点有什么期望？例如研学项目就需要评估场所所处的位置与安全性等。第六，产品或服务的价格。这是非常关键的要素，价格定得过高，就不会有太多客户。

产品或服务评估指标都要从客户的角度表述，而不是从研发者的角度表述，这是对高校创业者撰写商业计划书的极大挑战。此外，一份商业计划书要获得投资人的青睐，只谈客户关注的产品或服务指标是不够的，还须重点阐述项目团队是如何实现这些指标的，这就需要与项目的创新点关联起来。

因此，“互联网 +”大赛的商业计划书，若要对应上大赛的评分标准，这部分内容可分布在创新点中，具体可融入技术创新、产品创新、工艺流程创新、营销策略创新等内容中，最终将这些创新数据与产品评估指标结合起来。只有这样阐释，才能让投资人自主判断项目核心业务优势是否真的能够实现。

如何将“互联网 +”大赛项目的创新点与核心业务竞争评估指标关联起来?

第一，原创技术或原理。这是影响产品或服务功能升级、品质提升、成本降低的关键因素，与产品的服务效用、服务范围、价格密切相关。原创技术的先进性必须通过这些指标来体现，而不是仅停留于阐述其在学术领域的原创性。原创技术的最佳证明是专利壁垒。

第二，产品创新。需从价格、品质、体验感等维度介绍产品的新指标。竞品分析、产品面向真实客户的测试案例、第三方检测报告都是产品创新性的最佳证据。产品是“互联网 +”大赛创新点与核心业务较容易关联的点。但在提交创意组项目时，创业学习者不应提及太多的创新产品，这不仅会扰乱项目的定位，还难以形成一个系统的商业计划。许多参赛项目都因没有精准定位的产品，增加了制订科学、可行的商业计划的难度。一般情况下，参赛项目不要超过 1 个主打产品，非常优秀的团队在创业之初可以选择两个主打产品，但要确保两大产品都与核心技术密切相关。创业组项目的产品创新可成体系介绍，重点阐述产品迭代的规划。

第三，工艺流程创新。工艺流程常包含在生产流程中，流程的科学性直接关系到人力成本的投入产出比，因此，工艺流程创新常会导致产品价格、服务效率的变化，尤其是文化产业类项目。

第四，营销策略创新。营销就是开拓新客户，维护旧客户。如果营销策略能够不断创新，就能够把一次交易变成一生一世的生意，创业者与客户就会形成密切的合作关系。如果是 To B 端的项目，营销策略创新是非常重要的。

四、组织架构

组织架构，或曰团队，是构成项目核心竞争力的第二大要素，企业管理学科中的专业术语一般为人力资源（HR）。人无疑是稀缺资源，每一个人都是独一无二的，如何聚合适配岗位的人才，决定了项目落地成功的概率。我们常常听投资人说“投资就是投人”，可见他们对创业项目团队能力的重视程度。创业团队的能力一般指综合性管理、营销、运营能力，而非科研能力，尤其是对于项目 CEO 而言，管理能力是第一位的。创业项目中的 CEO 与成熟企业中的 CEO 完全不一样：更强调人的远见及领导力、积极乐观的精神、启迪和激励团队的能力。

因此，创业初学者必须知道一个合格创业团队的基本标准。目前，“互联网 +”大赛的创业团队一般包括核心成员、顾问团队和指导教师。商业计划书中的团队内容须包含每一个核心成员的简历，重点表述其所在职位与基本素养的匹配度，突出介绍职位要求与学习能力及经历的相关性。在介绍重要合伙人时，可选择一个案例，证明该成员的能力与岗位适配。创意组团队可重点突出 CEO 的综合管理能力。

商业计划书中的团队内容还应包含团队的组织架构简介。组织架构即创业团队核心管理岗位之间的关系，可用简单明了的图例加以呈现。不同产业的企业其组织架构是不一样的，组织架构的科学合理性决定了团队管理的效率。创意组核心成员一般包含公司行政总裁、销售和市场主管、财务和运营主管。创业组团队组织架构还可以拓展到技术、人力资源、生产等管理岗位。

小案例

以下为组织架构（公司的核心团队成员）参考样本

总经理（CEO）：又称行政总裁、首席执行官等，负责制定团队战略和目标、创立团队文化、团队建设、资金分配。

财务总监（CFO）：了解当前销售策略下的市场状况、组织领导团队财务管理。

技术总监（CTO）：制定有关技术的愿景和战略，把握总体技术方向。

营销总监（CMO）：充分综合企业内部资源，合理利用外部资源，制定战略，推进实施。

产品总监（PD）：把关产品的生产流程科学性，把握产品质量。

顾问是创业团队可及时咨询创业中遇到的相关难题的权威人士。顾问涉及创业的技术、管理、销售等多个核心要素环节，一般由高校科研工作者和企业运营、营销管理者组成。教育部发起“互联网+”大赛的目的就是要调动各界资源，提升高校师生创新创业学习的质量。如果顾问成员的知识背景、管理经验与项目可能遇到的问题高度匹配，无疑会提升项目的成长速度。“互联网+”大赛设置的团队考核标准与市场化商业计划书存在一定的区别，“互联网+”大赛的团队考核标准中包含了项目指导教师简介，指导教师投入孵化的时间是高校创业项目成长的重要保障。如果指导教师是校内外组合团队，能形成互补，无疑更有利于项目的落地。

五、商业模式

商业模式是一个复杂的系统，是企业整体竞争战略的另一种表述。第五章已经对商业模式进行了详细的介绍，这里不再赘述。

在这里，我们从另一个角度解析商业模式，一是希望引起学习者对商业模式在创业中重要地位的高度关注；二是便于纠正一些常见的关于商业模式的认知错误。这些常见认知错误表现如下。

（一）忽略量产规划是商业模式的重要组成部分

量产规划包括量产空间（厂房或办公用地）、量产设备、原料供应与采购、量产工艺、产品质检与运输（配送、仓储和物流）等。在“互联网 +”大赛路演 PPT 中，量产规划经常被忽视，主要体现为在商业模式介绍板块一笔带过。量产的复杂性与商业模式息息相关，如果不能详细剖析量产的过程，商业模式就只能简单照搬同类项目。

如果是创业组的成熟项目，投资人想知道：生产工厂在哪里？规模如何？主要生产工艺是什么？进入这个行业多久了？扩张的空间有多大，扩张需要克服哪些限制因素（例如，与规划许可有关的限制因素）？如果必须迁到另一个地方，有哪些选择？公司的设施与竞争对手相比如何？竞争对手是怎么做的？还需要什么新设备来替换旧设备或推动产品生产增长？哪些工艺必须自己负责制造，不能外包？哪些工艺可以外包，如果外包，可以外包给哪些公司？

如果是创意组服务业赛道项目，上面的问题也同样适用。不过地点从工厂变为办公室或仓库，所使用的设备可能更多地与计算机相关而不是与制造相关（例如教育机构使用的是一些更智能的设备），项目的工艺流程更多围绕文本内容或多媒体信息的流动，而不是货物的移动；产品原材料在多大程度上不是依赖一家供应商，而是依赖一个供应链；如果项目属于服务行业，其原料主要供给可能是创意人员，必须说明采取了什么举措找到具有合适背景、资格和经验的人来取代跳槽的员工，这些信息可以在附录中予以详细介绍。

（二）忽略战略合作伙伴在商业模式中的重要性

一个科学的商业模式，实现的是核心产品供应链上下游资源的最优配置。要实现资源最优配置，就必须与上下游的众多企业合作，这些合作伙伴是助力商业模式完整闭环的重要元素，因此，他们又被称为战略合作伙伴。但许多科转项目从未考虑过战略合作伙伴的重要性，甚至会将合作伙伴置于可有可无的境地，更不会将合作伙伴与商业模式关联起来，这些都是关于商业模式的错误认知。

战略合作伙伴包含两类：一是直接利益相关者，包括供应商、采购商、合资或合伙建立下级公司的母公司、目标客户等。二是间接合作伙伴，指因一些客观社会关系形成且具有高度互信基础的平台或渠道资源提供方。例如，科转项目所依靠的国家级实验室、一流学科平台、产学研合作企业、与学校紧密相关的校友资源等。在校创业，学校就是最大的战略合作伙伴，各个二级学院、创新创业学院等都可为学生创业者提供极大的便利。

（三）严重忽略商业模式中经营管理的合法合规性

一个科学合理的商业模式必须建立在合法合规的基础上，投资人非常重视这个问题，但许多创业初学者并未意识到该问题的重要性。例如，一个定位生产药品的项目，环保合规是该项目商业模式必须考虑的要素，而达到环保合规的一些条件必定会影响商业模式的构建：项目生产厂房所在地的相关法规有没有新变化？采取什么措施让环评合规？与竞争对手的措施相比，该项目是否更有优势？未来立法将如何进一步改变，项目将如何应对？对成本有何影响？如果项目已经考虑到了主要的合法合规措施，需在商业模式中加以说明。

六、营销策略

营销不是广告，广告只是营销的一种推广方式。营销的范畴远远大于广告，它是一个公司对客户服务的定位。营销策略这一部分重点论证客户如何快速接触到产品，如何让客户快速知道该项目产品的存在。营销是初创企业的命脉，如果客户不能快速知道某项目产品的存在，那么它将消失得无影无踪。

杰罗姆·麦卡锡（E. Jerome McCarthy）在其经典著作《基础营销》（*Basic Marketing*）中提出了营销组合的四个部分，即4P要素：产品（product）、渠道（place）、定价（price）和推广（promotion）。我们按照这四个要素来撰写商业计划书中的营销策略就足够了。

产品：如果公司采取的是差异化战略，而不是低成本的通用战略，需要说明我们如何设计产品或服务，以满足已确定的客户需求；同时展示产品开发和研究是如何以满足未来客户需求为导向，而不是以脱离现实的空想为导向的。

渠道：目前和未来3年内，我们主要依靠线上或线下哪种渠道？哪些分销渠道对公司最重要，我们是采取直接销售还是通过代理商、批发商、分销商间接销售？为什么采取这种销售渠道？竞争对手使用什么渠道？未来销售渠道会如何发展？

定价：与竞争对手相比，我们的产品价格定位如何？与平均水平大体一致，还是高于或低于平均水平？为什么如此定价？定价与项目的战略是否一致？销售量相对于价格变化的弹性有多大？在计划实施期间，通货膨胀是否会推高价格？我们的预测是怎样的？

推广：当前和未来3年，我们主要通过哪些方式推广产品，广告（通过手机媒体、PC端媒体、电视屏幕、广播、平面媒体）、贸易推广、公共关系、赞助、展览、贸易展还是研讨会／会议？为什么采用此推广方式？在计划实施期间，推广方式将如何变化？[①]

最后，再用一两句话总结营销结果，包括目前在目标市场的知名度如何，客户是否知道我们的产品或服务的好处，目标客户对我们的产品或服务有多满意等。

七、财务与预测

当我们向投资人论证完前面六个部分后，一个初具模型的创业公司可能让投资人有些心动了，但是投资人还想知道，我们自己是否评估了进入市场后的竞争地位，接下来 3 年我们的竞争力到底该如何提升。如果能拿出可信的数据来帮助投资人判断企业未来运营的财务损益情况，投资人一定会对项目更加有信心。

但许多师生也会提出这样的疑问：如果是一个还未实施销售的新项目，财务该怎么测算？这个市场的规模有多大？ 3 年内，可能占据多大的市场份额？只要认真调研过竞争对手，我们一定可以找到潜在的参照对象，根据这家公司的现状及其所处竞争领域的平均盈利率来测算，就可以得出一些比较有价值的参考数据了。

以一家原创 STEAM 课程的教育机构为例。南昌市的市场用户主要分为三类：48 家科技馆（包括企业内部的）、31 家少年宫、445 所小学。以这三类用户为整体规模来做测算。如果原创一节 STEAM 课程，每个班定为 7 人，每个场所同时开设 2 个班，将每节课定价为 199 元，一期课程的总收入可达 73.3 万元，如果覆盖 50% 的市场，其营收将达 364.9 万元。按照这个规律便可分别测算出一个月、一年、三年的总收入。

项目的财务与预测最好附上数据表格，如表 6-1 所示。

表 6-1　一家初创企业做出基于市场的销售预测表

业务部门	市场规模亿（元）	市场需求增长（%/ 年）	预测市场规模亿（元）	公司竞争地位（0~5 分）	预测市场份额（%）	预计收入亿（元）
	最近一年	未来三年	未来三年	未来三年	未来三年	未来三年
A 产品						
B 产品						
C 产品						
其他						
总计						

① 埃文斯 . 商业计划书撰写指南［M］. 2 版 . 刘怡，译 . 北京：清华大学出版社，2021：105.

八、融资计划

创业价值链上的每个实施环节需要哪些物质和财政资源支持，这些环节包括供应、采购、制造产品或提供服务、研究和开发、配送、仓储和物流、销售、客户服务和技术支持、系统和IT、质量和财务等，这些环节中的资金该如何支出都需要在商业计划书中详细说明。

融资计划可从以下几方面具体展开：这个环节在整个项目中是否必不可少？项目为什么需要它？我们是否考虑过替代方案，为什么拒绝？该环节需要多少钱？需要多长时间来执行？对未来整个项目收入或成本的影响是怎样的？还有哪些因素会影响到这笔资金产生的收益？

融资计划需要清晰地阐述项目股权结构、估值、融资用途。在“互联网+”大赛的商业计划书中，我们要严格遵循大赛的规则。第八届“互联网+”大赛高教主赛道创意组的股权规则是“企业法定代表人的股权不得少于1/3，参赛团队成员股权合计不得少于51%”。在大学生创业大赛中，企业法定代表人是学生，参赛团队也是学生，因此，学生才是控股的主体，而不是教师。创业组和成长组是允许教师以技术入股的，但依然得遵循以学生为主体的基本原则。融资的一般规则是天使融资不超过15%，融资两轮以上归到成长组。如果是技术型公司，可能将大比例资金先用于研发；如果公司已经具备较成熟的模式，资金重点就要去做渠道和推广。

九、风险与机遇

风险与机遇分析主要是对项目运营过程中可能遇到的风险进行说明，并提出一些有效的风险控制和防范措施。风险分析一般包含战略风险、资源风险、财务风险、生产风险、技术风险、管理风险和其他不可预见的风险等。例如，战略风险是指与项目市场需求、行业竞争有关的主要风险，具体可从以下几个问题入手描述：有哪些风险会导致项目的竞争地位比我们的分析或预测更糟？这需要做一些大胆假设，假设竞争对手要从我们手里抢走一个大客户，这种可能性有多大，它会产生什么样的影响，还有什么因素会让项目的地位下滑？相反，什么因素会显著改善项目的竞争前景？主要竞争对手退出市场，这种可能性有多大，会有什么影响？

第二节　商业计划书的形式标准

任何文本想要获得较好的传播效果，都必须遵循内容与形式相统一的基本原则。因此，商业计划书的形式也必须遵循为内容服务的基本原则。由于 Word 版商业计划书是项目的详细介绍，文字内容较多，一般都会装订成册，以方便投资人阅读。商业计划书的形式遵循图书的基本编辑规律，计划书主要由封面、目录、正文、附件几大部分组成。封面和目录主要发挥导读功能，方便投资人在较短的时间内快速理解项目的基本情况，因此，我们要高度重视封面和目录的形式规范。

商业计划书的打印应尽量采用质地较好的纸张，封面色彩醒目。一般创业计划书的最佳篇幅在 15—30 页之间。对大部分企业来说，20 页已经足够了。但如果这份计划书是为了公司内部使用，则可以到 40 页或更长。如果创业者开设的是一家小型、简单的企业，计划书最好不要超过 15 页，但若不到 10 页就会显得有些单薄。

一、商业计划书封面形式规范

商业计划书的封面可充分发挥图文互补的优势，所有元素既要遵循视觉规律，要有视觉中心，又要兼顾版面语言规律，最希望投资人关注的内容，一般占据最大的面积。封面的设计还要注重一定的审美艺术性，最好具有独特性。封面整体颜色不要超过三种，封面元素简单明了，可按照从左到右、从上到下的顺序来科学布局。图中含有项目核心产品、商标、企业标识等几大要素，文字包含项目名称，项目负责人姓名、联系方式，项目所属学校等。

商业计划书项目名称一般用黑体字突出显示，就像新闻标题一样。如果项目名称表达准确且能突出项目独一无二的特色，就会有效吸引投资人的注意力，激发其对该项目深度了解的兴趣，最终提升项目获奖或融资的成功率。

如果项目名称表达含糊，创业者就会失去很多融资的机会。毕竟，我们处于一个注意力严重稀缺的时代，引发投资人关注的标题甚至已经成了帮助企业渡过融资难关的撒手锏。

项目名称表达准确的基本要求：第一，从项目所属细分市场行业角度找定位关键词，而不是从技术角度找项目关键词。例如，“星火光伏——太阳能电池增效新引擎”中的“太阳能电池增效新引擎”这个定位表述就不是行业定位，并非指代项目所处的细分市场，它表达的是原创技术的功能效果。该项目的定位是一家太阳能电池板提质设备生产商，涉及的是光伏产业，处于光伏产业的上游。所以，如果将之改为“光伏板提质增效设备生产商”，就会让投资人快速将项目与对应的产业链关联起来，从而快速判断出项目的发展前景。

第二，体现项目发展目标与愿景。项目创始人希望企业在同行中具备怎样的地位，这个目标不要盲目拔高，要切合项目的整体实力，在仔细评估团队和资源后找到最佳位置。例如，“直播短视频制造工厂”这个项目的目标是“中国视频直播内容制造领域的富士康”，这个表述十分清晰，让人一目了然地知道创始人想将公司带到什么样的竞争地位。愿景一般可以放在商业计划书的结尾部分，是创始人创办企业的商业价值理想，例如“慧救亿生”项目的“健康中国，全民慧救”，就阐述了企业的社会价值，体现了对项目愿景的提炼。

第三，名称中避免信息重复。一般项目名称由主题和副题构成，主题是项目宏观愿景的抽象提炼，副题是对项目具体目标的阐释。为达到最佳效果，标题两部分应虚实结合，避免信息重复。

二、商业计划书的目录制作标准

商业计划书的目录与图书目录一样，可发挥导读的作用。它不仅要让投资人对项目的整体商业战略是否合理一目了然，而且方便投资人快速找到感兴趣的具体内容。因此，目录上的章节名称一定要呈现项目完整的商业逻辑；同时，目录里与正文中对应内容的页码一定要精准。

通过以下两个项目的目录对比，我们会发现：图 6-2 中的商业基本核心要素之间层次清晰，让人一目了然。图 6-3 却存在严重的概念混淆，字面形式表现为：（1）二级标题与一级标题存在着信息重复的现象。例如，第一章第一节里包含了“项目背景”，第二章却又出现“环境分析”，项目背景与环境分析内涵是一致的，这种重复体现了信息表达逻辑的混乱。（2）概念范畴混淆，用词不准确。例如，图 6-3 中的第二章“环境分析”与第三章“调研分析”同时出现在一个层次的章名称中，是概念范畴混淆的一种表现，因“调研分析”范畴比“环境分析”大，二者是包含与被包含关系，并非平行关系，这种表述无疑会让人产生误读。

目 录

图 6-2　比较符合商业计划书的标准

目 录

图 6-3　商业计划书逻辑比较混乱

三、商业计划书正文制作标准

正文部分一般包含三大模块：项目或公司概要、整体战略规划、总结。

项目或公司概要是正文的开篇，也是公司整体战略的精华信息浓缩版，要能快速突出公司的核心竞争力，让投资人在阅读详细的商业计划书前对公司整体情况留下一个好印象。因此，这部分内容一般包含项目或公司的主要产品或服务、主要目标客户群、创新优势、核心技术壁垒、团队构成、营收利润率等。在“互联网 +”大赛的商业计划书中，这一部分内容是必需的，便于投资人快速了解项目。

正文形式特点主要有：尽量多使用图表及原图。善于运用图表来呈现与项目商业战略相关的核心数据，这是商业计划书形式上的典型特征。由于图表呈现数据时更加形象，便于投资人快速了解项目，因此，图表制作一定要遵循数据可视化的基本规律。原图是指一些与项目发展有关的权威媒体宣传报道素材，通过截图的方式将之引用到商业计划书中。原图要标明出处，才能发挥其重要的论据作用。

正文语言特点主要有：客观性信息而非主观观点的罗列；通俗形象的语言，而非专业技术术语的罗列。商业计划书不是讲故事，不是简单的观点表达，而是要系统地论证项目落地的可行性。因此，商业计划书与学术论文的行文要求是一致的，需要大量客观论据来证明项目的可行性，而不是呈现一些抽象、概括的主观观点。例如，在“互联网+”大赛某商业计划书中有这样的表述：“目前哈萨克族年轻一代能够掌握刺绣技艺的越来越少，哈萨克族刺绣面临失传的危机。我们必须继续挖掘哈萨克传统民间文化和深层潜力，勇于创新，必须通过向全世界展示本县特有的哈萨克传统手工艺技能，来宣传、保护、发展民间文化，提升地域文化层次，不断加强传统手工艺的生命力。”其中，“哈萨克族刺绣面临失传的危机”，需要具体的数据来支撑，而不应只有这样一句模糊的概述，这样的语言不适合大篇幅出现在商业计划书的正文中。

同时，商业计划书中要避免大量使用理论术语，专业的理论术语会给阅读者制造比较大的障碍，无法吸引投资人的注意。

创业计划书模板

公司主营：求职信息咨询与培训服务

××××××××××公司

创业计划书

目 录

3.4 产业结构分析

3.5 竞争优势

第四部分　竞争战略

4.1 商业目的

4.1.1 市场开发现状分析

4.1.2 市场进入策略

4.2 市场定位

4.3 “×××”发展战略

4.4 竞争力分析（SWOT）

第五部分　营销策略

5.1 营销目标

5.2 营销战略和总体规划

5.3 销售渠道策略

5.3.1 图书出版销售渠道

5.3.2 其他产品销售渠道

5.4 产品与服务策略

5.4.1 图书出版

5.4.2 网站咨询

5.4.3 职场培训

5.4.4 高级客户服务

5.5 市场策略

5.5.1 学生市场

5.5.2 社会求职者

5.6 价格策略

5.7 沟通策略

第六部分　经营管理

6.1 商业模式

6.2 ××× 价值链

6.3 价值链分析

第七部分　团队组成

7.1 团队成员

7.2 成员技能分析

第八部分　财务分析与融资

8.1 CVP 分析

8.2 五年财务年报

8.3 财务比率分析

8.4 IRR、NPV、PP 计算

8.5 灵敏度分析

8.6 公司资本

8.7 公司融资

第九部分 风险预测与防范策略

9.1 客户接受程度风险

9.2 管理风险

9.3 竞争风险

第三节 商业计划书撰写的常见问题

近三年，我们至少看过近千份师生撰写的商业计划书，发现一些问题总是在初次参赛团队的商业计划书中出现。产生这些问题的根本原因并非师生写作基本功差，而是他们严重忽视系统创业理论知识及创业实践积累的结果。

在这里，重点总结了创业理论与实践积累匮乏所导致的商业计划书逻辑混乱的三大常见问题，试图提醒学习者要想写出一份逻辑自洽的商业计划书，必须高度重视创业理论知识和实践的积累。写作本质上是一个输出行为，要想输出时条理清晰，学习者必须在输入环节厘清知识点之间的逻辑，而理论与实践螺旋式上升融合的方式，无疑是学习者深刻理解知识点的最佳方法。

一、不重视市场调研，商业模式论证不成立

尽管许多商业计划书看上去厚厚一沓，撰写者也花费了大量时间和精力，但是，我们发现它们连基本的商业模式论证都难以自圆其说，甚至连为什么要创业都未写清楚，这就好比写论文或课题申报书时，题目是模糊不清的，论证框架是不完整的。可见，这样的商业计划书格式再规整，形式编辑得再漂亮，也是一个不合格的文本，是难以吸引投资人注意力的。

商业模式论证不完整具体体现为以下两个方面：

第一，项目痛点的表述过于宏观且观点绝对。例如，某项目的痛点表述为：“现有防治手段存在着一些局限，首先，疗效存在局限，市面上常见的抗呼吸道病毒感

染药物疗效不明确，症状缓解慢，后续核酸检测复阳率高。其次，毒副作用大，常规治疗方案常使用大剂量的抗病毒药物及激素，往往导致严重的毒副作用和后遗症。再者，难以全面预防，疫苗针对单一毒株，但病毒毒株变异较快，像最近大流行的德尔塔毒株，疫苗难以全面预防。”文中大量绝对的否定词将现有市场上的竞争对手一巴掌全拍死了，否定了市场上竞争对手存在的合理性，显然不符合人们对上市药品的基本认知。

第二，商业模式的立论点表述有问题，大多都在论证项目产品质量如何如何好，所以消费者一定会买单，而不是论证因为项目发现了一个消费者亟须的价值需求，为此打造了一款产品，所以消费者会买单。许多科转项目的商业计划书都默认这种论证逻辑，一方面是技术出身的创业者还未具备创业理论知识，另一方面是部分创业者固守“只要产品质量过硬，市场就会自然接受”的错误创业观念。

通过深度调查，我们发现，导致这一现象的主要原因是：许多参赛的创业团队只看到了比赛的表象，误以为是普通的校园演说大赛，未深度学习“互联网 +”大赛的相关政策，也未将创业实践与大赛育人的根本目的结合起来，最终导致参赛者为了参赛而参赛，从而对商业计划书的撰写难度产生误判。

对于创业团队而言，撰写商业计划书是创业进入相对稳定阶段的结果。当万事俱备，只欠东风，需要融资的时候，团队才会具备商业计划书撰写的基本条件。因此，在撰写商业计划书之前，市场调研是已经完成的环节。如果创业团队不做市场调研，就开始撰写商业计划书，其过程中花费的大量时间是徒劳的，也意味着该团队的投入产出比是极不划算的，毕竟，创业初期，时间就是金钱，创业团队应遵循基本的创业流程，让时间产出比最大化。也就是说，创业团队要改变不重视市场调研的做法，项目必须依据市场调研结果来推动。

二、受限于惯性思维，大篇幅停留于技术要素

许多参赛商业计划书创新点都只论证一个主题：项目的核心技术有创新。实际上，这个核心主题已经违背了商业计划书的基本论证逻辑，而是沿用了论文或科研项目申报书的论证逻辑。主要表现在以下几个方面：

第一，在论证项目创新点时，只阐释技术创新，并未涉及商业项目所需的其他创新要素。例如，某项目的商业计划书用 5 页篇幅阐释了 6 大核心技术突破，涉及产品、商业模式、营销等要素的创新点却只字未提。这样的商业计划书占比还是比较高的。

第二，痛点阐述止步于技术，未关联消费者的需求层面。例如，某项目的痛点

阐述为“航空机械零部件形状复杂、精度高、成形困难，是制约行业智能制造发展的卡脖子技术”，这句话仅描述技术难度，未触及其他方面。显然，一个项目的痛点并不仅仅是技术受限。

第三，论证数据大量使用实验技术数据，很少见商业计划书需要的量产产品性能测试数据、成本核算数据、用户反馈数据等。商业计划书是项目缺资金或发布新产品时才使用的，投资人更关心的是产品的性能与品质，对于技术的原创性数据并不十分关注。但师生们的商业计划书大篇幅用于阐释技术的原创性与先进性。

导致以上问题的主要原因是许多师生对“互联网 +”大赛的认知还停留在校园学术大赛的标准上，并未认真阅读和系统学习过大赛的评价标准，没有对商业计划书的作用的清晰认知。

三、缺乏创业实践，大量误用学术概念

许多创业团队的商业计划书会囿于写作模版的固定套路。例如，环境分析中的 PEST 模型分析、波特五力分析、SWOT 分析等，其中，SWOT 分析常常在商业计划书中占据独立一章，这可能是缺乏创业实践，套用陈旧的商业计划书写作模版的结果。

SWOT 分析是对项目优劣势整体情况的描述，集中表述为一章，有悖于商业计划书的基本逻辑。一个规范的商业计划书整体框架依据的是一个具备市场竞争力的商业项目所需的基本要素，构建的是一个完整的创业闭环，每一章都应重点阐述创业中的某一关键环节。SWOT 分析不是其中的某个环节，这一章出现在整个框架中显然是格格不入的，信息重复自然也是不可避免的。

参赛者可以借鉴成功的商业计划书，如果套用的模板符合项目的基本商业模式逻辑也是无可厚非的。然而，许多商业计划书存在大量抄袭和照搬的痕迹，这无疑是徒劳的。

要想从根本上解决商业计划书撰写的三大问题，就必须打通创业理论与实践交融的学习路径。各高校只有高度重视教育部倡导的产学研用系统性教学革新方案，真正将政策落到实处，才能让师生有更多机会提升商业计划书的撰写能力。

第四节　案例分析

VR/XR 教育实训云

该商业计划书的撰写者是南昌大学广播电视专业的大三本科生，他在毫无商业知识背景的情况下，借助参加中国国际“互联网+”大学生创新创业大赛的机会，通过4个月的校内项目式课外创新创业模拟实训学习，独自一人带领7个人的团队在一个星期内撰写完成，指导教师未做任何修改。尽管这个商业计划书还有许多提升的空间，但对于一个本科生来说，能够在如此短的时间内掌握商业计划书撰写的基本逻辑，主要得益于项目式实训教学方法。

该项目为南昌大学与江西师范大学多学科教师团队指导，核心技术负责指导教师为南昌大学信息工程学院刘捷副教授，项目基地设在南昌大学信息工程学院VR实验室。团队由南昌大学信息工程学院、新闻与传播学院、经济管理学院等多专业学生组成，负责人为广播电视专业大三本科生。

一、项目背景

1. 中国实训教育方法与运用相关政策

实训教育是职业教育教学的核心内容，实训教育方法的合理运用至关重要。2000年1月17日，教育部印发了《关于加强高职高专教育人才培养工作的意见》，该《意见》指出：“实践教学在教学计划中应占有较大比重，要及时吸收科学技术和社会发展的最新成果，要改革实验教学内容，减少演示性、验证性实验，增加工艺性、设计性、综合性实验，逐步形成基本实践能力与操作能力、专业技术应用能力与专业技能、综合实践能力与综合技能有机结合的实践教学体系。”

2. 中国教育信息化相关政策与现状

时至今日，我国教育信息化建设走到2.0阶段，从教育信息化技术、平台、场景的搭建走向应用的普及，致力于信息技术与教育模式的深度融合与创新；从“三通两平台”的搭建，走向“三全两高一大”的基本目标。

2.1 政策的大力推进，促进教育经费投入持续增长。

在国家政策对教育信息化行业的持续大力推进下，我国教育信息化行业将持续深入发展。数据显示，2013—2018年，我国教育信息化经费持续增加，从2013年的1 959亿元增长至2018年的3 132亿元，预计2020年将达到3 863亿元。随着教育信息化 2.0 的建设推进，经费投入还将持续增长，中国教育信息化行业每年的市场增长量达到 130%。就目前来看，在这个持续增长的教育信息化行业市场，VR/XR 实训教育前景发展巨大。

在国家大力发展高效信息化的指导思想下，我国教育部前后出台很多指导性文件制度，投入了大量资金。总体来看，我国高校的信息化建设已经取得了很大的发展，全国 3 000 多所高校已经建设成了校园网、多媒体教室，购买了网络设备，并且每年保持着 1 000 万元的信息化资金投入。绝大部分地区的教师和学生都已经感受到了信息技术带来的好处，大量教学应用软件不断地引入课堂，这些均为信息技术与其他课程的融合创造了基本条件。

2.2 中国教育信息化发展不断向智慧化推进

1.0 时代的推动因素主要来自硬件设施的需求，注重校园基础设施和网络建设；从竞争维度来看，渠道力是关键因素。2.0 时代将更多地依靠软件和服务来推动，实现真正的应用。2.0 时代是运用 5G、云计算、AR、VR 这些新技术将教学、管理、生活、学习等校园业务相互连接融合，促使过程智慧化，打造整体关联、协同演化的智能化校园环境。

3. 虚拟仿真相关政策与现状

2013 年，教育部发布《关于开展国家级虚拟仿真实验教学中心建设工作的通知》。目前，教育部已批准高校建设了 300 个国家级虚拟仿真实验教学中心，认定了 728 门国家级虚拟仿真实验教学项目，虚拟仿真实验教学已经成为智能技术支持下的典型教学模式。2018 年，中国高等院校的信息化市场规模已经突破 5 000 亿元。中国信通院数据显示，2020 年全球虚拟现实（VR）终端出货量约为 567 万台，到 2024 年将达到 3 375 万台，年复合增长率 56%；2020 年虚拟现实（VR）行业市场规模约为 1 000 亿美元。

二、市场痛点及竞品分析

1. 市场痛点

VR 渲染主要是指在三维建模时使用 V · Ray 渲染器的一种方式，其可分为本地渲染与云渲染。但目前市面上传统的本地渲染具有高度依赖本地处理硬件、设备昂贵复杂、缺乏移动性、渲染图像质量低等缺点。

2. 竞品分析

目前我们的竞品公司主要是：上海漫恒、中视典、北京润尼尔。上海漫恒和中视典的规模为 200 人，北京润尼尔规模为 500 人。

[**解析：**市场痛点主要阐述的是技术缺陷，未从目标消费者的角度阐述，只字未提目标消费者是谁，这是对市场需求调研不细致导致的结果。竞品分析未抓住重点，除了简单介绍竞争公司外，应详细解剖他们的产品与我们项目生产的产品性价比各

方面的细节差异，甚至还要延伸到与产品差异相关的其他战略差异。]

三、解决方案及相关合作伙伴

1. 解决方案

1.1 创建云端实训课程整体解决方案

针对传统实训教育存在的投资成本高、安全隐患大、实训素材匮乏等痛点，随着增强现实（Augmented Reality）、虚拟现实（Virtual Reality）等技术的发展，扩展现实——XR 技术，在工业互联网、人工智能等新型基础设施建设的基础上，融合了云计算、大数据、5G 等新领域，具有庞大的发展前景。

1.2 实现实训到数字孪生形态转换

随着信息时代的发展，数字化三维虚拟仿真技术以画面逼真精美、运行高效便捷、功能丰富实用、查询或管理信息直观方便等特点逐渐应用在各个领域，三维可视化技术正是结合了虚拟仿真的特点。

1.3 实施远程实训教学系统化

以互联网云为核心，打造数字孪生虚拟教育在线平台。

1.3.1 授课模式孪生

在数字孪生虚拟教育在线平台中，老师全手势进行授课讲解，以 VR 课堂的形式进行 PPT 和黑板板书的讲解，分享课堂视频、图片、文字资源，同时可以进行模型拆解 / 模型动画演示。

1.3.2 课堂社交孪生

1.3.3 课堂知识孪生

课堂知识孪生模式，可实现对学生的调度评估及对课程的统一管理；同时部分课程可以实现对学、练、考模式的规范化管理。

［**解析：**解决方案并未针对痛点一一展开阐述。只有针对痛点的解决方案才是符合基本创业逻辑的，否则可能会给投资人留下解决方案并不能解决痛点问题的印象。］

四、技术创新

1. VR/XR 云平台 +VR/XR 数字交互

利用成熟的 VR/XR 渲染技术，加持 VR/XR 数字孪生交互技术而搭建的云教学平台，开创性地实现了对传统多媒体教学模式的变革。

2. 边缘计算实时推流技术

边缘计算实时推流技术将云渲染引入 VR 业务中，借助 5G 高速网络，将云端的内容经过渲染输出编码后推送至终端 VR 设备，实现内容上云、渲染上云。

3. 技术壁垒

“VR/XR 教育实训云”项目团队共拥有 VR/XR 技术相关专利 5 项，软件著作权

10 项，严筑信息技术壁垒。省级虚拟仿真实验项目负责人刘 × 老师的 VR 实训教学成果已授权项目团队使用，激活项目优势，推动项目资源整合优化。

［**解析**：未采用比较的视野，仅停留于技术介绍层面，无法让投资人快速判断这些同样存在于竞争对手的技术在此项目中发挥了哪些独一无二的作用，其带来的效果对消费者意味着什么。］

五、应用场景创新

“VR/XR 教育实训云”技术的开发与平台的搭建，密切围绕实训课程的核心场景展开。通过建立云产品矩阵，高速驱动由现实训场景到数字孪生教育实训形态的转变。

1. 课堂授课环节

将 VR/XR 技术应用于多人虚拟教育实训，全沉浸式的新奇体验、新奇的人机交互手段、丰富的 VR 课程资源，帮助用户更好地吸收课堂知识，良好对接“教”与“学”环节，提升教学效果。

2. 在线学习环节

VR/XR 多人虚拟教育实训平台与在线虚拟仿真平台相结合，减轻用户的学习认知负荷，充分提高平台利用率。

3. 校内实训环节

VR/XR 多人虚拟教育实训平台联合 MR 辅助平台，既能完成用户专业技能的仿真训练，提升用户实操水平，又能规避实操风险。

4. 岗前实训环节

利用 MR 辅助平台与 VR/XR 多人虚拟教育实训平台，满足用户日常教学实训和核心技能岗前实训需求。

六、项目进展

项目现与江西省内 10 所高校合作，为其提供教育实训云的 VR 整体解决方案，合作对象包括江西理工大学、江西广播电视大学、江西农业大学等；同时为江西省行业管理部门，如江西省公安厅、南昌市公安厅以及江西机场集团等提供行业云、机务云等 VR 整体解决方案，助力各职能机构、企业高效解决岗前培训、职业技能提升等需求。

七、团队组织

1. 团队人员组成

我们的团队由本科生、研究生、博士生三部分组合而成，分别来自信工学院、经管学院、马克思主义学院、人文学院、新闻与传播学院等，多学科交叉，多年龄段交叉，学生团队人数总计 15 人。每个人从各自专业出发，碰撞灵感，迸溅火花。团队中大多数成员为南昌大学产业技术研究中心成员，有 VR 相关知识与经验。

［**解析**：创业团队在商业计划书中是一个非常重要的部分，须对每一个成员的能力

与岗位匹配度进行详细阐述。这种简单介绍会给投资人留下比较差的印象，投资人会误认为创业团队的成员实力平平，并且创业者可能并不重视团队成员能力的重要性。]

八、商业模式

1. 目标客户

国有企业：目标国企超过 400 000 个相关的行政管理部门；

政府行业主管部门：约 30 个左右高等院校等行为主体；

全国高等院校：约 22 000 家。

2. 资金来源

面向用户提供全套整体服务 / 个性化定制服务，为需要的机构、政府部门或学校直接提供整体解决方案或根据用户需求为其定制个性化服务。为想要打破传统的、受空间与时间限制的主体（企业、学校、政府），提供整体且系统的 VR/XR 实训课程，创建服务方案，获得资金来源；开放代理服务，寻求相关代理商、合伙人为其提供技术支持，达成双方共赢而获得资金资源重组。

3. 资金用途

4. 商业运行流程

5. 商业产品模式

6. 商业营销模式

[**解析**：商业模式并未按照商业模式画布的完整要素进行阐述，资金来源解读不准确，商业运行流程与产品模式两者之间可能存在包含与被包含关系，须进一步解读概念范畴，才能确定逻辑的条理清晰。]

九、投资和财务分析

1. 投资分析

1.1 股本结构与规模

1.2 资金来源与运用

公司初期将资金主要用于购建固定资产，如租赁厂房、建设生产线等，首期还有基本物业投入以及运营中所需的直接人工、管理费用及其他各类费用。

1.3 投资收益与风险分析

1.3.1 投资净现值

银行短期借款（1 年期）利率为 6.56%，长期借款利率为 6.65%（1—3 年基准利率）。假设投资期为 5 年，投资金额为 10 万元。

1.3.2 投资回收期

回收期 = 投资额 /（年现金净流入 + 年折旧额）

假设投资额为 10 万元。通过净现金流量、折现率、投资额等数据用插值法计算，税前投资回收期为 2.79 年，税后投资回收期为 3.74 年，投资方案可行。

1.3.3 内部收益率

根据现金流量表计算内部收益率如下:（略）。内含报酬率达到78%。

1.3.4 综合评价

1.4 投资回报

公司的成长离不开股东的投资，根据对未来几年公司经营状况的预测，公司能以较高的利润增长，拟从净利润中提取合理比例的资金作为股东回报。公司前五年不分红，从第六年起按净利润的15%分红。现初步拟定股利政策为低现金股利，加上股票股利，在公司财务状况稳定、经营状况良好时向全现金股利方向发展。

2. 财务分析

2.1 会计报表

2.1.1 公司财务基本情况与会计政策

按照《中华人民共和国企业所得税法》，自成立之日起，按25%的税率征收企业所得税。

公司的存货采用先进先出法；固定资产估计使用寿命为30年，期末无残值，折旧采用直线法，厂房不计入折旧。

公司成立后，前五年不分红，从第六年起按净利润的15%分红。

公司属于一般纳税人，增值税率按17%计算，此处为简化考虑，均不考虑增值税。

2.1.2 销售预测

公司采用指数平滑预测法预测年度销量：下期预测数＝本期实际数 × 平滑系数＋本期预测数 ×（1－平滑系数）。由于时间数列相对平稳，且产品本身性质稳定，故选平滑系数为0.5。

2.1.3 营业及管理费用预算

［**解析**：财务分析里的每一个数据都必须是认真计算的结果，要把项目中产品定价和行业市场定价平均水平结合起来，要符合真实的市场规则。］

十、风险分析与规避

1. 技术风险

风险来源：本公司技术风险来源于技术泄露，而技术泄露的途径为：被不法分子偷盗；公司聘用人员离职；加盟生产商泄露。

风险程度：公司的技术复杂，中间设置诸多防护装置，并且定期会有公司发来的验证码检测，因此，技术泄密风险很小。

规避对策：加强保护程序力度，且由总公司实时监控每一个技术的使用情况。

2. 财务风险

本公司财务风险来源有：二次融资不成功；高新技术企业认定失败而无法减免

税收；现金流风险（应收账款及坏账）。

3. 管理风险

本公司管理风险来源于：创业团队核心成员离职；聘用员工流动；关键雇员依赖。

十一、项目未来规划

1. 项目推广计划：项目近三年的发展规划，公司成立时间，第一批产品下线时间，首批客户确定时间。

2. 带动就业：直接带动就业多少人，间接带动就业多少人。

3. 引领教育：学生们在项目中获得了怎样的能力提升，项目对专业教学的帮助作用，体现在哪些方面，能够为学生从事本专业工作提供哪些优势资源。

课后实训练习

1. 请小组成员共同分析本章第四节“VR/XR 教育实训云”商业计划书的优缺点，并提出修改方案。

2. 请谈谈商业计划书写作与创业实践之间的关系。

3. 阅读以下简版商业计划书，分析其存在的问题。

材料：2016 年 11 月，教育部和国家发展改革委等 11 部门印发了《关于推进中小学生研学旅行的意见》，将研学旅行纳入中小学教学计划中。而 2021 年“双减”政策的落地，更是推动了课外素质教育需求的进一步升级。但当前市场上的科普研学课程仍存在着内容枯燥、传播形式化、知识落后等严重问题，质量难以保证。

本项目关注到当前研学市场的缺陷，现已成立公司——先科新传，并规划出三条业务主线：一是进行课程内容开发，公司投资力度最大，充分利用了教育学理论 PBL 学习法进行高质量课程的设计，建了立标准化的研发流程，致力于开发出高质量高水平的优秀课程；二是进行教具的设计，配套研发课程专属教具；三是对接机构提供专业培训。公司主要对接的客户也有三类：包括展陈设计企业、研学机构和研学营地三种。并不直接和学生端对接，盈利模式主要靠与研学机构进行抽成，这样能较好保证盈利的持久性与客户黏性。

项目组成员跨专业融合，全程参与课程的研发与实践，在经验丰富的指导老师指导下，现已设计出众多课程，曾在南昌和上海两地进行过落地实践。项目落地以来获得客户良好反馈，在带动就业方面也卓有成效。公司目前签有专家合约与软件著作权，已与多家机构实现合作。期待未来实现由一点串一线，由一线画一面，推动科普内容持续深挖，致力于成为重启内驱力 PBL3.0 版科学课程开发的引领者。

一、教育维度

区别于传统教育的分科教学，先科新传项目团队在教育维度上一直走着跨学科融合的发展道路，团队成员的学科背景以新闻类专业为主，并涵盖历史学、法学、教育学等专业。团队成员综合素养整体提升：现已培养出近30名本硕学生，他们掌握了跨学科课程研发与教学技能，其中本科生保研率高达90%，研究生100%进入国企工作，1名学生正在规划创业。跨学科团队的构建促成了专业重组，再造了一个“新文科”专业，实现产学研协同创新。跨学科融合与产学研创新，将促进传统的STEM教育行业实现转型升级，高质量科学课程设计人才将成为刚需，可助力广播电视新闻学、教育技术学、科学教育传统专业实现“新文科”重组。当前，先科新传已促成江西省省部共建融媒体实验中心与国家级科普中心的融合，促使南昌大学新闻学院与上市企业风语筑协商战略合作事宜。

二、创新维度

在创新维度上，先科新传首创硬科普课程设计新标准。第一，实现了第一课堂与第二课堂知识点的无缝对接，校内外学习效果相得益彰；第二，突破了原先硬科普传播效果差的硬伤，将学生注意力持续时长提升70%；第三，突破了传统实验模式化的瓶颈，创新自由度提升3倍。同时，在资料搜集上使用大规模文本搜集技术，提升原创效率，突破原创课程低效的难点，使课程定制周期缩至原来的20%。

此外，创新产品应用场景：组合式课程多场景应用，教具IP化。一套汽车系列课程可应用于汽车博物馆、4S店、汽车户外营地三大场景。原创课程教具与新文创产品融合，使展馆IP形象入脑入心。

三、团队维度

先科新传是一支由当代年轻学生、行内名师以及业界专家组成的高水平优秀团队。

公司CEO肖雨轩，出身于创业世家，立志投身教育事业，在南昌大学连续3年专业排名第一。曾担任新闻传播学院学生会副主席，组织文体活动近30场。新冠疫情期间，志愿服务近300小时，曾获江西省第二届科普能力大赛三等奖等20余项荣誉。主创团队跨校、跨专业合作，每一位核心成员都为教育创新奔赴而来，都能独立带队进行课程调查、研发与教学。过去2年来，已在4大类场景开展实验课程55次。

团队指导教师三位，其中包括教育部互联网＋大学生创新创业大赛指导专家、中国国际“互联网＋”大赛国赛金奖指导教师、江西省教育厅金牌教师、省委宣传理论处特聘研究员、李薇副教授，省教育经济学专业委员会常务理事副秘书长、国家精品课程团队教师、彭静雯副教授，江西省大学物理学术竞赛评委、江西省创新知识竞赛优秀指导教师、何琺副教授。三位指导老师全力指导团队成员进行课程研发、调研与教学工作。

团队专家顾问三位，其中包括原教育部基础科学教育指导委员会委员、广西师范大学基础教育课程研究中心常务副主任、国际物理教育委员会委员、中国教育学会物理教学研究会理事罗星凯教授，南昌师范附属实验小学京山校区校长、省学科带头人、省小学教师培训讲师团负责人、江西省特级教师、资深小学教育专家涂卷老师，江西省一级资质展陈设计公司董事长、全国陈列艺术委员会资深专家组成员、展馆设计经营专家黄艳萍，三位专家顾问全力支持本项目发展。

四、商业维度

先科新传作为一家未来新兴的科普公司，其核心竞争力强主要有四点原因。第一，课程质量高，填补高质量科学教育的市场空白，满足展馆公教课程亟须提质的刚需。第二，当前处于蓝海市场，规模高达 800 亿。第三，定位精准：专注于为 B 端提供高质量硬科普课程服务，助力 4 大类研学场所因课程设计人才匮乏难以破局的困境。第四，衍生品不可替代：原创教具衍生的新文创产品赋能展馆 IP，讲好中国故事。

公司现已完成天使客户市场测试，并于 2023 年 4 月 17 日，首推项目——汽车动力系列课程，该项目已落地上海前滩华为 4S 店，家长复购率高达 85%。同时，项目已落地南师附小京山小学第二课堂（南昌市排名第 1），目前公司正在与 2 家一流展陈公司谈渠道拓展合作。

第七章　准备项目路演

教学设计目的

项目路演准备与实训既是创新创业实训教学过程中的输出环节，也是该课程的学习效果检验环节。本课程的考核模拟中国国际“互联网 +”大学生创新创业大赛的比赛流程，一是大赛的比赛流程与市场上创业路演流程一致，二是这门课程的主要目标之一是助力学生在大赛中取得好成绩，因此，路演模拟实训是必要的学习内容。

主要教学任务

1. 设计好项目路演测评的基本标准和得分计算规则。教师可将中国国际“互联网 +”大学生创新创业大赛前一年的评分标准直接作为课程路演环节的测评标准。当然，教师也可以根据商业项目的基本评估体系自行设计考评标准。得分计算规则要确保公平公正，并与课程总体成绩计分规则结合起来，建议路演得分不要超过总成绩的 50%。

2. 选择合适的评委。教师可以让学生小组组长作为评委，也可以请校内外了解中国国际“互联网 +”大学生创新创业大赛基本规则和熟悉商业项目评估标准的教师或专家来做评委。要避免邀请只了解学术项目评估标准的教师做评委，这将导致学生学习效果的考核标准与课程目标不一致，无法准确评估教学效果。

为什么有的大学生的路演让目标受众（投资人）无法保持持续的关注，无法激发投资人深度了解的欲望？导致这一现象的主要原因是路演无法区分大众传播与人际传播的差异。我们每一个人在日常生活中与人面对面交流，一般是人际传播行为，我们扮演的是非职业传播者角色，“以传者为中心”占主导性，习惯性只讲自己认为很重要的内容，很少考虑目标受众关心什么。

“互联网 +”大赛中的路演是一个大众传播行为。最早的路演诞生于股票经纪人在路边的兜售叫卖，路演的英文是“road show”。路演既然是一种公共场合的大众传播行为，就得遵循“以受众为中心”的基本原则。如果沿用人际传播“以传者为中心”的习惯，难免无法吸引大部分目标受众的注意力，最终使投资人失去倾听的兴趣和耐心，从而导致路演失败。

本章重点梳理了路演中出现的基本痛点，便于大家快速理解路演所有材料之间该如何融合传播才算是做到了以“受众为中心”。

我们要先解决一个关于路演整体传播认知的痛点问题：严重忽视路演三大件——视频、路演稿与PPT的融合传播效果。项目团队在备赛时，大都将主要精力放在PPT制作上，留给路演稿撰写和视频制作的时间极少，甚至许多校赛团队根本不撰写路演稿和制作视频，这是典型的缺乏受众意识的行为。

路演要实现“以受众为中心”，就须确立一个全新的观念——要实现最佳传播效果，取得路演成功，路演三大件必须是一个完整的融合传播作品，三者的内容是相互补充的，避免重复叠加。三种不同的传播手段，充分发挥多媒体符号功能互补的作用，使项目信息形象化的同时形成完整的说服逻辑闭环，最终实现最佳的说服效果。

确立了这个全新的路演观念，再针对三大件的常见痛点逐一击破，必然有助于路演传播效果的提升。

第一节　视频制作的痛点

视频的传播优势是能够呈现事实的动态过程，能够让受众见证事情发生发展的现场并快速理解。和文字相比，视频场景信息含量更丰富。今天，我们已经迎来了短视频时代。短视频之所以兴盛，与视频得天独厚的传播优势是密不可分的，并且短视频还迎合了现代人注意力不够持久的特点。在这样的背景下，“互联网+”大赛将视频作为一种传播手段纳入路演，无疑是适应现代人接收习惯的一项重要举措。路演者应充分利用好这种传播手段，使路演达到最佳传播效果。

视频可同时作用于人的视觉与听觉，因此，视频制作必须遵循视听语言的基本规范，才能将其传播效果发挥出来；若违背了视听语言的基本规范，则可能产生相反的传播效果，降低路演的可信度。“互联网+”大赛项目路演视频常见的问题主要有如下三点：

一、有违视听语言的基本规范

忽视视频画面语言的特殊性，导致违背视听语言的基本规范。视频的生产流程一般是先写文字脚本再拍摄。脚本用文字表达，难免要发挥文字抽象的功能，但视频是由画面构成的，画面属于视听语言，动态与形象功能是视听语言的主导优势，因此，脚本采写者如果习惯性地使用抽象概括式话语，视频画面就很容易沦为文字的配角，难以发挥视频视听语言的传播优势。

视频文字脚本的采写应尽量使用场景式还原语言，具备较强的画面感，便于文字稿转化成拍摄脚本。重视画面语言的主导地位，确保画面信息的真实性。高校创业团队在制作视频时，可借鉴纪录片的拍摄手法，充分发挥手机“记录过程”的优势。这既解决了校内创业团队不具备专业拍摄设备的难题，也符合“互联网+”大赛的本意，让创业者真实呈现创业过程。记录性视频是最具说服力的素材，投资人更愿意相信创业过程，而不只是创业结果。只有视频能记录过程，而口语和PPT都无法有效传递创业过程的相关信息。

在科转项目中，视频可多呈现技术转化成产品的过程，因为这样的过程用文字和图片呈现，依然会令人费解，不能在较短的时间内达到让人看懂、听懂的传播效果。例如，南昌大学的“塑料再生”项目就用动画视频记录了项目核心产品的生产全过程：一台热解设备是如何将废塑料热解成石脑油的。该视频无疑增加了项目的传播力，为该项目拿到2020年的国赛金奖助力不少。

二、主题与创业要素毫无关系

主题与创业核心要素毫无关系也是路演视频中常见的问题。导致视频主题与项目核心要素脱节的主要原因是视频制作者采用了面面俱到的叙事方式。路演视频就像一篇完整的文章，是一个独立的文本，也要遵循主题突出的基本原则。另外，由于路演视频较短，仅有1分钟的时间，若视频想面面俱到，可能连一个完整的意思都无法传达。目前，“互联网+”大赛中的路演视频普遍停留于面面俱到的标准上，核心突出的视频很少见，未对目标受众产生叠加传播效应。

视频之所以能成为一个独立文本，是因动态画面同样具备文字符号的表意功能，一帧画面就相当于一个词语，画面与画面的组接就像词语与词语组接造句一样，也能表达完整的意思，从而起到信息传播的作用。视听语言就是专门阐述画面与声音表达规律的一门科学。制作好视频要遵循视听语言的基本规律，确定主题是必不可少的一环，并且路演视频的主题必须与创业项目要素息息相关，如产品与众不同的功能、项目的核心竞争策略、创新的商业模式、已经取得比较好效果的营销策略等。这些要素也是投资人关注的要点。只有做到主题突出、要点明晰，视频才能发挥传播效能。

三、违背诚信原则

路演视频时有违背诚信原则的情况发生，这是参赛者要高度警惕的。违背诚信原则的原因有很多：第一，过度重视视频画面美观效果而忽视内容的真实性；第二，受限于拍摄时间，用摆拍画面替代真实画面；第三，缺乏原始素材，只能后期补拍。即便是无意为之，参赛者也要清醒地认识到路演视频不是拍电影，它的主要作用在于呈现创业团队的整体素养，理应将内容的真实性放在第一位，绝不能为了视频美观而因小失大。视频中的摆拍行为很容易被观众识破，投资人对这样的视频内容也是比较反感的。

想要制作内容真实、画面唯美的视频，就需要团队预留出充足的时间，认真对拍摄内容进行策划；在执行拍摄前，对拍摄场景进行必要的清理。如果要制作具有创意的路演视频，想达到市场上爆款品牌宣传片的效果，视频创作团队不仅要懂项目的商业逻辑，还要会用视听语言讲故事。比如华为Mate20的方言版登月搞笑视频，展示出了 Mate20 能够拍广角照片的功能，比传统视频的传播效果要好得多。

第二节　路演稿撰写的痛点

路演是一个难度系数极高的传播行为，路演者在 10 分钟之内不仅要说服投资人，还要改变他们的行为，拿出资金支持创业者。先写一篇逻辑严谨的路演稿是构建这个传播行为的基本前提。

如果路演者没有事先写出一篇逻辑严谨的路演稿，在这种情况下制作的 PPT 逻辑混乱的可能性是很大的。文字相较于图片在意义抽象概括功能上更具优势，更便于意义的完整表达，如果先用文字梳理清楚项目的整体商业逻辑，再在 PPT 中用相应的图片呈现出来，路演者在路演过程中更容易保持清晰的论证思路。

一些经典的路演场景，都是精心撰写、打磨路演稿后的结果；路演者并非天生具有表达能力，他在舞台上表现出的淡定与从容，都是无数次在台下练习的结果。对于创业者而言，每一次路演都有可能影响企业的生死存亡，是企业对外传播的关键。

对于创业初学者而言，在 PPT 制作前便撰写好路演稿，其必要性便不言而喻了。

要想高质高效地完成一篇合格的路演稿，我们要规避以下常见痛点。

一、忽视口语与书面语的区别

习惯采用书面语撰写路演稿，忽视口语的使用，这是当前“互联网+”大赛中大学生路演者常见的问题。

口语和书面语两种符号系统。口语指语言存在的口头形式，是近距离传播的主要载体。在没有文字之前，口语是语言存在的唯一形式，其特点是动感和节奏较强，互动性便利，能快速传导感受，使受众的情绪高涨，从而激发受众的认同度，是面对面传播的最佳符号系统。在中外历史上，有影响力的公共演说多依赖口语。书面语在文字诞生后形成，由于其具备静态的逻辑严谨性和准确性，更适用于远距离和长时间传播，逐渐发展成当今人们使用较多的符号系统。理论知识传递过程中的“重文轻语”，加之线下人际交往时间被大幅压缩，因此，用书面语替代口语来撰写路演稿成了高校创业团队的普遍做法。

路演作为现代企业常用的一种公共演说方式，口语是最适用的符号系统。通过以下项目路演稿案例可窥书面语替代口语所造成的对外传播障碍：

创新一，我们让中国文化加载现代多个内容传播理论，确保了我们的项目具有坚实的理论基础，设计创新遵循基本的传播规律。创新二，我们原创了分众化、跨学科以及深度学习的内容设计理念。不仅能使内容有趣有料，还能直击内心。创新三，我们原创了既能覆盖所有跨时空的媒介，又与内容高度契合的形式设计理念。使各类新技术应用性价比最高，使游客的“沉浸式体验”并非昙花一现。创新四，我们原创了“标准化”生产流程，破除了创意内容难以流水线作业的产业困境。创新五，我们构建了一套产学研用相融合的商业模式，以人才培养助力内容开发。我们首先会用经典项目案例切入市场，再建立创意高管人才培训的核心业务体系。最终我们将通过“人才输送+项目分包”的方式将现有的展陈公司变成业务外包式合作伙伴。

在没有时间限制的情况下，读者即便静心阅读以上文字，也难免有些费解。在路演现场，这些听上去“高大上”的概念给非专业受众只能留下“项目好像很厉害”的印象，还给受众留下了满脑子的疑问：这个项目到底是干什么的？分众化、跨时空媒介是什么？真的有投资价值吗？

路演者可运用以下口语叙事技巧：

第一，注重动态化或场景化等叙事手法。路演者将 Word 版商业计划书的书面语转化成口语，可以先将创业过程动态化或场景化，然后尝试将内容讲给身边人听，根据他们的反馈，在互动中找到最恰当的场景化叙事手法。

第二，用口语与 PPT 上的书面语关键词进行衔接，使受众产生听到的演说内容与看到的PPT内容高度统一的印象，体现出路演者严谨的商业逻辑。路演者在演说时，声音稍纵即逝，有时难以让受众产生深刻的印象，借助关键词衔接，可以让受众的听觉和视觉同时产生作用，从而加深他们的记忆，有助于他们的理解。

第三，多使用短句，少使用长句。短句不仅结构简单，节奏明快，而且能生动地表述一个相对完整的意思，非常符合口语传播的特点，使受众在现场获得较好的感受，有助于提升传播效果。

第四，从目标客户视角叙事，将技术与接受者的利益关联起来。例如，如果项目的产品是一款采用了新技术的手机，路演者可以从使用者的便利性及最优性价比角度讲技术优势，而不是直接介绍技术参数，因为人们习惯于只关心与自身利益相关的信息。

二、缺乏严谨的创业论证逻辑

路演稿缺乏基本的商业逻辑论证闭环，也是当下创业学习者最常见的问题。一次卓有成效的项目路演，必须建立在路演稿论证逻辑清晰的基础上。项目路演的过程实质上就是一个论证说服的过程，如果论据无法支撑论点或是推理论证过程中存在明显的逻辑漏洞，就难以服人。支撑创业项目路演稿论证逻辑的是一套完整的商业知识。

创业学习者还未系统学习过创业相关理论知识，论证标准未能形成，路演稿就容易产生许多论证漏洞。加之，一些“互联网+”大赛参赛者路演稿撰写会受大赛评分标准影响，要兼顾评分占比，无形中又增加了论证难度。

要解决这一难题，创业学习者只有在比赛过程中，一边推进项目落地，一边学习创业理论知识，并在不断修改中用实践去验证理论知识的合理性，最终才能将路演稿的论证逻辑做到尽可能严谨。同时，参赛的创业者还可以充分利用双创培训中不断与校外创业教师交流的机会，请指导教师帮助发现论证漏洞，在寻求解决方案中促进自身双创知识的积累。

我们总结了一套通行的创业论证框架供大家参考。

创业项目路演稿的总论点为：

我拥有一个值得你投资的企业，或我的企业可以在同行中快速胜出。

分论点为：

- 我的企业生产的产品或服务符合市场需求，且规模较大。
- 我的企业生产的产品或服务具有创新性、已成型、价格合理、具备一定的产能。
- 我的企业生产的产品或服务有原创技术支撑，具备自主知识产权，且技术迭代具有平台支撑，能够持久保持产品的竞争力。

● 我的团队具备完成这个任务的实力。具体表现为：团队分工合理，管理团队不仅专业且经验丰富，有顾问时刻指导团队遇到的难题，团队成员有创业的勇气和决心。

● 我为企业设计的商业模式符合行业市场竞争逻辑，能够在行业竞争中胜出。具体表现为：盈利模式合理可行，营销模式能够快速让产品占领市场。

● 我的企业具有高度的社会责任感，解决的是正在被国外竞争对手卡脖子的产业难题。

● 我的企业未来具有较大的成长空间，不但能适应不断变化的社会需求，而且具有自我革新的潜能。具体表现在：企业定位精准，技术应用面较广，主营业务的商业模式应用场景较广，且具备可复制性。

三、使用晦涩难懂的术语，不会使用修辞

高校创业者撰写的路演稿大都含有较高比例的术语，极少使用比喻等形象化修辞手法，这也是导致路演稿传播效果欠佳的一大痛点。

师生们撰写的路演稿大都表现为四平八稳、面面俱到的特点，可称之为一个市场、产品、技术、团队、模式等样样俱全的企业说明书，在这个样样俱全的企业说明书里还含有大量与技术相关的科学术语。这与科研工作者所坚守的严谨原则是息息相关的，科学术语相较于一些修辞话语，其意义表述的准确性无疑是更高的，但这也制造了传播障碍，使项目晦涩难懂，很容易让投资人失去继续听下去的耐心。

"互联网+"大赛的现场路演一般只有8—10分钟，路演者要想在10分钟之内让投资人对项目产生兴趣，必须先得让大家听懂，而修辞就是帮助投资人快速了解项目的一种手法。修辞手法是通过修饰、调整语句，运用特定的表达形式以提高语言表达效果尤其是说服力的方式和方法。亚里士多德在《修辞学》中提出："修辞可以被定义为一种能力，即在每一种特定情境或事件中发现可行的说服方式的能力。"[①] 在路演中常用的修辞手法有比喻、设问、拟人等。创业学习者运用一定的修辞手法来表达，会让路演内容更加浅显易懂、更加形象生动、更加富有吸引力。

比喻是路演中常用的一种修辞手法。我们可以根据事物的相似点，采用比喻手法，用具体的、浅显的、熟知的事物来说明抽象的、深奥的、生疏的事物。比喻的作用在于能将表达的内容说得更加形象生动，用浅显常见的事物解说深奥罕见的事物，帮助他人正确理解。比喻的好处在于它会呈现一幅语言图画。据说，大脑处理

① Aristotle. On rhetoric：a theory of civic discourse［M］. Kennedy G A, trans. New York: Oxford University Press，1991：36-37.

图像的速度是处理文字速度的 6 万多倍，也就是说一幅形象的图片等同于 6 万多个文字。当路演者使用比喻介绍项目时，受众能把文字顷刻间转化为一幅图片，节省了大量理解时间。

在“盈盈理财”项目的路演中，路演者多次成功地运用比喻的手法。项目的目标用户是“20—30 岁，贷款额度不到 1 万元的小微企业及个人”，但路演者并不这样平铺直叙，而是打了一个比方：“他们是这样一类人，他们要到银行去（贷款），银行是连糖都不会给他们吃的。”这个比喻十分形象，也十分生动。2020 年，一个参赛项目，其核心产品是“移动式微波催化热解装备”，每当参赛者说到这个名词时，专家们就直皱眉。有一次，一位专家打了个比方：“这个装备是不是可以理解为一个巨型的微波炉？”这个比喻很好地解决了产品介绍令人费解的难题。

如果路演稿撰写者还会运用类比、设问、拟人等修辞手法，其语言形象与生动性会大幅度提升。但撰写者务必要向技术研发者认真核实，信息准确是确保传播效果的基本前提。

案例 1：“plastifuel——塑料再生循环领航者”路演稿

• 南昌大学食品科学学院大四学生撰写的路演稿原稿：

各位专家老师下午好！

我们是来自南昌大学“plastifuel——塑料再生循环领航者”项目的创业团队。我是项目负责人 ××。

塑料问题一直是社会讨论的热点，像塑料围城、围海这些新闻也不绝于耳，我国每年约 10 亿吨废塑料产生，垃圾没有被妥善处理致使我们每人每周约摄入 5g 相当于一张信用卡的微塑料，我们究竟是生活在一颗行星上，还是挣扎在一堆塑料中。

现阶段大量废塑料难以回收利用，只能选择填埋和焚烧处理，对土壤和大气造成了严重污染；塑料再生一直是行业内所努力的方向，目前市场上只有机械回收实现了产业化运营，但其具有再生塑料品质低、不可持续等致命弱点，因此市场急需一项新的技术去填补空白。

我国每年生产的 8 184 万吨塑料制品约消耗石油 12.276 亿吨，众所周知，我国石油严重依赖进口，如果我们能从废塑料生产石脑油，再加工成食品级塑料，将直接减少石油进口依赖，进一步保障我国能源安全。而我们 plastifuel 就此应运而生。

我们推出一套这样的再生方案：将废塑料经过微波催化热解技术转化成可作为塑料生产原料的石脑油，我们采用环保经济优质的手段实现塑料固废的无限次循环；同时塑料基石脑油可部分替代石油，节约化石能源；也为当下垃圾分类热潮提供一个可行的后端服务。我们的技术路径也完美地契合了当下可口可乐、肯德基这种大公司的塑料再生梦。

我们在技术上能实现石脑油的稳定高质生产的核心之一在于全球独家微波热解设备的产业化运用。全球独家微波热载体分离技术实现设备的连续稳定运行；行业领先的新型微波场分布技术使能源转化效率提高30%，模块集成创新、气体可发电以实现设备能源自给自足。

经过多年的技术积累，设备功能不断优化，实现三代更迭，目前可以完全实现工业化运行。

创新点二：开创了独辟蹊径的微波特征催化材料，使石蜡产率低于3%，石脑油选择性高达95%，这也是我们能做出市面上无法生产的高品质塑料基石脑油的关键。微波响应催化剂与设备唯一适配，实现催化床层压降低，解决工业微波设备爆炉现象。

创新点三：废塑料热解制备高价值石脑油，可直接应用于现有石化行业塑料生产线，无缝衔接，助力实现从废塑料到新塑料产品的闭环产业链。

同时我们与国内外市场上同类石脑油产品进行对比，综合而言我们的石脑油产品性价比高，有绝对优势。

这是我们设备和产物石脑油的中试报告。

项目创始人 ××× 博士拥有已授权核心发明专利 11 项，其中三项为第一发明人，以第一作者发表论文 15 篇，进一步夯实技术壁垒。

我们的科研成果转化依托 ×× 大学和美国 ×× 大学两大国内外领先科研平台，科学技术成果鉴定和科技查新报告均显示出项目所具有的国际领先水平。

我们的技术现已投产落地，分别在美国能源巨头 ×× 公司完成废塑料中试工程，也与 ×××× 等五家公司进行技术合作。

这个过程的背后是 6 年研究、上万次试验、12 次公司走访、数十次商演、18 人的创业成长之旅。

我们团队多年努力得到的瞩目成绩，也受到了各界媒体的广泛关注和报道。中国工程院院士 ×× 给予本项目高度评价。

目前项目已经进入自主创业阶段，我们的创业商业模式是，与公司达成废塑料稳定供应，本项目免费为企业处理，进行破碎热解制油，处理 1 吨废塑料产生 0.55 吨石脑油，售价 3 900 元每吨，产生 0.015 吨炭黑，售价 6 500 元 / 吨。

同时产物市场规模大，需求量广。

上游原料供应的合作客户包括联合利华等大型日化品公司以及再生资源分拣中心，本公司拟于南昌经济开发区建造生产线，同时与三家公司达成了关于核心装备的主体框架、微波源开发、车载体供应的协议。同时向大型化工厂、橡塑工厂销售产物。

我们现阶段已经与江西富康建设工程有限公司达成厂房建设的施工意向合同；

与联合利华签订了 2 000 吨 / 年的稳定塑料来源供应意向协议；

与 Basf 达成了每年 150 吨石脑油的供应合作，以及与橡塑公司达成了 50 吨 / 年的炭黑供应；

根据现有市场预估，预计 2023 年市场份额占到江西省市场的 0.5%，销售额达 ×××× 元。

成功的项目离不开一个成功的团队，项目创始人 ××× 现为 ×× 大学和 ×× 大学共同培养的工程学双博士，Web of Science 数据显示，其在固废微波热解技术领域影响力全球排名第 ×，处于国际领先地位，他不仅是核心技术的创始人，同时也具有丰富的固废企业管理经验。团队的核心成员也同样拥有相关专业知识，和相关领域的从业经验。另外，我们为各个部门配备各领域权威专家作为项目顾问。指导老师 ××、×× 老师作为项目孵化人全程跟进指导项目创业过程。

我们将于今年 9 月成立公司，计划于 2021 年建成塑料标准处理线，2022 年落实与齐云山食品公司的食品废弃塑料处理项目，合作范围扩大到沿海，预计 5 年内带动就业 125 人，废塑料高值化利用达 2.5 万吨。

拟出让 12% 股权融资 800 万元，进行厂房建设及技术更新。

缓固废之忧，淘资源之宝。Plastifuel 致力于开创高分子废弃物循环再生时代，用技术驱动绿色未来。

● 由教师指导后的修改稿：

各位老师，上午好，我是点塑科技有限公司联合创始人 ××，请各位观看一则项目简介视频。

塑料被列为 20 世纪最伟大的发明之一，给我们的生活提供了极大的便利。

但它又是一把双刃剑，给人类的环境带来了沉重的负担，甚至严重威胁着我们的健康。据央视报道，我们每人每周摄入的微塑料相当于一张信用卡。

最新数据统计，我国现在未处理的废塑料存量达 10 亿吨，塑料污染治理问题刻不容缓。

为此，国家相继出台了众多政策，迫使塑料再生企业进行技术转型升级。

当下，废塑料主要采用机械和化学两种回收手段，但目前这两种手段都存在诸多弊端。

机械回收手段需要先对废塑料进行清洗，这个过程将造成大量水资源浪费与污染，而且经过多次高温重塑后的废塑料会变成永久性垃圾进入填埋场。

化学回收手段，在处理废塑料过程中会造成三废污染，这个技术最关键的瓶颈是设备成本较高，分解出的产品品质较低，难以市场化运营。

如果有一种新的废塑料回收技术，既不造成二次污染，又能转化出高品质的产物，并让“不可降解塑料”永久循环利用，“白色污染”将不再困扰人类。

我们公司正是由于攻克了这个新技术才得以诞生的。

我们使用全球首台废塑料微波热解设备，打造了一条将废塑料转化成高品质石脑油的技术路线。我们目前精准定位了四类废塑料，它们在处理过程中无须清洗，我们的产品石脑油是各类塑料制品的加工原料，真正实现了废塑料减量化处理，使塑料污染治理问题迎刃而解。

我们的项目具备三大独有优势：

第一，技术领先，全球独创。全球独家的微波热载体分离技术，实现了废塑料的稳定热解；两项行业领先的多源大功率微波反应腔体分布耦合与气电联产技术，使设备能耗低。经过多年技术迭代升级，设备已完全实现高效且稳定地运行。

第二，特制催化剂，大幅提高了石脑油产量。1 吨废塑料能够产出 0.55 吨石脑油，一条生产线的石脑油年产量达 1 500 吨。废塑料对我们来说不是垃圾，而是一片蕴藏着无上价值的油田。

第三，产品物美价廉。我们的石脑油品质较高，可用于生产食用级塑料制品，1 吨石脑油毛利润可达 1 500 元左右。

同时，产品石脑油具有重要的战略意义。现在传统塑料合成路线是从原油中提炼石脑油，而我们的项目将部分替代传统化石能源制造塑料，从而缓解能源危机。

与市场上同类产品进行对比，我们的石脑油具有绝对的竞争优势。

这是项目设备的中试报告和产品石脑油的检测报告。

公司为保持持久的核心竞争力，构筑了坚实的技术壁垒。CEO 戴磊磊拥有已授权核心发明专利 11 项，其中 4 项为第一发明人。以第一作者发表论文 16 篇，2 篇为高被引论文。项目技术研发始终依托南昌大学、明尼苏达大学的两个国家级实验平台，经过科学技术成果鉴定与科技查新报告验证，现已具备国际领先水平。

项目从研发到落地近 5 年，培养的本硕博学生近 150 余名，为公司落地运营储备了大量专业人才。

2017 年，项目 CEO 戴磊磊赴美求学深造，在美国能源巨头公司 ×××× 完成了中试，首次实现了技术落地。

2019 年，我们与 Resynergi 公司进行了深度合作，依托本项目的核心技术，Resynergi 公司已经完成了两轮融资，共计 3 500 万美元。我们现在已经与国内龙达石油化工公司开展了进一步中试实验。

同时，我们的项目在国内也产生了一定的社会影响力，江西省副省长孙菊生和中国工程院院士蒋建春都给予了高度评价；受到了新华网等国家级媒体的高度关注，并进行了相关报道。

我们是一个多学科高层次人才融合的创业团队。

CEO 戴磊磊拥有的与该项目核心技术相关的微波热解研发成果在全球排名第 5，2018 年，他成为中国青少年科技创新奖的候选人。

他曾在中美多家企业见习，拥有丰富的组织管理经验。

虽然他还在求学中，但我们都见证了他为创业所做的努力，深知他的决心。

团队的核心成员不仅专业对口且相关从业经验丰富，能高效地各司其职。

我们也为项目的各个环节配备了资深中外专家作为顾问团，为项目保驾护航。

我们以销售石脑油为盈利模式，现已建构了从原材料供给到石脑油销售的商业闭环。化工企业及化纤公司是我们的目标客户。

此前，我们一直在为其他企业提供技术服务。今年（2020 年）这场大赛点燃了我们的创业激情，于是今年 9 月，创始团队成立江西点塑科技有限公司。

我们将采用与塑料回收企业、石油化工企业成立合资公司的方式进行生产经营，共同合作，共享收益。

我们现已与废塑料原料供应商（盈创科技）、拥有售油资质的江西龙达石油化工有限公司、石埠镇人民政府签署战略合作协议。

未来，我们将合资建厂，预计 2021 年建成第一条生产线，直接带动高质量就业 60 余人，间接带动 500 余人的就业。

根据市场需求预估，2023 年我们的石脑油销售额达 6 800 万元。

目前我们拟出让 10% 的股权，融资 500 万元，分别用于以上用途。现在我们已经与杭州雪杉投资管理有限公司达成了初步的意向投资协议。

点亮绿色，塑造未来，点塑科技将开创中国废塑料循环再生的新时代。破塑料围城之困，让废塑料永生。

案例 2：市场上适用的初创企业路演稿①

达特谷酒店和东方温泉浴场将成为一个与众不同的度假胜地。它将坐落在南德文郡，俯瞰壮美的达特河谷。在这里，游客们可以领略充满东方风情的客房、美食和水疗服务。酒店将设 17 间客房，温泉浴场和餐厅也对日间游客开放。

2009 年，英国西部地区的旅游市场价值 2 亿英镑（数据来源：英国旅游局）。当前，严重的经济衰退导致“就近度假”蓬勃发展。此外，英国人口和人均收入增长，以及越来越多的人每年多次度假等长期推动因素都将进一步提振该地区的旅游业。

德文郡和英国西部有许多不错的酒店、旅馆和民宿。行业竞争激烈，入行门槛

① 埃文斯．商业计划书撰写指南［M］. 2 版．刘怡，译．北京：清华大学出版社，2021：29-30.

低。但最有特色的几家酒店生意红火，有很多回头客和极高的入住率。在德文郡的乡村，温泉浴场并不像在普利茅斯那样的大城市那么普遍，但在邻近的托基有几个不错的温泉。托基和托特尼斯还有提供中国菜和泰国菜的酒店。

达特谷酒店将有两个主要特色：优越的地理位置（俯瞰英国最壮美的山谷）和东方风情。酒店将营造含蓄低调的氛围，卧室装潢将透出东方气息。温泉浴场除了提供标准水疗外，还提供东方疗法。餐厅既有东方美食，也有欧洲菜肴。游客可以自由选择。酒店于2011年年末开业。目标是2012年的酒店入住率在25%—30%，2014年提升到60%；同期过夜游客的餐厅使用率和温泉使用率将分别上升到25%和20%。

这些预测的依据包括大量市场研究和几次试销结果。我们编制了一份报告，介绍了该地区10多家三星级和四星级竞争酒店的位置、产品、服务和资源，以及竞争对手的温泉浴场设施。我们还去了英国两个类似的温泉浴场，一个在伦敦，另一个在杜伦，整个体验非常愉悦。我们带着剪贴板和调查表，花了两天时间采访了托培地区的游客。结果显示，在位置相似、价格相近的情况下，受访游客中有82%愿意（37%游客“非常乐意”）尝试达特谷这样的酒店。

我们有意以71.5万英镑的价格购买该物业的永久业权，并计划花费24万英镑将其改建和翻新为17间客房。客房配有浴室、新厨房和水疗设施。此外，还有室外水疗浴缸、桑拿/蒸汽按摩淋浴、两个治疗室和一个冥想室。我们将全职经营这间酒店，聘请3名全职员工，并酌情雇用兼职员工。专业水疗师将按要求签约。

我们计划严格控制运营成本，争取在入住率达40%时实现盈亏平衡，入住率达55%时实现净利润。我们到2014年实现后一个目标，净利润率提高5%—10%。快速增长将带来现金流挑战，因此，我们希望投资人的投资有一定弹性。该计划的主要风险包括常客量不足；入住率低于40%，导致入不敷出；装修工程延误和/或成本上涨；竞争对手开业，酒店业主出现健康问题。计划书对所有这些问题都做了深入分析，得出的结论是以上风险均可控。主要的增长机会在于二期扩建项目。如果我们能拿到建筑许可证，我们将扩建一栋新楼，增加12—16间客房，以及一个漂亮的室外游泳池。扩建项目会增加管理费用，但也能带来更高的利润。我们计划在一期翻新工程开工后，尽快着手申请。

总之，达特谷酒店将成为英国西部地区旅游业的重要参与者，为游客提供别致的住宿、餐饮和休闲体验，并获得可观的利润。我们希望找到与我们有同样愿景的财务合作伙伴。

第三节　路演 PPT 制作的痛点

PPT 是路演为了达到最佳传播效果所使用的多媒体辅助手段，但许多创业初学者将 PPT 当成了提词器，版面上充斥着文字，将它做成了一个浓缩版的书面语路演稿。PPT 的版面语言规律也被普遍忽视，版面缺乏视觉中心，信息主次不分明，常常导致受众视觉混乱，难以注意到 PPT 的关键信息，这是目前路演 PPT 常见的痛点。这违背了路演 PPT 的初衷，使路演无法达到最佳传播效果。

目前，路演 PPT 的制作痛点主要集中在以下四个方面：

一、内容逻辑混乱

路演 PPT 内容逻辑混乱主要表现为三个方面：一是同一页 PPT 里的不同形态信息之间相互冲突，例如，文字与图片不匹配，数据与观点不匹配，论点与案例不匹配等。这种信息表达，制造了大量“噪音”，增加了受众的理解负担。二是 PPT 页面之间推理逻辑常常断链，缺少关键信息，难以支撑主要论点，很难说服受众。例如，某项目介绍市场份额为“全国 0—6 岁儿童有 1.11 亿，亲子消费市场高达 5 500 亿元，且每年增长 7%”，但该项目的产品只限于社区亲子互动，直接省略了全国社区亲子市场的总额，这样的推理显然是缺乏说服力的。三是单页 PPT 内包含的信息过多，许多 PPT 里的图片和文字都满负荷呈现，以致重心不突出，甚至没有重心，导致路演者只顾读 PPT 中的文字，与受众没有任何眼神交流，受众有强烈的得不到尊重的感觉。

内容逻辑混乱的原因之一可能是 PPT 制作团队没有准确且完整地理解项目的商业战略规划。团队可以在完成 Word 版商业计划书并撰写完路演稿后再制作 PPT，这样有利于团队成员之间在商业战略规划上达成共识。

另外，师生团队在制作路演 PPT 时，项目负责人要特别注意，多采用线下面对面沟通分工的方式，尤其是第一次对 PPT 制作整体思路进行阐释时，务必确保每一位成员都能在线下认真倾听，并为团队成员留足答疑解惑的时间。充分沟通是确保团队制作 PPT 内容逻辑清晰的关键。

二、形式逻辑混乱

PPT 形式逻辑混乱主要表现为：一是单页 PPT 上的图片和文字大小与内容逻辑不契合、文字大小与视觉距离不匹配、没有视觉中心等。二是 PPT 之间字体大小不统一、图片色彩不统一、关键信息未统一字体等，这些混乱的形式导致受众阅读 PPT 时难以聚焦，抓不住重点，难以维系稳定持久的注意力。

解决形式逻辑混乱的有效手段就是知晓 PPT 的版面语言基本规则，即 PPT 上的文字和图片等符号面积、距离、形状等须与内容表达一致。首先，符号在版面中占据的面积与内容重要性相匹配：最重要的内容要用最大的面积显示，次要的内容就用中等面积显示，不重要的内容占据面积最小。其次，遵循左上、右上、左下、右下的空间主次顺序来布局，让最重要的内容成为版面的视觉中心。最后，精炼 PPT 上的文字，一个完整的意思尽量用最少的文字。例如图 7-1 中的文字存在大量信息重复问题，还须精心提炼。

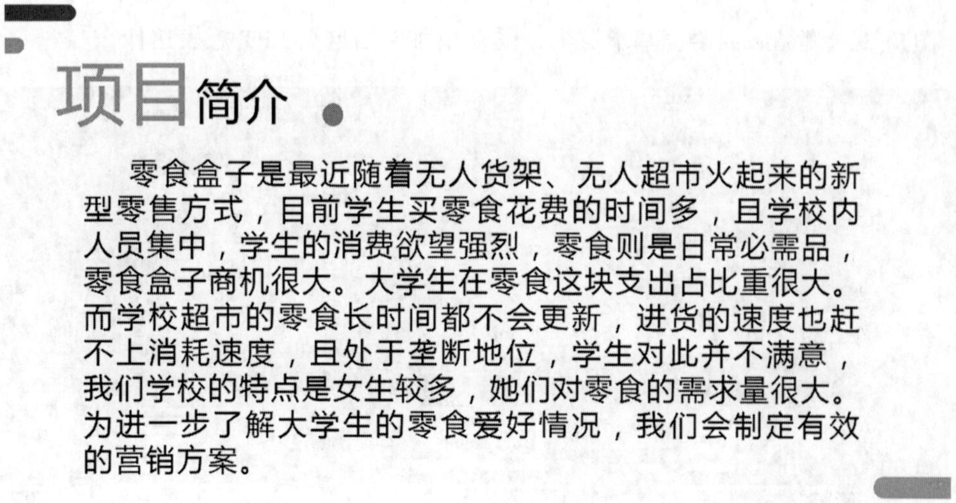

图 7-1　某项目路演 PPT

图 7-2 所示 PPT 里虽说没有图片，但文字都遵循了版面语言基本规律，视觉舒适，内在条理清晰。

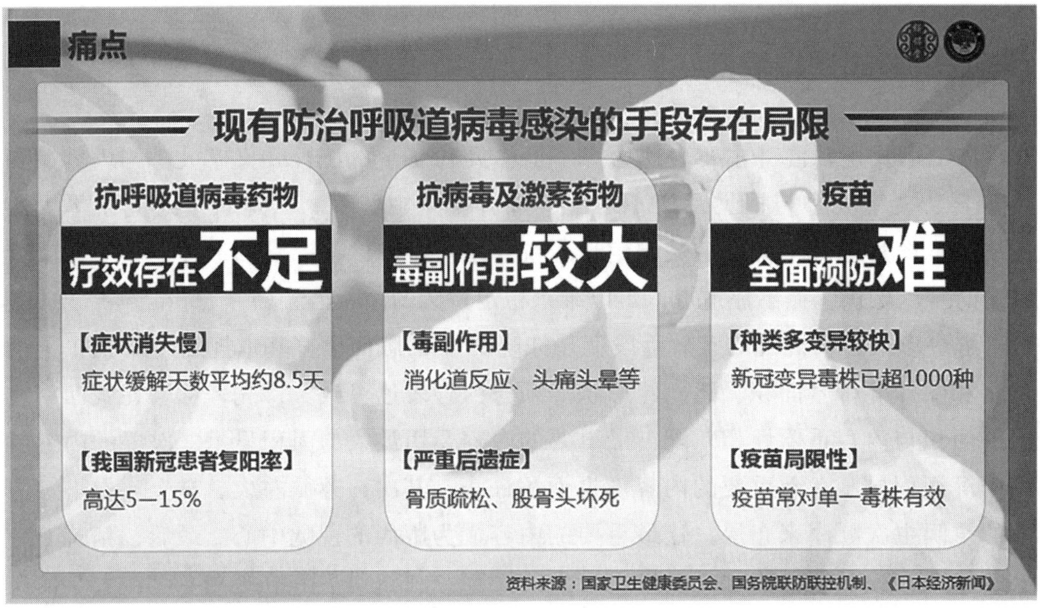

图 7–2　某项目路演 PPT

图 7-3 未遵循版面语言基本逻辑，受众很难明白这页 PPT 想表达什么。

图 7–3　某项目路演 PPT

路演 PPT 要达到最佳传播效果，必须基于 PPT 制作者对项目商业模式的深入理解之上。对于创业初学者来说，如果能制作出一个传播效果较好的 PPT，也是其创业理论知识和实践能力得以提升的证明。

三、高质量可视化信息较少

很多路演 PPT 中虽然含有图片、图表或者动图等可视化信息，但有的可视化信息并非关键信息，也未起到节省受众接受时间的作用。主要表现为：图片清晰度较差，图片中信息重点不突出，图表不具备可视化效果，动图未解决技术原理疑惑等。许多可视化信息停留在华而不实的层面，甚至有的有滥用 PS 技术之嫌，在这种情况下，它们对路演起到的是反作用，而非辅助作用。

高质量可视化信息该如何产出呢？

首先，要了解可视化信息背后的传播原理。

瑞典药物学博士、统计学家汉斯·罗斯林（Hans Rosling），率先在演讲中推出了图形展示方法论，很快图形展示成为 TED 演讲者热捧的手段。《纽约时报》认为可视化信息的目的不是简单地用图形展示海量数据，而是要唤起受众本能的理解力，让受众在较短的时间内获得更多的信息，激发受众深度了解的欲望。人的大脑分为左脑和右脑，左脑通过加工文字、数字等抽象符号，负责理论思考、语言、分析等；右脑通过加工图像和色彩等形象符号，负责感性、艺术、感觉、直觉等。在路演时，路演者要想调动受众的情绪，必须通过情感代入；路演 PPT 只有理性的文字分析不足以激发受众的共鸣，缺少共鸣的说服难以最终刺激受众改变行为，产生深度理解的欲望。

高质量的可视化信息在实现信息形象化的同时，不能违背信息准确的基本规则。例如，图 7-4 技术原理转化成图 7-5 形象生动的卡通图形后，受众便相对容易理解其中的含义。

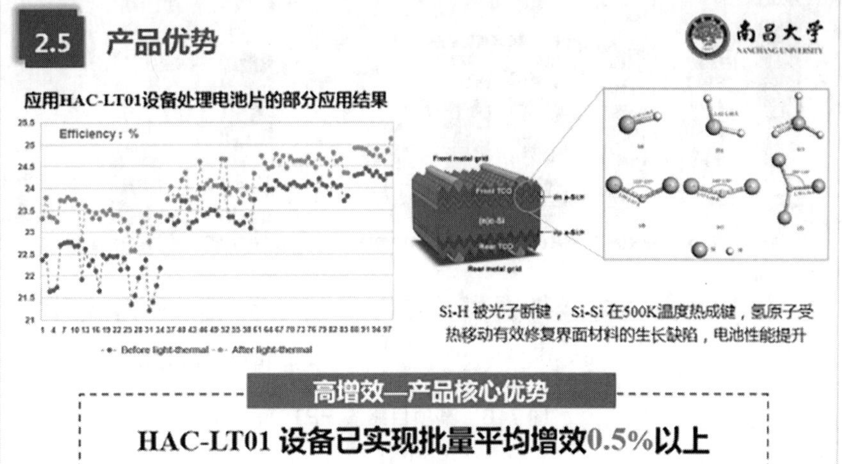

图 7-4　某项目路演 PPT

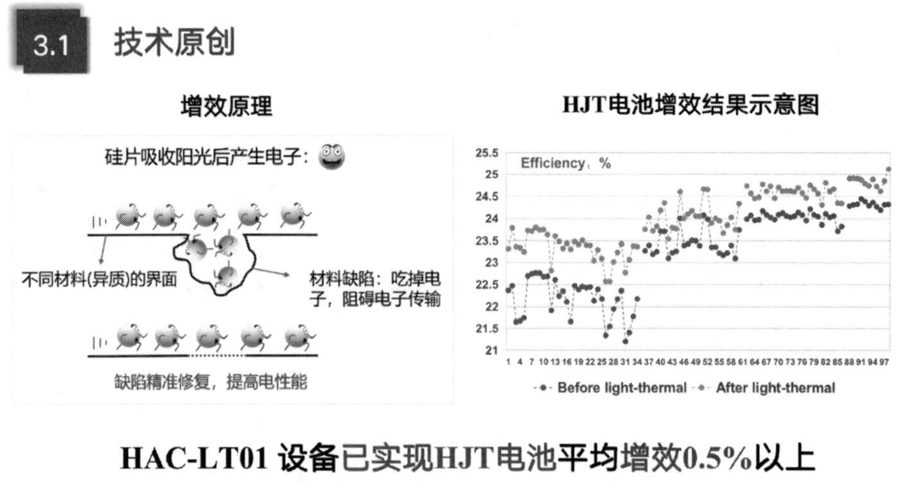

图 7-5　某项目路演 PPT

高质量的可视化信息要能营造“画面感”，科转项目应重视数据可视化。数据是技术原创性的最佳证据，数据也是企业财务的最佳证明，具有较强的说服力，但数据十分枯燥，如果不实现可视化呈现，受众在较短的时间内很容易产生接受疲劳。

数据可视化可充分利用比较的视角，例如，图 7-6 通过数据柱状图让对比一目了然。

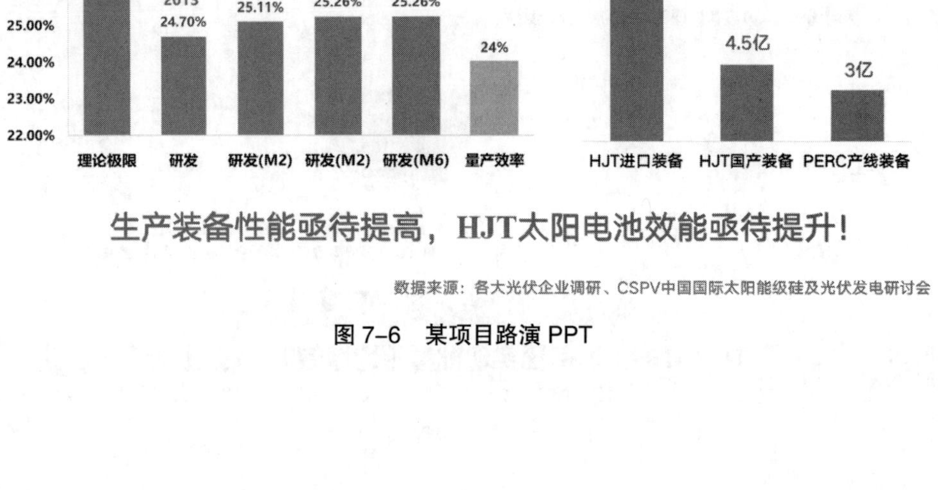

图 7-6　某项目路演 PPT

四、PPT 与路演稿未形成最佳传播组合

路演稿与 PPT 内容高度重合，未形成最佳传播组合，在当前“互联网 +”大赛路演中十分常见。优势效应（PSE）认为，听到的东西不如看到的东西印象深刻，即人们对图片的记忆总是优于对文字的记忆。

不管路演者构思了多么好的词语，如果不能在视觉方面对受众施加刺激，路演的大部分内容都不会给受众留下深刻的印象，因此，PPT 中应尽量减少文字，尽可能将项目商业模式的核心要素可视化，充分发挥多媒体符号的可视化功能。

美国华盛顿大学医学院从事人脑发展基因以及精神病遗传学问题研究的分子生物学家约翰 · 梅迪纳（John Medina）博士表示，文本和口头表述方式不是在记忆某些特定类型的信息方面效率比图片差，而是这种方式本身效率就比较低。根据实验，如果某一信息完全通过口头传达，那么 72 小时后进行测试，人们能记住的只有 10% 左右；如果采用口头结合图片的形式传达信息，那么 72 小时后进行测试，这一数字提高到 65%。也就是说，图片能帮助我们记住更多信息，所谓“一图胜千文”。[①] 因此，要想让路演稿与 PPT 形成互补的关系，PPT 上就应该以图片为主，而不是以文字为主。

通过图 7-7、图 7-8 两个 PPT 封面对比，我们就可验证以图为主的版面胜于以文字为主的版面。

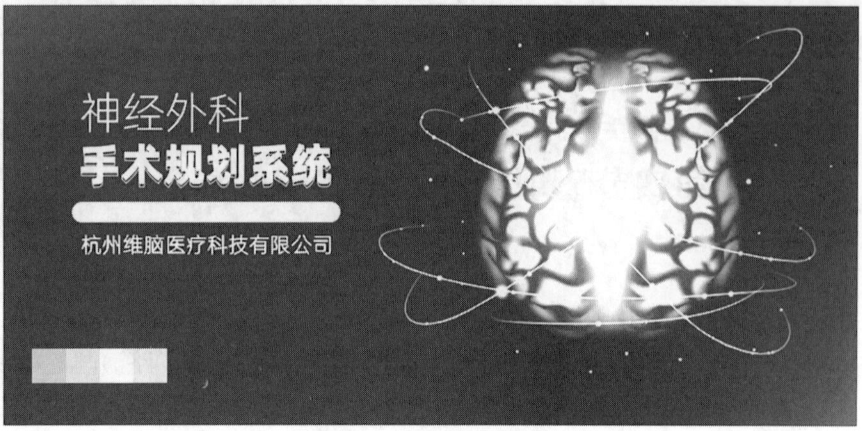

图 7–7　某项目路演 PPT

① 尚玉钒 . 融资路演全攻略：商业融资必备策略与技巧［M］. 北京：北京大学出版社，2019：88.

图 7–8 某项目路演 PPT

PPT 还可以利用动画、动图、音乐、视频等多媒体符号将路演稿的信息可视化。这些多媒体符号可以让视觉、听觉同时发挥作用，有助于受众的接收效果达到最佳。认知心理学家理查德·梅耶（Richard Mayer）所做的一项名为“多媒体学习的认知理论”研究也印证了这个规律。他发现，在实验中身处多媒体环境——文本、图片、动图和视频——的学生对信息的记忆总是比只听或只阅读信息的学生更准确。梅耶解释其中的原因在于：当大脑可以为一种解释建立两种心理表征（文字模型和视觉模型）时，心理关联将会大大增强。当这些符号被充分利用时，观众的多种感官就会被调动起来，路演者才能成为真正的路演赢家。①

第四节 现场路演与答辩的痛点

现场路演与答辩是“互联网 +”大赛的主要形式，但我们会发现许多创业团队在现场路演与答辩演练方面准备的时间十分有限，他们严重低估了路演与答辩的难度。现场路演及答辩与商业计划书撰写（Word 和 PPT 版）是不同性质的行为，前者考查的是创业者通过口语还有姿势动作等非语言符号对创业知识进行现场表达的能力，后者考查的则是文字、图片、视频等多媒体符号的表达能力。

因此，商业计划书制作得好，并不意味着现场路演与答辩就能取得很好的效果。

① 尚玉钒．融资路演全攻略：商业融资必备策略与技巧［M］．北京：北京大学出版社，2019：88.

由于高校中的很多比赛都采用现场路演与答辩的形式，许多师生习惯性地沿用其他赛事的经验，低估了创新创业知识的难度，导致“互联网 +”大赛现场路演与答辩漏洞百出的窘境时有发生。

一、路演者角色理解错误

许多初次参加“互联网 +”大赛的创业者将路演者错误地理解为一个表演角色，而非真实角色。

路演最初是创业者的一个商业行为，而不是一个表演行为。路演本质上是一个想从投资人的钱包中“拿”钱的行为，因此，为了能够说服投资人，路演者与创业者只有高度重合，才能获得较高的投资成功率。

当前的创新创业大赛几乎都沿用了这个评价标准，如果路演者与创业者的角色不能高度重合，路演者仅仅只是口才较好、现场表现较好，是难以获得投资人认可的。路演者的言行举止应透着创业者的责任与担当，只有真正的创业者才会具备这种气质。路演者如果缺乏创业实践经历，就无法共情，很难找到“将项目视若己出”的感觉。创新工场董事长李开复就曾表示：“投资的项目个个都像自己生的孩子。”当一个创业者站上路演台，他内心一定是笃定和自信的，因为没有哪个家长会认为自己的孩子是不完美的。

在“互联网 +”模拟比赛现场，常常看到路演者在答辩环节应对投资人财务问题时，理直气壮地回答：“这块内容不是我负责的，请我们团队的财务同学回答。”投资人听到类似回答后，内心已经为路演者减了分，但路演者并未察觉到有何不妥。

参赛团队一定要认识到路演者角色的特殊性，唯有如此，在路演、答辩环节路演者才能真情实感地阐释项目相关情况、应答专家的问题。对路演者角色的理解事关路演、答辩环节的成败，只有真正的创业者，即项目的亲历者、挑战的克服者、问题的解决者、挫败中的重生者才能真正有所体悟。

二、忽略非语言符号的重要性

非语言符号指信息传播不以有声语言和书面语为载体，能直接作用于人的感觉器官的各类符号。大体包括肢体语言、视觉性的非语言符号、听觉性的非语言符号。

忽略非语言符号的重要性是影响路演效果的关键因素。有些路演者在舞台上处于十分松懈的状态，投资人往往会将这样的行为视为不严谨的信号。

美国加利福尼亚大学洛杉矶分校的心理学名誉教授艾伯特·麦拉宾（Albert Mehrabian）在《缄默信息：情感与态度的隐性沟通》（*Silent Messages*：*Implicit*

Communication of Emotions and Attitudes ）中认为，影响人与人沟通的三大因素占比为语言占 7%，语调占 38%，视觉占 55%。视觉中大部分元素都由非语言符号构成，可见，非语言符号在面对面的传播交流过程中占据主导地位。路演者的肢体语言最具决定性；其次是语调。[①]

肢体语言在路演中是一个重要的信息传播载体。施拉姆研究发现，肢体语言作为一种非语言符号，在人际传播中发挥着至少 30% 的作用。肢体语言是人在举手投足之间展示出来的。当人们用肢体动作表达情绪时，当事人经常并不自知。例如，在进行项目路演答辩时，路演者挠头，手不停地在空中划动，眼睛盯着地板来回踱步等，这些不经意的动作，台下受众都看在眼里。虽然台上路演者的讲解还在正常继续，但台下受众却已经感觉到了路演者的紧张和焦虑。

面部表情也是非语言符号的重要组成部分。在项目融资路演舞台上，大多数路演者的面部表情是热情洋溢的，因为他们在讲他们专注投入的事业。但也有人在讲解过程中，面部表情呆滞；还有人眉头紧锁，愁眉苦脸；甚至有人微闭着双眼，显出一副玩世不恭的鄙夷神情……路演者如果经常转头去看 PPT，也会严重影响投资人对团队能力的评判，许多投资人会根据一些细节来判断这个人是否有能力胜任 CEO，毕竟“投资就是投人”。

对路演者而言，要注意语调、语速两个听觉性非语言符号。在路演中，受众是通过路演者的语调变化来体会路演者想要表达的内容重点和情感的。如果路演者的声音听起来虚弱，受众就会觉得他不自信；如果路演者说得含糊其词，受众会觉得他在试图隐藏什么；如果路演者的声音过大或十分尖锐，受众会觉得他不够亲切。

语速就是说话的速度，它包括音节的音长、停顿和话语的整体速度。严肃的材料需要缓慢的、从容不迫的语速，而较为轻松的素材就需要较快的语速。语速和重音会使路演变得有节奏，而节奏是整个交流过程中必要的组成部分。通过节奏来改变或强调重点是很重要的。比如，路演者一直保持正常的语速，突然在某个地方慢了下来，并稍做停顿突出对比，就会引起受众的关注。

一般情况下，路演的平均语速为每分钟 150—180 个字。如果路演者每分钟超过 200 个字或是少于 100 个字，那么听众就可能无法完全理解吸收，传播效果一定是很差的。

路演是一种说服式演讲，这意味着，路演者要想达到最佳说服效果，除了重视语言符号的传播效果外，非语言符号的重要性也不容忽视。

---

① 尚玉钒 . 融资路演全攻略：商业融资必备策略与技巧［M］. 北京：北京大学出版社，2019：167.

三、不预演答辩提问

路演者的现场演讲普遍流畅，但常在答辩环节答非所问，直接原因是其平时不预演答辩提问导致的。

答辩是现场路演最难，也最能检验创业者能力高下的环节。路演现场的答辩不仅考验路演者的现场应变能力，还考验其对项目整体商业战略的掌握情况。要想尽量少地暴露问题，获得投资人的高度信任，即便是一个综合素养较高的人，也需要集中排练、预演才可能实现。应急反应很容易暴露路演者的真实意图，而这些本能反应才是一个人最真实的内心映射，投资人可以从中发现许多漏洞，从而顺藤摸瓜，沿着路演者含糊不清的回答继续追问，直到路演者哑口无言。

如果路演者不精心准备、不勤加练习，就会因应变能力欠缺而被投资人抓住漏洞，导致路演无法获得投资人的认可。想夺得国赛金奖项目的团队至少须准备 100 个问题，每一个问题应写出最佳答案。平时打磨项目时，路演者须将每一个问题理解透，比赛前一个星期，团队成员模拟答辩现场，轮流向路演者提问。团队成员也要做好充分的应答准备，如果 CEO 现场未能及时反应，其他团队成员应具备随时补充回答的能力。因此，每一位核心成员应对分管的工作任务十分熟悉，同时也应理解并掌握项目的整体商业战略。

综上，路演者的展演能力、每个核心团队成员的应变能力、舞台上每一位成员对创业知识体系掌握的整体情况，这三方面决定了整个路演行为的传播效果。常见的短期路演技巧培训课程，只能提升一些应赛技巧，并不能真正内化为能力。只有按照 PBL 的教学流程，带着真实的项目进行实训学习，全身心投入模拟实训中，创业者才能在短期内达到最佳学习效果。

附件 1　给李薇老师的一封信

亲爱的李薇老师：

您好！

我是杜宇航。写这封信的目的是想告诉您我打算退出老师的项目了。真的很抱歉告诉您这个消息，对于我来说，这也是一个非常不舍的决定。之所以用“信”的方式，是因为您对于我来说，绝不是普通的“项目指导老师”，可以说，您将会是我大学时期对我影响最大的一位老师。我十分感谢老师在这一年给予我的各种机会，但迫于现实的各种实际需求，我不得不中途下车，离开这个团队。在这里，除了陈述自己离开的理由和一些交接的打算，我更想表达我对老师的敬重与感恩。

记得老师对我的评价——“杜宇航是真正对这个事情感兴趣的学生！”很高兴老师对我如此评价，“兴趣”是我坚持的原因，但同样是我离开的因素。加入老师的团队确实学到了许多课堂外的知识，也看见了许多课堂上无法看见的景象，但我是一个法学生，不可避免地要准备“天下第一考”——法考，以及通向更高平台的阶梯——研究生考试。人的精力是十分有限的，且我不认为自己足够强大到能三者兼顾。在现实迫切的需求面前，我不得不放弃我所感兴趣的事情，或者我对这件事感兴趣的程度还没有达到能够让我脱离传统的轨道坚持下去。这一年听老师讲了许多堂“课”——每次和老师的交谈都是一堂课，一堂我愿意听的课。其中，老师关于“职业教育”的说法，以及老师自身的行动都让我在思考一件事——我以后要做什么样的事，要成为什么样的人。结合自身的情况，我想我以后还是更想在法律行业耕耘，为此我必须全心准备去通过法考和研究生考试。

大创项目，真的很抱歉没有做出实质意义上的进展，作为负责人，和我也有极大的关系。我并不是那么擅长带团队，没能调动大家的积极性、主动性，甚至我自己对大创项目的贡献也极低。且项目成员中有三人包括我，都有想要离开的想法，这种情况的出现也和我的领导方式有关，我总是对大家很宽容，宽容到耽误了项目进程，这绝不是一个合格领导带领下的团队会出现的问题。

项目成员的离开也必然会给老师带来一些麻烦，对此我愿意尽我所能去减少这些因我而起的麻烦，例如协助老师招募新成员（宣讲、介绍等）、交接任务、培训新人等。具体而言，在现成员中，我、高昂、甘蕊明确表示想要退出的想法，范亚威和熊子涵则表示愿意继续跟进。对于招募新成员，我的想法是优先考虑已经在我们大团队中的同学，如大一的饶安琪和惠佳她们，她们对项目已经有了大致的了解，在愿意跟进的同时，时间也比较充裕。具体的退出与招募还需要老师来安排。

3 月 21 日晚，彭彭老师的研究生欧阳平学姐找我聊一些有关项目式学习的话题。谈及是什么原因让我从一开始坚持到现在，除了上面所说的兴趣原因外，还有很大的原因是因为几位老师。人总是会被充满热情的人吸引，几位老师对教育的热情让我觉得这真的是一件有意思的事情。三位老师尤其是您，毫不吝啬地分享自己的见解与知识，您教给我们的知识不是课堂上的知识，教的是思想、是想法。欧阳平学姐还问我，通过项目式学习，我获得了什么（能力），说实话我无法准确回答这个问题，一是因为时间比较短，无法验证是否真正习得；二是因为老师对我个人的影响不是立竿见影的，或者是可以名状的，而是潜移默化、润物细无声的，最典型的便是很多"感悟"并非来自老师的"言传"，而是老师的"身教"。若非要我说个一二三来，我想便是学习方法、自我意识以及"窥见一缕社会的颜色"。

学习方法包括很多方面，概括一点就是"行"与"知"。实践与认识的关系在高中早就背烂了，但真正感受到还是在项目的"实践"中。我在此之前也有"实践"过，为什么没有这个感受呢？恐怕是因为身边缺少这么一位老师，在旁边给你讲解，给你点明。说到这里，我想明白了教师的作用，"既然认识来源于实践，为什么不直接让人自己去实践呢？还要老师干吗？"因为你自己单独实践，学习效率是十分有限的，需要一位老师帮你搭建实践与认识的桥梁，这才能提高学习的效率，所以我们需要这么一位老师。写到这里，我又发现了一个我这一年的所获所得——我拥有了将 PBL 式学习应用于自身的能力。且不说是否是真正的"问题"，就是感叹自己也会有很大的进步。啊，真的感叹这一年的"无用之用"，让我自己说可能不能马上说出来我学到了什么，但是在无形之中我真实地应用了这些知识。PBL 式学习是以问题为基础的学习，学会问自己问题，并思考解答，自己是会有很多收获的。这一段表述对于文学博士的您来说可能有点没有逻辑，因为我将我思想所过之处都记录了下来，更像是"想到哪写到哪"，请老师见谅。

自我意识方面。三位老师都是十分有个性特点的人，人的一生都是在不断追求真实的自己，自己想要做什么，过什么样的生活看似都是自己决定的，但又有多少人能够真正做到这一点呢？能够明白自己的需求，不随波逐流已经是非常难得了。老师您对于自己想做的事充满热情，我能看见您为此做的各种努力，老师的这种状态确实有触动到我。虽然一个人的自我意识觉醒不是那么容易的，但参加项目以来遇到的各种类型的人，都能让我仔细思考"我是谁"这个问题（对教育充满热情的三位老师、追求创新美育的张老师以及生活态度鲜明的豆学长等）。

这一年老师给予的各种机会，让我窥见多彩社会的一缕颜色。上面说到的特点鲜明的前辈，以及复杂的商业逻辑、各种职业的不同状态都极大地开阔了我的视野，项目式学习一个难得的地方也在于此——使我们能够与社会接轨。

不能继续跟进真的十分遗憾，我想起老师说过的短期目标与长远目标，在老师身边学习确实是受益终身，我现在反思时已有所察觉。还记得 2022 年秋，和三位老师在江边餐馆讨论结束后，老师问我几年级了，我说马上大三下学期了，感慨就快要毕业了。可恨没能早点遇见老师，可恨一天只有 24 小时，也可恨自己执行力不足，自制力不够。

最后对于我打算退出的决定真的十分抱歉，这感觉像是从老师这里学到了很多东西后又拍屁股走人。我不是蓄意放弃的，实在是因为近期本学院 2023 级的考研惨状让我不得不认真对待这场考试。大创项目推进如此困难我也心生退意，反思我是否能够胜任，或许我就不适合参加这种赛事，也不喜欢这种模式。

这封信算是告别信，也算是告白信（真的很喜欢老师），也算是一封寻求原谅的信。

诚心感谢老师一年的栽培！！！

此致

敬礼

您的学生：杜宇航

2023 年 3 月 22 日

附件 2　课程学习效果评估与检测可借助的线上评估平台

项目式教学要获得较客观的测评结果，需要设计多维度的测评方法，单一传统答题方式并不足以获得客观的测评效果，在课堂中辅以商业计划书撰写和路演是一种重要的手段。除此之外，我们还可以利用专业的双创项目测评数字化平台来辅助考查学习者个体的理论运用效果，投智圈就是这样一个平台，现附上相关信息和操作步骤，便于师生们使用。

一、投智圈——线上双创学习效果评估工具简介

本平台支持教师和学习者两种角色使用。平台里的“项目训练营”版块是较符合双创学习效果测评的工具，这个版块全面模拟双创项目选拔、赛道测评、模拟评审、路演答辩等环节，完整覆盖本教程所梳理的学习内容。在这个平台上，教师可通过示范项目测评打分；同时学生也可对相同项目进行测评打分，用对比结果来检测自身学习成效，并依据该平台多维度统计出的大数据信息，快速发现自身学习漏洞，有针对性地找到解决方案，提升学习效果。该平台数据支持 PC 端和移动端同步，方便师生在多时空中实施评估与检测。

二、投智圈“项目训练营”教师操作指南

（一）下载平台

电脑端：网址为 https://www.xytzq.cn。

手机端：在应用市场中搜“投智圈”App，下载并安装。

（二）注册平台

点击“投智圈 App”图标，进行“用户注册”，按照页面提示内容填写手机号注

册。老师注册时身份选择“投智人”，如图 1 所示。

图 1　注册投智圈 App

（三）教师创建训练营

进入“投智圈”首页，点击“项目训练营”，选择“我创建”，点击“创建”，按照操作流程创建项目训练营。将本项目训练营的“邀请码”发送给学生，等候学生入营，如图 2 所示。

图 2　创建训练营

请教师注意项目训练营中“我参与”和“我创建”的差异。“参与”表示本人参加的项目训练营，而“创建”表示本人创建的项目训练营，如图 3 所示。

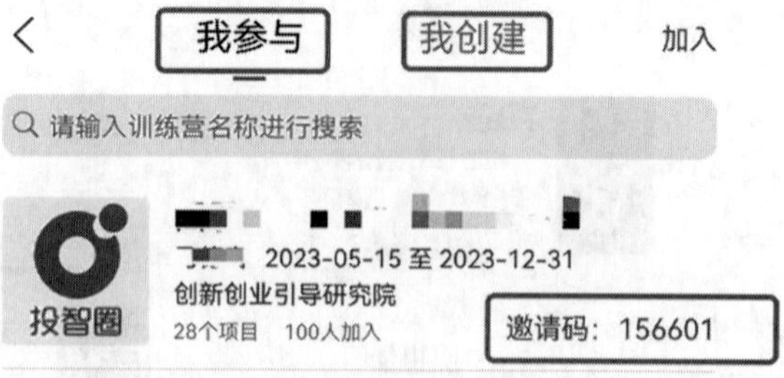

图 3　选择“我参与”或“我创建”界面

设置导师身份：在训练营的“成员”列表中，可指定人员设置“导师”身份，设置后，该人员可查阅营内所有项目资料。教师可对加入训练营的所有学生进行身份设置和管理，对于违规或误添加学员可将之移出训练营。教师还可以中途将营长权限转移给团队其他指导教师。如图 4 所示。

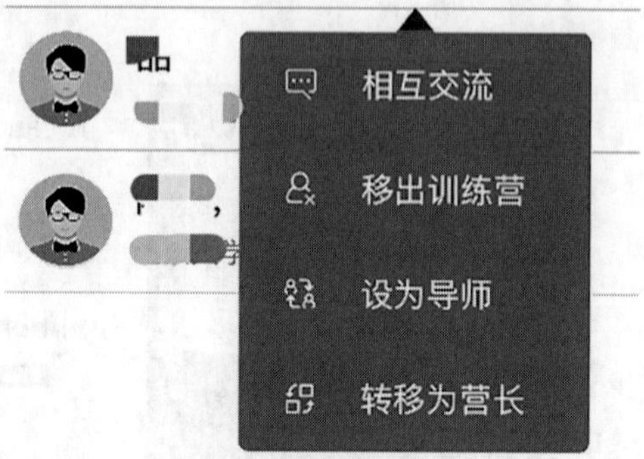

图 4　设置导师身份

（四）创建 / 选择项目

进入训练营，点击“创建 / 选择项目”，先完成“项目”和“赛道”的选择，点击“确定”按钮；若无项目则可直接点击创建项目或在图 2 所示的项目工作室中创建项目；如果有多个项目，可以将自己的多个项目都加到训练营中。

（五）教师可使用的测评手段

教师可组织全体学员对项目路演与答辩进行评分。

项目路演与答辩结束后，或者浏览完项目资料后，教师可进入“工具”按照训练营进度要求，选择相应的工具模块进行测评打分。如图 5 所示。

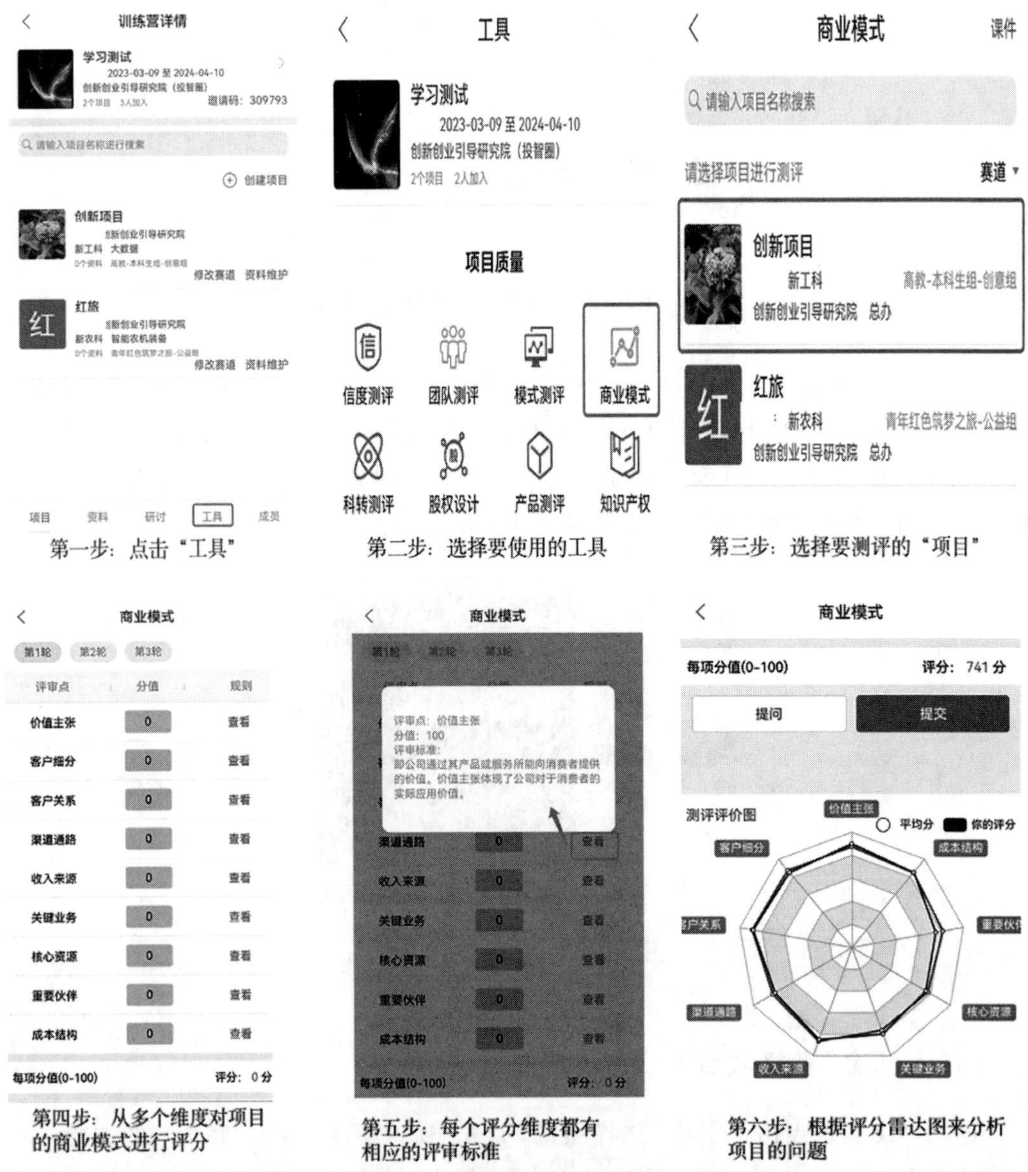

第一步：点击“工具”　第二步：选择要使用的工具　第三步：选择要测评的“项目”

第四步：从多个维度对项目的商业模式进行评分　第五步：每个评分维度都有相应的评审标准　第六步：根据评分雷达图来分析项目的问题

图 5　教师测评打分流程

教师可组织全体学员通过阅读项目线上提交的 Word 版商业计划书和 PPT，对项目进行评分。如图 6 所示。

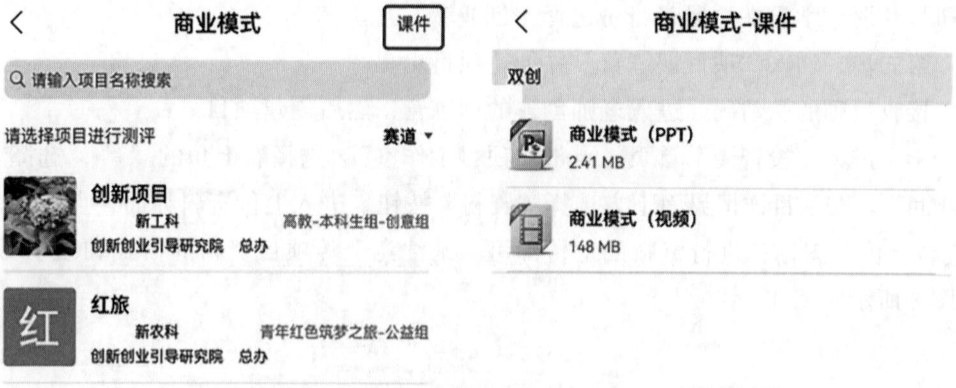

图 6　对项目的商业计划书和 PPT 进行评分

教师可组织全体学员同时对项目进行测评，根据结果，引导全体学员发现自身的学习问题，师生可进入研讨室对问题进行针对性分析，提出建设性意见等。

设置研讨室：系统在创建完训练营后，自动创建训练营全员研讨室，所有训练营成员可直接进入该研讨室进行交流。测评后可于全员研讨室，就测评结果与共性问题进行集体讨论、总结。如图 7 所示。

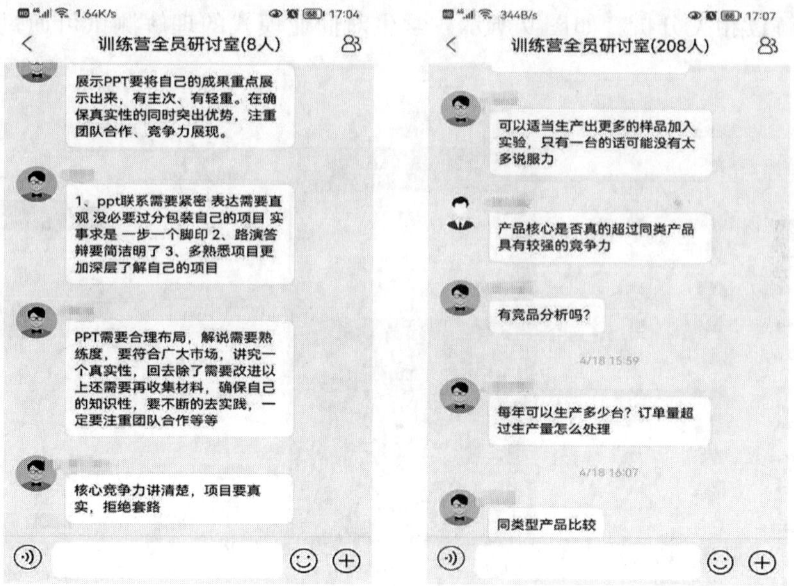

图 7　全员研讨室

三、投智圈“项目训练营”学生操作指南

第一步，注册。点击“投智圈 App”图标“用户注册”，按照页面提示内容填写

手机号注册。学生在注册时身份选择“创业者”。

第二步，加入“项目训练营”并创建项目。

接收教师的邀请码，进入老师创建的训练营，然后创建项目。

学生进入“投智圈”首页，点击“项目工作室”，选择右上角的“+”，选择“创建项目”。在项目详情界面下方选择“资料”按钮，进入上传资料界面，点击右上角“资料上传”图标，进行资料的上传即可。请注意上传项目资料的格式和大小要求。如图 8 所示。

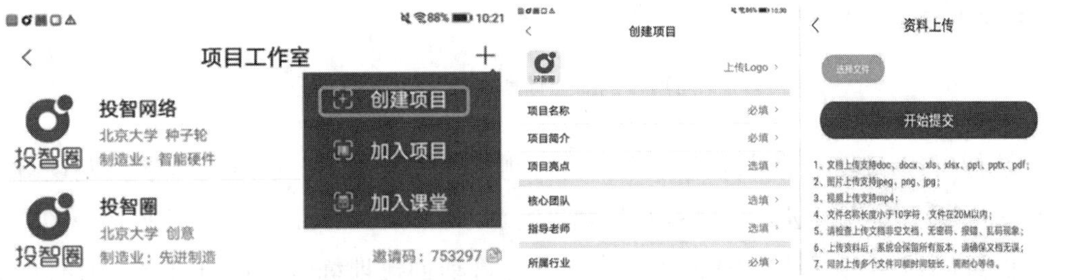

图 8　加入“项目训练营”并创建项目

第三步，学生按照教师要求对项目进行测评，并查阅自己评分与教师评分的差距，认真解读相关分析。如图 9 所示，学生对商业模式的理解测试可通过评分来显示误差率。

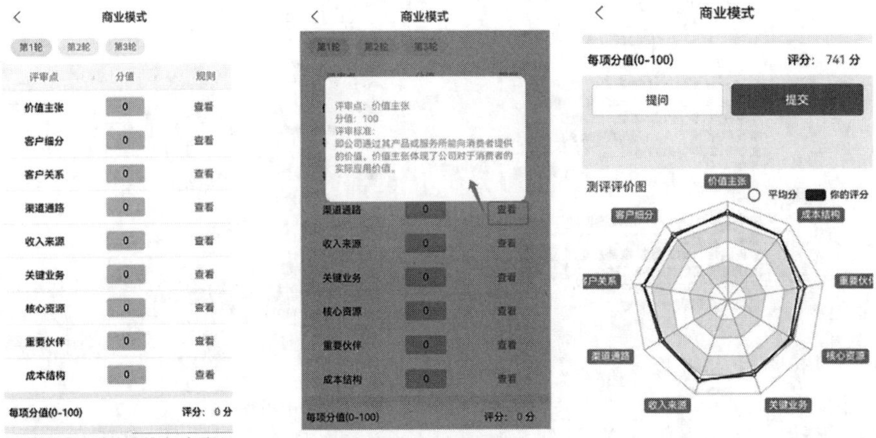

第四步：从多个维度对项目的商业模式进行评分

第五步：每个评分维度都有相应的评审标准

第六步：根据评分雷达图来分析项目的问题

图 9　测评打分

第四步，研讨。进入训练营“研讨区”进行全营所有学员、导师交流互动，也可进入训练营项目研讨组进行本项目小组内部交流互动。

附件 3　课程期末线下路演考核评分细则

此评分细则是配合公选课的测试标准，与最新的“互联网 +”大赛项目测评标准并不完全吻合，目的是满足课程建构初学者底层创业认知逻辑的基本教学目标，为后期参赛的师生打下坚实的基础。

具体细则如表 1 所示：

表 1　线下路演竞赛考核评分细则

评审要点	评审内容	分值
创新性	1. 具有原始创新或技术突破，取得一定数量和质量的创新成果（专利、创新奖励、行业认可等）。 2. 在商业模式、产品服务、管理运营、市场营销、工艺流程、应用场景等方面取得突破和创新。	30
团队情况	1. 团队成员的教育、实践、工作背景、创新能力、价值观念、分工协作和能力互补情况。 2. 团队的组织构架、股权结构、人员配置以及激励制度合理性情况。 3. 创业顾问、潜在投资人以及战略合作伙伴等外部资源的使用计划以及与项目关系的情况。	20
商业性	1. 商业模式设计完整、可行，项目已具备盈利能力或具有较好的盈利潜力。 2. 在商业机会识别与利用、产品或服务设计、技术基础、竞争与合作、资金及人员计划，以及在现行法律法规限制等方面具有实施的可行性。 3. 行业、市场、技术调查研究深入翔实，并形成可靠的一手材料，强调实地调查和实践检验。 4. 项目目标市场容量及市场前景，发展战略和规模扩张策略的合理性和可行性，在财务管理（筹资、投资、营运资金、利润分配等）方面的合理性。 5. 项目对相关产业升级或颠覆的情况，项目与区域经济发展、产业转型升级相结合情况。	20
引领教育	1. 团队成员在实训过程中如何将专业知识与商业知识有效结合，综合素养提升的表现。 2. 项目实训过程中创业团队对师弟师妹在专业学习方面的引领作用。 3. 实训过程中是否对商业或专业理论认知有了提升，对理论知识有了更深刻的理解。	20
社会价值维度	1. 树立了正确的创业价值观，对项目的经济效益与社会效益的关系理解得更加深刻。 2. 体现家国情怀，恪守伦理规范，提升市场规范性认知。 3. 项目直接为行业发展做出了贡献。 4. 项目对社会主义核心价值观方面的积极推动作用。	10

附件 4　我国双创教育的发展历史与现状

20 世纪 90 年代末，我国高等教育开始大力倡导创新创业教育，是因为受到世界创新创业教育发展的巨大影响，尤其是被美国常春藤高校在国家高新技术发展中所发挥的作用所震撼。

美国是创新创业教育起源最早的国家，自 1939 年弗兰德里克・特曼教授开创的创业教育实验至今已近 90 年的历史，理论研究和实践走在了世界各国的前列。滞后了 40 多年的英国是欧洲创业教育起步最早的国家，1982 年，英国为解决高校大学生就业难的问题，启动了“大学生创业”项目。直到 1989 年，联合国教科文组织才首次提出“创业教育”这一概念。2004 年，欧盟委员会发表报告称：“欧洲始终未能挑战美国的经济霸主地位，很大程度上在于创业教育的缺失。”

创新创业教育在我国发展近 20 年，如果能让更多的一线教师认可这种模式并为之践行，我国的创新创业教育可能会取得更大的突破。这种师生共创式教学模式本质上就是 PBL 项目式教学，如果我们能将创业实训课程改为这种教学模式，定会促进我国双创人才质量取得质的飞跃。教育部倡导的创新创业教育最终要起到人才能力补充与提升的功能，绝非是一个赛事就能实现的，国家必须采取一系列措施，形成一个系统的教学改革工程，才能弥补我国大学生多年深受“你听我讲”单一传统教学方式影响形成的能力短板。

1991 年，东京创业创新教育国际会议将创新创业教育界定为：“培养最具有开创性个性的人，包括首创精神、冒险精神、创业能力、独立工作能力以及技术、社交和管理技能的培养。”而创新创业教育采用的教学模式，正好弥补了我国传统教学模式的短板，可以全面提升学生因实践学习机会缺失而丧失的其他能力。

1998 年，清华大学启动第一届全校创业计划大赛，成为我国双创教育的第一个实验举措。第二年，创新创业教育借助已经在高校具有多年影响力的“挑战杯”赛事开始常态化走进高校师生的视野，共青团中央、中国科协、全国学联主办，清华大学承办的全国第一届“挑战杯”中国大学生创业计划竞赛，这便是“小挑”（以前的学术竞赛简称“大挑”）的由来，“小挑”标志着创新创业教育理念正式进入我国高校。

2000 年，双创教育迈出了重要一步。教育部出台了一项重大的人才培养革新政策。在全国高校技术创新大会上，教育部规定大学生（包含硕士生、博士生）可以保留学籍创办高新技术企业，这一政策的出台，实际上是鼓励学生们投入更多时间进行实践学习，极大地推动了我国大学生的创业激情。

2002 年伊始，教育部正式启动了高校创业教育的系统工程，第一批将清华大学、中国人民大学、北京航空航天大学、武汉大学、上海交通大学、西安交通大学、黑龙江大学、南京经济学院、西安工业大学 9 所院校确定为试点院校，这标志着我国大学生创新创业教育的正式启动。

2012 年 8 月 1 日，教育部办公厅下发《普通本科学校创业教育教学基本要求（试行）》。随后，“创业基础”课程成为本科生必修课，各高校开始构建创业课程体系。

2014 年，创新驱动发展升级为国家战略。

2015 年 3 月 5 日，李克强总理在政府工作报告中提出“大众创业、万众创新”是中国经济发展的新引擎，创新创业教育改革也迎来了史无前例的支持力度。《国务院办公厅关于深化高校创新创业教育改革的实施意见》的出台，为中国国际“互联网 +”大学生创新创业大赛获得各部委及地方政府的大力支持，提供了前所未有的保障。

首届大赛在吉林大学诞生绝非偶然。2015 年 4 月 10 日，李克强总理在吉林大学见证了硕士生马银龙在导师孙友宏的大力支持下，将其多年的科研成果——高效耐磨仿生钻头及其钻探技术成功实现了产业化。当时马银龙已经博士在读，他休学成立了公司，实现了数百万元的销售额。李克强总理听说他们团队中有很多同学是在读学生，还特意叮嘱道：“把学习搞好，学习是第一的，大学生第一位任务是学习。在学习的过程中，不但要向书本学习，还要向实践学习，创业实际就是在实践中学，这会让知识学得更扎实有用。”① 可见，总理十分认可以实践学习为核心的创新创业教育，看到了其在人才培养方面独有的价值。

习近平总书记在二十大报告中强调，必须坚持科技是第一生产力、人才是第一资源、创新是第一动力，深入实施科教兴国战略、人才强国战略、创新驱动发展战略，开辟发展新领域新赛道，不断塑造发展新动能新优势。

中国国际“互联网 +”大学生创新创业大赛紧扣国家发展战略，是促进学生全面发展的重要平台，也是推动产学研用结合的关键纽带。教育部门和广大教育工作者

① 李克强首次对休学创业表态　创业学子笑请总理推销“钻头”[EB/OL].（2015-04-14）[2023-03-18].http://m.cnr.cn/news/20150414/t20150414-518317951.html.

要认真贯彻国家决策部署，积极开展教学改革探索，把创新创业教育融入人才培养，切实增强学生的创业意识、创新精神和创造能力，厚植大众创业、万众创新土壤，为建设创新型国家提供源源不断的人才智力支撑。

大赛至今已顺利举办九届，覆盖了全国高校、教育全学段和世界名校。前八届累计 943 万个团队 3 983 万名大学生参赛[①]，成功孵化了一批高质量创新创业项目，扩大了就业。作为推动创新创业的“互联网 +”大赛，为何能吸引诸多高校师生的注意，是值得我们关注的一件事情。另外，“互联网 +”大赛属于创新创业教育，也是教育部响应国家创新驱动发展战略的举措，参赛师生需要面向大众传播最新的科技研究成果，进而推动科技成果的转化和落地。科学教育与科学传播是一个跨学科、多学科交叉的领域，两者都旨在提升大众的科学素质，实现社会的全面发展。

① 奔跑在奋发有为的赛道上：中国国际“互联网 +”大学生创新创业大赛 8 年综述［EB/OL］.（2023-04-10）［2023-08-09］. https://dxs.moe.gov.cn/zx/a/jj/230410/1835357.shtml.

附件 5　项目式教学助力中西创业教育的经典案例

美国创业教育起源于斯坦福大学弗兰德里克·特曼教授开创的教学改革。1924 年，自他开设通信实验室始，便开始采用项目式教学，吸引了大量优秀的学生进入实验室。为此，特曼对实验室的项目式教学提出了一个必须坚持的标准：有益于教学，学生能够借助这些研究项目学到东西。

1939 年，他开始了创业项目实验。他借给学生比尔·休利特和戴维·帕卡德 538 美元，并帮助他们从帕洛阿托银行得到 1 000 美元的贷款，成立了惠普公司，特曼是惠普公司的董事会成员，这大概是师生共创项目式教学的源起。1945 年，特曼教授担任斯坦福大学副校长一职，他便让这一教学模式融入全校性的发展战略。

在此基础上，他筹划成立了斯坦福工业园区，兴建研究所、实验室、办公写字楼等。后来，他将工业区改为研究区，并通过项目式教学流程将大量原创技术、高新技术人才与高科技公司的发展关联起来；斯坦福还将部分土地出租给高科技公司，用这笔可观的租金设立了“战斗基金”，用来挽留和聘请知名教授。

同时，他还利用这些高科技公司的项目作为项目式教学的主要手段，实施他的斯坦福之星“人才尖子”战略，让在校生获得了社会化学习的优质资源，许多优秀人才很快脱颖而出。斯坦福工业园区也很快成为美国和全世界纷起效尤的高技术产业区楷模，斯坦福大学因此迅速逆袭，成了美国常春藤大学中的后起之秀。[①] 可见，项目式教学不仅是特曼的教学创新策略，也是他为斯坦福工业园区设计的全新运营策略，这项策略让斯坦福大学的社会功能发挥到极致，突破了传统大学人才培养与社会需求割裂的瓶颈，也使得其创业教育发挥了巨大的功效，最终促进了“硅谷”的形成。

我国也有教师验证过项目式教学在创业教育中的巨大能量。2002 年，华中科技大学电信系刘玉老师就尝试按照弗兰德里克·特曼教授的项目式教学方法启动了创

---

① 施泰伯，奥林格．硅谷秘密：创业成功的基因［M］．张闳肆，王柳菁，陈尼庚，译．广东：广东经济出版社，2022：21.

新人才孵化实验。最初，她只是为了让贫困生不“拼爹”也能找个好工作，便带着3名本科生直接承接了企业委托的技术开发项目。学生在“做中学”，这种通过项目与社会接轨的学习方式，能赋予学生较强的存在感和价值感，他们的学习内驱力得到了极大的激发。一年后，相较于同龄人，这3名本科生交出了一份异常优秀的答卷，不仅在《华中理工大学学报（自然科学版）》上发表了一篇学术论文，还成功申请了两项发明专利；毕业时，史无前例地进行了一次跨学院的公开答辩，他们获得了在场评委和嘉宾的一致好评。

因刘玉老师的网名叫“Dian”，学生便将这个小型创新人才孵化组织称为“Dian团队”。2006年，团队人才培养模式受到教育学专家李培根等校领导的高度重视，学校支持Dian团队按照一套全新的能力考评体系成立了“种子班”，遵循“实践—理论—再实践”的项目式学习闭环制订了一套崭新的教学计划。

这很快吸引了一大批“想快跑却不知方向”的在校大学生，Dian团队也从5人很快扩张到百余人，不到10年便闻名全国。

2009年4月，国务委员刘延东在人民日报社上报的Dian团队内参材料上做了重要批示：“将科研、教学、团队合作与创新人才培养相结合，是一种有益的探索。”同年，刘延东到华科考察见证了Dian团队种子班的成效，这种人才培养模式得以在全国高校推广，形成了当今我国高校正在实施的大学生创新性实验计划及国家级大学生拔尖创新人才培养示范区项目。

Dian团队发展至今已20余年，出站的队员创办了60余家创业公司，诞生了2家独角兽，其中，25家企业估值过亿，5名队员荣登福布斯创业新锐榜。Dian团队成员的成长经历证明了项目式教学人才培养模式的巨大效能，这种模式也让创业教育在华中科技大学蔚然成风。近些年，华中科技大学的创业教育在我国高校中总是走在第一方阵。

刘玉老师的实践证明，在我国创业教育中实施PBL教学不但能极大地提升人才创新的能力和综合素养品质，而且能充分发挥一所大学对社会的经济发展功能。希望本教程能促进PBL教学在双创教育中的推广，为国家人才战略和教育部双创教育革新尽一点绵薄之力。

参考文献

[1] 曾坤生 . 管理学 [M]. 北京：清华大学出版社，2009.

[2] 张玉利，薛红志，陈寒松，等 . 创业管理 [M]. 北京：机械工业出版社，2011.

[3] 罗宾斯，贾奇 . 组织行为学 [M]. 12 版 . 李原，孙建敏，译 . 北京：中国人民大学出版社，2008.

[4] 张天桥，侯全生，李朝晖 . 大学生创业第一步 [M]. 北京：清华大学出版社，2008.

[5] 索维亚 . 做对产品 [M]. 徐毅，译 . 天津：天津科学技术出版社，2021.

[6] 尚玉钒 . 融资路演全攻略：商业融资必备策略与技巧 [M]. 北京：北京大学出版社，2019.

[7] 埃文斯 . 商业计划书撰写指南 [M]. 2 版 . 刘怡，译. 北京：清华大学出版社，2021.

[8] 丁斌 . 创新创业大赛实战教程 [M]. 北京：机械工业出版社，2021.

[9] 克劳福德，贝尼迪托 . 新产品管理 [M] . 11 版 . 刘立，王海军，译 . 北京：电子工业出版社，2018.

[10] 马强 . 路演方法论 [M]. 北京：人民日报出版社，2021.

[11] 李伟，张世辉 . 创新创业教程 [M]. 2 版 . 北京：清华大学出版社，2019.

[12] 稻盛和夫 . 心：稻盛和夫的一生嘱托 [M]. 曹寓刚，曹岫云，译 . 北京：人民邮电出版社，2020.

后记

作为一名有近 17 年教龄的新闻传播学专业教师，真没想到，竟然有一天我会运用 12 年的新闻叙事研究成果尝试撰写一本推广 PBL 教学方法的教材。当书稿快要接近尾声时，我总想，是什么促使我有如此强大的动力和勇气，非要按 PBL 教学和学习流程撰写一本创新创业实训教程呢?

也许是我本人因 PBL 教学方法受益良多吧。PBL 教学方法不仅带给了我前所未有的荣誉，也让我第一次领悟到了教师扮演“引导师”的育人价值，学生们的觉醒，让我深深地理解了什么才是“一个灵魂唤醒一个灵魂”的教育，也让我对一直无感的高校教师角色有了爱惜之情。

2020 年 4 月，在江西省教育厅主办的“互联网 +”大学生创新创业大赛指导教师技能培训课程上，我第一次接触到了 PBL 教学方法。第一堂课由曾任用友网络股份有限公司副总裁的马德富老师开讲。课后，他要求所有学员必须带项目参加后面的培训。当时，我不知道他将要采用 PBL 教学法，只是觉得这位老师挺负责。那时的我非常希望能快速掌握一套系统的创新创业理论知识，不想错失良机。于是，作为无横向项目的文科教师，立刻向我校创新创业学院求助，获得了同班同事食品学院王允圃教授的鼎力相助，他邀请我与其共同推进已经研发了近 10 年的项目。就这样，我和王允圃教授一边在培训中学习理论，一边指导学生参加当年的“互联网 +”大学生创新创业大赛，推进项目落地，我这才拥有了一次连续 8 个月的项目式（PBL）学习机会。

8 个月后，没有任何创新创业大赛指导经验的我，与王教授合作第一次指导的两个项目都夺得了国赛金奖，我作为第一指导教师的项目还进入了全国高教主赛道前 30 强，创造了南昌大学历史上的最好成绩。

获奖后的喜悦却让一个问题不断从我脑海冒出来:“许多培训老师都认为创新创业理论很费解，为什么我的理解效果比他们要好呢?”随后多天，培训时的学习场景不断在我脑海像放电影一样闪现。有一天，我终于发现了这次学习与传统学习流程的差异，马老师没有扮演传统讲授式一言堂教师的角色，而是引导我们先找一个自己想解决的真实创业项目，一边在课堂上输入创新创业理论，一边在课外通过实践项目消化理论，让指导教师在不断解决问题中查漏补缺。由于我非常重视项目落地实践过程，这套系统的创新创业理论竟然被我不知不觉地完全“消化”了。我与其他老师的不同学习流程，还包括同时指导学生参赛，不断输出的指导实时检验了我对理论知识点理解的准确率，并让每一个新理论概念实时转化成了自己的语言，在实践指导中验证，不断修正理解偏差。这种学完理论关键知识点便立即实践的螺旋式学习流程与先学整体理论再实践的学习流程相比，能有效降低记忆力短暂导致的信息遗漏，大幅提升信息接收的全面性，提高知识到行为转化的准确率。因此，这种学习方法的效果自然比只输入不输出的传统听课又快又好。

当时的我，兴奋极了，突然想到曾读过的一篇关于 PBL 教学方法的文章《为什么 PBL 本质上是关于自由的教育》①，立刻找来再读，再次验证了 PBL 教学流程的高效性，也明白了为何 PBL 教学方法被许多国外大学推崇，便暗暗下定决心，要独立对学生实施一次 PBL 教学方法实验。

第二年，我就捕捉到了这样的机会。2021 年，第七届中国国际“互联网 +”大学生创新创业大赛由南昌大学承办。作为国赛金奖项目指导教师，我也顺利地成了全校项目培育组的成员。这一次，我下定决心，再苦再累也要带领一支从未系统学习过创新创业理论的团队全流程实验一次 PBL 教学方法，只有自己实践验证了 PBL 教学理论的科学性，我才有信心推广。在信息工程学院刘捷教授的支持下，我组建了 15 人的跨学科“慧救亿生”团队，全身心投入了近 4 个月，借助“慧救亿生”创业项目，引导学生实践了市场调研、产品方案修正、项目宣传片拍摄、营销推广等创业必备的基本流程，在实践中理解学习系统创业理论的价值。

后来，该项目的比赛成绩远低于预期，并未带给学生立竿见影的收获，我做好了被学生抱怨的准备，但第一时间得到的是团队负责人范莹莹得知成绩后发来的安慰信息：“感谢李薇老师的加入，让我们学到了很多以前接触不到，对以后生活肯定有益的知识，也感谢各位同学的共同努力，互相包容，结果不是最重要的，我们每个人在这个过程中都学到了很多，真的像我路演时说的，我们携手前进，共同成长，难过肯定是有的，但是成长的路上这只是一个必经的过程。我相信有这个经历，大家后面会带着一起比赛时的热情做每一件事，会有惊喜不断出现的！”那一刻，我泪如雨下，从教 15 年，从来没有收到学生这样的反馈。PBL 教学方法与双创融合对学生触动如此之大，也让我深刻领悟到了创新创业教育的育人价值。

这次教学实验坚定了我推广 PBL 教学方法的决心，也让我看见了借助非专业创业项目实验 PBL 教学方法的局限，由于无法评估原创技术理论学习效果，最终阻碍了 PBL 全流程学习效果的精准评估。2022 年，我以新闻叙事研究成果为基础，针对

① 周贤 . 为什么 PBL 本质上是关于自由的教育［EB/OL］.（2017-09-04）［2023-03-08］. https://baijiahao.baidu.com/s?id=1577603296651013818&wfr=spider&for=pc.

我国科学传播当前亟须解决的问题，启动了中小学 PBL+STEAM 原创课程设计科学传播项目。我邀请两位痴迷教学创新的其他学院同事组建了跨学科研发团队“语众不同”，指导了一支 12 人的本硕学生团队。由于疫情影响及学生投入的时间有限，师生交流多限于线上，实践流程未能达到预期。但学生们对专业理论的理解效果仍远高于传统讲授式，于是，我便想到采用课赛与专创融合的模式，吸引更多的学生自愿投入时间。

2023 年，我开设了全校公选课——中国国际“互联网 +”大学生创新创业大赛项目式实训，让学生能依托课程，系统学习创业理论；借助双创大赛，让学生在实践中能验证理论的学习效果，采用两者结合的方式执行 PBL 教学流程。这一批学生共 15 人，目前，他们相较于同级未参与的学生，学习内驱力明显增强。本教材也是多次教学实验的总结成果。

至今，我作为一名普通教师实施 PBL 教学改革，尽管困难重重，但走一步是一步的信念，从未动摇过。若是作为教师的您，对照本教材实施 PBL 教学时，遭遇了难以坚持的困难，开始质疑坚持的意义时，请您耐心阅读本书附件 1。它是被我重启学习内驱力的一位外院学生写给我的一封信，它曾经赋予了我坚持的力量，它也应该能激发您坚守的勇气。

李薇
2023 年 8 月 2 日

图书在版编目（CIP）数据

大学生创新创业项目式实训教程 / 李薇等著. -- 北京 : 中国传媒大学出版社, 2024.5
ISBN 978-7-5657-3515-8

Ⅰ. ①大…　Ⅱ. ①李…　Ⅲ. ①大学生—创业—教材　Ⅳ. ①G647.38

中国国家版本馆 CIP 数据核字（2023）第 239244 号

大学生创新创业项目式实训教程
DAXUESHENG CHUANGXIN CHUANGYE XIANGMU SHI SHIXUN JIAOCHENG

著　　者　李　薇　王允圃　李　志　王　婷
策划编辑　李水仙
责任编辑　李水仙　蒋　倩　姜颖昳
特约编辑　李明远
责任印制　李志鹏
封面设计　大鹏设计

出版发行　中国传媒大学出版社
社　　址　北京市朝阳区定福庄东街 1 号　　**邮　　编**　100024
电　　话　86-10-65450528　65450532　　**传　　真**　65779405
网　　址　http://cucp.cuc.edu.cn
经　　销　全国新华书店

印　　刷　唐山玺诚印务有限公司
开　　本　787mm × 1092mm　1 / 16
印　　张　13.75
字　　数　285 千字
版　　次　2024 年 5 月第 1 版
印　　次　2024 年 5 月第 1 次印刷

书　　号　ISBN 978-7-5657-3515-8/G · 3515　　**定　　价**　59.00 元

本社法律顾问：北京嘉润律师事务所　郭建平